古典文獻研究輯刊

三九編

潘美月・杜潔祥 主編

第 46 冊

蔡守集
（第二冊）

伍慶祿、蔡慶高 著

國家圖書館出版品預行編目資料

蔡守集（第二冊）／伍慶祿、蔡慶高 著 -- 初版 -- 新北市：
花木蘭文化事業有限公司，2024〔民113〕
目 10+210 面；19×26 公分
（古典文獻研究輯刊 三九編；第46冊）
ISBN 978-626-344-966-4（精裝）
1.CST：蔡守 2.CST：學術思想 3.CST：研究考訂
011.08　　　　　　　　　　　　　　　　　113009890

古典文獻研究輯刊
三九編　第四六冊　　　　　　　ISBN：978-626-344-966-4

蔡守集
（第二冊）

作　　　者　伍慶祿、蔡慶高
主　　　編　潘美月、杜潔祥
總 編 輯　杜潔祥
副總編輯　楊嘉樂
編輯主任　許郁翎
編　　　輯　潘玟靜、蔡正宣　美術編輯　陳逸婷
出　　　版　花木蘭文化事業有限公司
發 行 人　高小娟
聯絡地址　235 新北市中和區中安街七二號十三樓
　　　　　　電話：02-2923-1455／傳真：02-2923-1400
網　　　址　http://www.huamulan.tw 信箱 service@huamulans.com
印　　　刷　普羅文化出版廣告事業
初　　　版　2024 年 9 月
定　　　價　三九編 65 冊（精裝）新台幣 175,000 元

蔡守集
（第二冊）

伍慶祿、蔡慶高　著

目

次

《南社叢刻》刊載詩文

插圖

《南社叢刻》廣陵書社合訂本第五集
扉頁

《南社叢刻》廣陵書社合訂本第五集
《有奇堂詩集》第一頁

《南社叢刻》第一集

《有奇堂詩集》

珠江紀遇三江全韻五十一律

　　矼舟花埭返，月送下珠江。櫓韻和檀板，燈痕認畫艤。檣林千樹密，帆葉百重逢。岸弱波光渺，湖強海石嵃。鶯花歸寶鏡，風月滿蓬窗。番舶形模怪，彝樓氣勢龐。半江船絡絡，萬頃水淞淞。維纜臨春樹，移舟倚石矼。東風揚五兩，夜霧滯重簞。星燦垂天穗，煙深隱海幢。任囂城柝響，慈度寺鐘撞。鰼鯉吹桃浪，鷺鸞據柳椿。按籌拇戰急，鄰舫笑言哤 [1]。燭影珠光燦，船唇屜韻揰。參茶銀碗七，壓酒小鬟雙。麝氣薰羅袖，花香撲玉缸。秦雲教姊挽，秋水泥人腔。忻賞延年瓦，同餐益壽垙。嬌姿洵珞薐，巧辯不愚蠢。翠袂籠瓊藕，春衫映綠茳。便嬛疑趙燕，婍妮逼神妭。䵷 [2] 咬吟長篓，鏗鉉擊古椌。綺筵陳海錯，野饌雜蔬蹡。尊喜形青象，杯驚泛紫蛖。暖偎肩是玉，醉有筆如槓。豔冶微之羨，騷狂白也降。聲清簫可葉，句健鼎能扛。綺語情偏麗，豪吟志不慂。素心言雅適，白戰字矛鏦。新色碧鮮染，清詞玉潤摐。構思橫彩筆，催韻急檀梆。遠浦迷春草，危機略夜瀧。浮雲籠潋灩，殘月落崆谾。洲上時眠鶴，波間乍吠尨。夜深人悄悄，汐退水淙淙。祆廟疑羅馬，裶 [3] 衣識冉駹。琵琶停隔座，舳舨逐飛洚。汽笛沈將絕，檣燈暗欲魟。輕雷隨水去，微雨替花鬆。海寺初鐘動，譙樓六鼓逄。故人歸別舫，新特擁殘釭。邂逅傾誠愫，纏綿吐信悾。窗紗描白薤，燭燼剩紅缸。把臂穠情盎，投懷醉眼眬 [4]。蟒床陳繡褥，蓉帳晾朱橦。繞枕鶯聲軟，披襟菽發尨 [5]。釵鬟橫憚亂，釧動玉琤瑽。呵麝工櫻吻，撑衾檀筍瀧 [6]。奇歡酥骨髓，顫韻媚牙腔。愛繫同心結，歡銘如意矼。今宵饒韻事，豔跡補南邦。

【注釋】

[1] 哤 máng，言語雜亂。

[2] 䵷 wā，同「黿」，青蛙。

[3] 裶 wēng，外國衣，見前。

[4] 眬 máng，目不明。

[5] 尨，尨，據《南社叢刻》改。

[6] 瀧 shuāng，《改並四聲篇海·足部》引《餘文》，「瀧，並立也。」

螢帳行

春雪靉靆暗殘月，夜遊女子飛不絕。三月桑疇膩綺羅，半夜燐燈弄明滅。倭紈巾海犀塵戲，逐流星，越數里。摘得千點星，貯以水精瓶。歸來放入芙蓉帳，贏它照乘明珠亮。灼爍碎影翻疾似，移星光有痕晶瑩。聯翼坐巧疑，串燈條眾顆。不必煬帝奢三千。螢苑競繁華，不學朱厓富八百。螢籠皆繪繡，我亦非比車允貧。夜間照，讀紙囊，燐我今作螢帳終。要過它，貧富奢之三人。

珠江晚渡

> 萬頃琉璃浸畫橈，珠江薄暮凍雲消。
>
> 天涯湧出一銀鏡，城上高撐雙石碉。
>
> 沙艇櫓聲隨北颭，海幢鐘韻落寒潮。
>
> 遙看焰焰燈痕裏，知是誰人教玉簫。

雪夜訪慧德鞞，歸過白渡橋

> 乍看此夜橋盈雪，翻訝誰家雪塑橋。
>
> 百尺虹腰雲母飾，兩行雁齒水精雕。
>
> 瓊樓有路人非遠，玉杵多情夢轉遙。
>
> 只恐南溟歸去後，鴛鴦無語百花銷。

與繢郁蘭味作胡旋舞

霞烘玉醴筵初闌，撫琴歌詩傾座歡。座中美人與佳士，興酣挈襟雙雙起。超逾縹渺如龍游，火齊影攝燈光流。中有一姝字蘭味，輕軀苟纊含花氣。與儂燕接才差池，方應矩兮圓中規。回纖腰兮潛互奭，交歟腕兮乍比翼。香風繚繞魂飛揚，飄飄宛在雲中央。萬帀千周旋不已，鏗爾一聲抱相止。濃盎柔情溢翠眉，握擎殷勤嬌致辭。問儂生自中華土，怎工海外胡旋舞。嘘嗟乎，阿儂奚若長沙王，國小舞亦不軒昂。君不見，吾國晉代謝仁祖，生平最善鴝鵒舞。

木棉花歌用獨漉子原韻

排空艷瓣霞飛來，千林爭向春暄開。畫圖點綴入碧嶂，鉛火燿燿照丹臺。疑是絳妃梦列霞犀爵，又疑祝融怒擘頳螭角。火齊春雨洗還明，寶炬天風吹不

落。奢華差幸亦英雄，豔麗最難不輕薄。牡丹倘是生斯土，也應拜此花為主。陳后休誇赤玉蓮，石郎枉恃珊瑚樹。不離故國長在吾越間，年年煙景娛紅顏。參天材大難為用，唯有含葩先慰民無寒。

夢魂奇

夢魂奇，夢魂之奇不可知。遠仳離，長相思，夢魂夜夜恒飛馳，飛馳千里猶片時。蒼蒼者，海不事航之；兀兀者，山不事梯之。如鳥有翼，逆風行之；鱗甍狎獵具鴿識，翩然飛落綺昆簃。爐煙輕嫋燈將灺，紫茸雲氣窣低垂。碭突偷揭綃幃入，嬌睫朦朧眳藐姿。掀衾欠身起搖擥，相忻喜，蛺蜨那能知。鴛鴦差可擬夢魂，仿佛曉鐘驚。空階煙鎖欲平明，心忐忑，枕欹橫揎衣。慵發遲遲起好夢，蜘蛛難再成詎知。夜夜夢魂續，幾度魂遊歧路熟。自謂夢魂之事心所形，又謂夢魂之境原窈冥。今朝青鳥傳書至，夢魂肇允竟通靈。何取據卿夢恒見，阿郎歸。郎夢遇卿皆能語，郎夢未見阿卿來。卿夢尋郎不知去，只許郎到阿卿家。不曾卿到阿郎處，是耶，否耶。夢魂奇，夢魂之奇安得知。

答鄧爾疋日本

邂逅一剎那，仳離千由旬。
東望不可即，中心安得陳。
書發魂與俱，詩來意相親。
會有海月夢，同醉蜻島春。

甚雨三首

甚雨三兩日，四山沉若失。
白箭無時停，困人在深室。

十里盤馬地，三里打球場。
一夜成雙湖，夾鏡望汪洋。

飆肸犯雨出，獨坐對飛泉。
飛泉疑倒海，萬斛浪珠圓。

黃晦聞欲事蕃書，口占答之

問君底事事娵隅，我只因貧為所驅。

讀破蕃書三萬卷，益知文字莫吾如。

與陳訒生、謝勺香遊大潭圍

山色妝成八月秋，秋陰如洗正當遊。
相看朋舊仍吾土，不信河山竟異洲。
幽草向人如有意，清泉咽石為言愁。
熱腸渴對潭千尺，欲飲爭它未自由。

留別楊匏香

胥宇才一年，款實深於海。
國步倔伕離，卿我竟何罪。
磨折任萬千，石爛終不改。
持此一寸心，白首誓相待。
感卿寵我行，淚珠三百琲。

元夜柬佩芳新特

前宵成好夢，夜夜劇難忘。
佩韻因風想，芳心徹海量。
姮娥呼可降，后羿那辭忙。
只恐瓊樓遠，空教引領望。

登司天臺賞雪，寄潘海棠、沈珠香

連日春寒雨不雨，滿天雨被雪留住。凍雲凝結雨化雪，雲重難行暫停駐。日積日重雲無力，忽然狂風來自北，將雲顛簸亂翻覆。雪欲含雪含不得，紛紛噴落如撒鹽，隨風布散天地塞。初時著地輒成水，令我仰觀歎不已。詎知轉眼看花畦，遍埜都如粉盒矣。去年小除天雨雪，市中狹阨心愁絕。子今居處司天臺，如此奇觀為吾設。急披羅毳上高臺，照眼瓊瑤世界開。有樹悉作白珊瑚，有土悉作白玉堆。有藤悉作水晶鉤，有花悉作水晶球。有屋悉作碧玉樓，有船悉作碧玉舟。有車悉作雲母輦，有盆悉作雲母甌。天公好潔何其真，萬物一色堊焉新。可惜四野人蹤絕，若有人來亦玉人。言猶未竟忽自顧，燦然雪花飛滿身。此時肌骨玉壺清，思如泉湧何精神。指爪畫雪寫詩稿，寄與銀河之仙子，珠海之仙賓。

既非顯長官

既非顯長官，又非名太史。艤岸入官衙，門狀片白紙。放炮開中門，筍輿竟進裏。直抵花廳口，恭迓如星使。下輿一握手，何曾與半跽。急急延上座，傾耳聽辭旨。公事早言訖，閒譚更樂只。佯作解文明，禮宜見妻子。旋呼肆瓊筵，酒肴極豐美。嬌女進羽觴，豔姬陳玉簋。媚譽客綺年，豐儀美容止。客亦假殷勤，示愛以欱是（譯音）。酒闌客微醉，請轎歸去矣。借問此何人，聞道一亡士。主人禮何隆，因佗外國仕。

黃鶴樓題壁

久聞黃鶴樓，愸 [1] 之如調饑。一旦來夏口，隔江先仰睎。爭奈煙波闊，人望微乎微。詰朝鼓蘭枻，來尋黃鵠磯。江城周覽無所睹，疑是仙人拔樓飛。笑問路傍人，告我重嗟欷。幾經兵燹樓幾改，於今重見異昔時。欱歔乎，即今黃鶴天外歸，江城樓閣已全非。當年跨鶴知是誰，或云費文禕。或云荀叔禕，神仙渺茫不可知。我今發此語，必貽新民譏。但是維新本不尚形色，此樓安用愛，蠻夷何異畫。放翁強作衣，褘 [2] 衣全失古人意，不免騷人嗤。陳跡不可見，休吟崔灝詩。天涯亡士此樓遲，煙波江上徒傷悲。

【注釋】

[1] 愸 nì，憂思；憂傷。

[2] 褘 wēng，外國衣。

瓊州阻風柬璚君

連日天愁絕，迷蒙萬象微。

水遙雲絮厚，雨重浪花肥。

海漾狂於醉，吾心愸似饑。

風波偏作祟，故故阻人歸。

別璚君三首

已別三四年，又去幾千里。

何日是歸期，悠悠似江水。

昔日為遊子，今日為亡士。

遊子猶有方，亡士無定止。

離別休云慘，中原多事秋。
莫將亡國恨，換卻別離愁。

和雪蜨本事原勻十首

美人心事英雄淚，無限辛酸共一鳴。
誰聽潯陽淒絕後，有人更感入雲箏。

青燈煮夢驚寒夜，低唱君詩益惘然。
綺障彌天誰懺卻，姑同歡喜話因緣。

法眼早知空世界，只無慧劍斷情絲。
阿難戒體休輕毀，細認摩登伽是誰。

最難銷受美人恩，怕惹郎愁黛劍顰。
早欲皈依摩詰去，如花爭不自繇 [1] 身。

憑肩燈下聽瓶笙，一縷茶煙斗室盈。
照見並頭杯茗裏，停杯無語不勝情。

伏枕含羞濡鳳筆，蠻箋索寫定情詩。
低頭撤帶叮嚀語，記取新歡濃盎時。

已教琴操皈禪悅，莫遣分飛若彩雲。
美眷如花年似水，春人珍重合歡裙。

似此佳人難再得，值君為渠斷吟魂。
遙知省夢詩成夜，不辨啼痕與墨痕。

我亦多情慕之子，無端綺夢逐春潮。
片時飛入秋津島，蹋碎櫻花過板橋。

底事相逢還避面，畫圖早已識卿卿。
漫嗔遊聳來狂客，斜倚銀屏索弄箏。

【注釋】

[1] 繇 yóu，通「由」。

送潘蘭史入都

　　未謀尊酒祖君別，我送君行已太清。
　　怪底飢寒如小子，愧無詞賦比先生。
　　蠻娃多識空相似，山水能遊共有情。
　　此去京畿風浪穩，公卿早已仰才名。

【注釋】

　　[1]《有奇堂詩集》全部選入《寒瓊遺稿》。

《南社叢刻》第三集

答小進和留別原韻 [1]

　　未獲相逢翻遠別君如美洲過滬造訪，未晤，江樓望斷水含 [2] 天。
　　參商妒殺銀河渡君去時值七月六夕，魂夢迷將碧海煙。
　　去國好求匡國策，離家暫學忘家禪。
　　歸來他日須招我，白首同耕沮溺田君去求農學。

【注釋】

　　[1] 選入《寒瓊遺稿》。
　　[2]「含」字《寒瓊遺稿》改作「寒」。

《南社叢刻》第四集

寄鈍劍 [1]

　　我歸故國翻成客，拋卻妻兒竟獨居余返粵垣而妻子則居鄉 [2]。
　　君作寓公殊不寂，梅花依舊繞精廬君有「萬樹梅花繞一廬」，今寓王遙之梅里。

【注釋】

　　[1] 選入《寒瓊遺稿》。
　　[2]《寒瓊遺稿》刪「返粵垣而妻子則居鄉」

水調歌頭戊申中秋與室人張傾城登赤桂山玩月，用坡公原韻

　　滄海湧明月，萬里沒雲天。昔遊黃鶴西泠，猶未媲今年。怎似峰腰石棧，

千丈鐵闌危憑，泉立瀉光寒。放眼出天末，俯首瞰人間。 或歌管，或酒琖，總遲眠。幾人夫婦，今夜能與月俱圓。何況登山聯襼，何況憑肩林表。清豔福雙全，伉儷誰如我，一笑問嬋娟。

《南社叢刻》第五集

祭譚月儔文

甲辰夏四月二十有日，譚公月儔卒於里第。其執友蔡有守遊學滬瀆，聞耗之日，為文以祭之曰：「天高不聞，殲我哲人。伊維哲人，博愛行仁。瞻顧國步，饑溺斯民。奇才莫試，竟隕厥身。齎志沒地，壯氣難伸，嗚呼痛哉。憶昔薛苫，余尚乳臭。君呼小友，期許獨厚。居址接近，文酒流傳。同乘並載，接席比肩。金峰眺遠，漱玉烹泉。花朝月夜，勝事華年。君樂酒德，非醉而醒。傾尊半酣，談鋒實穎。內憂外患，指陳警省。念版宇之副瓜，悼中厚之沸鼎。誓鼓掌以堙河，欲揮戈以倒影。嗟失時之不當，徒矗矗而靡騁。又若君志遠學，誓渡重洋。期淑身而淑世，俾國權之開張。奈羈軛於跬步，終寂寞於家鄉。般紛紛其遺恨，歷九死而猶未已。君魂有靈，沒當仍視。有生以來，人誰不死。在昔豪傑殉國，為多使君。為民請命，喋血薩摩。同遭黨獄，畢命銅駝。聞風百代，可泣可歌。而乃埋沒衡戶，傷如之何。君毓高門，德輝流慶。伯仲彬彬，弟兄爽競。儷影閨房，如賓相敬。奈何覯閔，天屬多乖。姜被風冷，孟案塵埋。君遭蹇難，悲莫遣懷。爰迄如今，喪我良友。歲夢嗟蛇，愆占長柳。終童夭逝，賈傅云亡。少年凋喪，曠代同傷。況君厄命，既罔厥壽。羊舌無子，宗祀誰守。弱息僅存，星孤曙後。白髮高堂，哭子衰朽。生人極艱，荼苦罕有。我行去家，留滯淞濱。願言思子，離索銷魂。今更永別，愴然傷神。他年返里，徒慟陳根」。

清明登鎮海樓寄梁七 [1]

楚狂休自誇黃鶴，卻遜層樓氣象雄。
五嶽才歸禹嶺小，十年再見木棉紅。
海南春色愁難寄，天末佳人信未通。
遠念遼陽還積雪，故鄉吹暖楝花風。

【注釋】

[1] 選入《寒瓊遺稿》。

清明後一日，訒生將赴日本，同人祖餞於珠江畫舫，即席用子匋韻 [1]

紫棟飛飛復弄寒，籠行萬 [2] 酒醉江干。
詩心早蘊停雲意，畫本還留落月看。
客有汪倫情靡盡，婦如徐淑別尤難。
東鯷煙雨輕帆卸，可是櫻花尚未殘。

【注釋】

[1] 選入《寒瓊遺稿》。

[2]「萬」字，《寒瓊遺稿》改作「尊」。

答劉三、陸靈素伉儷寄懷原韻，並索題愚夫婦小影 [1]

劉家夫婦仙難擬，偕隱江南黃葉樓。
既得湖山應極樂，況能文酒復何憂。
春風鬢影圖初制，白雪詞華句待求。
桃柳水村頻入夢，端知跡遠轉心稠。

【注釋】

[1] 選入《寒瓊遺稿》。題刪「並索題愚夫婦小影」數字。

昨夜辛亥（1911）三月三十日作 [1]

昨夜無端噩夢驚，春歸底事轉崢嶸。
杜鵑遽欲空啼血，精衛應愁浪用情。
燈炧窗紗將薄曉，風沉簷鐵有餘聲。
一番雨過花飛盡，翻見欣欣夏木榮。

【注釋】

[1] 選入《寒瓊遺稿》。

送抱香之南洋 [1]

我逾思君君逾遠，南溟絓眼渺愁餘。
麒麟舉世皆蒙�，鳳鳥摩霄不在笯。
大好江山容擊楫，漂零書劍且乘桴。
英雄知己有紅拂，寧伴亡人去國無。

【注釋】

〔1〕選入《寒瓊遺稿》。

晦聞囑題《蒹葭圖》[1]

我所思兮渺何許，百無憀賴獨登樓。
露凝澤畔孤蟲泣，月冷沙前斷雁愁。
難遣伊人一迴溯，固知吾道在滄洲。
此間誰識淒淒意，寫入青緗只是秋。

【注釋】

〔1〕選入《寒瓊遺稿》。

題《淮南集》寄周實丹 [1]

淮南文獻近何如，亂世詩人賦彼都。
詎為科名刊國表，爭扶大雅易時趨。
感深陵谷多懷舊，道在雲霄莫歎孤。
手挽狂瀾上壇坫，聯吟應共薄婤隅。

【注釋】

〔1〕選入《寒瓊遺稿》。

題《黃葉樓圖》寄劉三 [1]

江南一別劇難忘，容易西風葉漸黃。
縱抱孤花慰幽況，卻緣落木惜餘芳。
空山獨往詩猶健，秋士沉吟意已蒼。
念汝樓居蕭瑟甚，寒林戢影絕驕陽。

【注釋】

〔1〕選入《寒瓊遺稿》。

題高天梅《聽秋圖》[1]

無端天末鳴條感，我亦憑闌醉不成。
抱屋寒蛩啼斷續，撲窗殘葉響崢嶸。
坐疑四壁波濤起，頓覺滿懷風露失。

畢竟尋常秋夜意，問君何事苦為情。

【注釋】

[1] 選入《寒瓊遺稿》，題改為《題〈聽秋圖〉詩兩首》。又載《時事畫報》。

病中晦聞寫示南園詩社重開諸什，並述是日獲觀黎美周畫冊，即次晦聞原韻 [1]

蓮鬚 [2] 遺素那能亡，病眼緣慳只自傷。

畫裏花光沈勝國，海南儒雅望斯堂。

百年風會成消歇，十子才名獨老蒼。

亂世詩人盼君子，豈堪來與賦陽陽。

【注釋】

[1] 選入《寒瓊遺稿》。

[2]「鬚」，《寒瓊遺稿》改作「鬢」。

七夕 [1]

忽睹升平景，笙歌遍粵城。

天深霄漢遠，月淡斗牛明。

易觸流離感，還多兒女情。

愁人眠不穩，竟夕賣花聲。

【注釋】

[1] 選入《寒瓊遺稿》。

友人索題《壯遊圖》 [1]

少小行蹤窮版宇，人間河嶽信無奇。

壯遊只欲凌霄漢，除卻遊仙匪所思。

【注釋】

[1] 選入《寒瓊遺稿》。

八月十四夜望月 [1]

十年不見鄉關月，未到中秋意已深。

明夜陰晴卻難料，舊時哀樂漫相尋。

【注釋】

　　［1］選入《寒瓊遺稿》。

十五夜望月 [1]

　　十年此夕頻為客，未抵鄉園明月多。

　　一日江湖人老大，千竿燈火夜嵯峨。

　　清輝對影渾如故，樂事關心轉易過。

　　莫遣閒愁落人世，卻憐消瘦到嫦娥。

【注釋】

　　［1］選入《寒瓊遺稿》。

答訒生 [1]

　　籜兮誰和汝，月出倍思君。

　　鬼哭城根晚，風號木葉紛。

　　迷陽阻偕隱，異國悵離群。

　　行有揮戈客，安容日漸曛。

【注釋】

　　［1］選入《寒瓊遺稿》。

晦聞以石印索刻「苕華」二字，口占答之 [1]

　　雄心竟向中年盡，影墮山林漫獨嗟。

　　縱詠籜兮誰汝和，更憐君子賦苕華。

【注釋】

　　［1］選入《寒瓊遺稿》。

贈亞子

　　萬里歸來氣不揚，中原龍戰血玄黃。

　　六年不盡蒹葭思，此日相逢雲水鄉。

　　磨劍問天真本色，驚神泣鬼大文章。

　　英雄多敵亦多友，頹臥吳江抱獨香。

《南社叢刻》第八集

正直殘碑跋 [1]

右正直殘碑，乃亡清嘉慶三年四月徐方于宣、柴望之景望、趙仲原敬於河南豐鎮西門豹祠外訪得之。與子斿、劉梁、元孫三殘碑同日出土，移置安陽孔廟戟門下。世稱安陽四種是也。《安陽縣志》稱此殘碑舊埋棄西門君祠外頹坊下。康熙間建坊，毀為柱石。後柱折而碑猶存。然已鑿鉅孔，毀殘元文至夥，湮淪百餘年。一朝後光顯於世，亦有精靈乎。碑首行「正直」是以揚名於州里。前人引《詩·小明》作「正直」，是與此碑作「以」，復引《儀禮·鄉射》[2]「執弓各以其偶進」。注：「以」猶「與」也，為證。守謂是以二字當屬下讀，文法顯然。前人引詩證之，亦廢辭耳。洪筠軒順煊云「第二行有『部職』二字，其人似嘗為曹椽。第四行『終年』下似『卅』字，孔下有『年三』兩字，似其人終卅□，當□年之三月也」，諒哉。瞿木夫中溶云「第三行『眾』下當是『所』，『考』上當是『祖』。七行其上當是『動』，誠然。但云末行二字當是「孝信」，則非也。王述廣昶釋作「女友言」三字，守審之，此字雖稍殘闕，顧當有筆跡尋。當是「友」字，必非「孝」字。其辭曰其□作亓，守按：說文「丌」字云薦物之「亓」，象形，讀若算。同集均「丌」亦作「亓」。《玉篇》：「亓古文『其』字」。《古老子》其亦作丌。汗簡基作□，且古文從其之字亦多作從「亓」，皆足以證是碑。守又考《韓勅碑》陰「督郵魯其輝」，「其」亦媘作丌，與此碑稍異耳。近人康某論書謂《孔彪碑》及正直、子斿二殘石與真書至近。又謂書法每苦落筆為難，峻落逆入，亦言意耳。欲術摸范，仍當自漢分中尋之。「為」，正直殘碑之「為」字，「覈」字，「辭」字真爨龍顏之祖，可永為楷則者，頗有見地。守謂此碑最奇者是「莫」字之橫畫竟若反文，未知其如何下筆，惜前人皆未論及耳。此碑出土後一百又五年癸丑四月晦日，馮師韓以精拓本寄贈。蔡守並記。

【注釋】

[1] 漢《正直殘碑》。殘長 47 釐米，寬 50 釐米，厚 20 釐米。現呈不規則形，中間有一直徑約為 33 釐米圓穿孔；碑文隸書，殘文 7 行 44 字。

[2] 《儀禮·鄉射》，即《周禮·地官·鄉大夫》。

西漢《單于和親千秋萬歲安樂未央》磚范跋

　　《單于和親千秋萬歲安樂未央》磚范，近年出直隸宣化府蔚州，地名代三城，即漢文就封地。守案《通鑒》漢九年十月遣使匈奴結和親時尚未有號年，故製磚者即事以紀年也。作於西漢之初，字體猶近秦篆。守定其為磚範者，何也。以其一則白文，二則反文，三則左行。具斯三者為范無疑。考鑄金有范，墺埴為磚，古雖無稱。然守嘗見上海趙氏所藏秦「衛氏」瓦范，番禺陳氏所藏漢「延年益壽」瓦范，亦皆左行白文，反文，與此相若。造瓦既有范，製磚亦當然。今觀「衛氏」及「延年益壽」二瓦皆黑。文極峭拔，而范則白文，極豐肥。范白文之筆劃，兩旁斜下至底甚窄，故造成之文必峭拔，與范文相反也。漢磚文亦多峭拔者，與此不類。緣此乃范也，及其造成之磚文亦必峭拔矣。

為劉三畫《黃葉樓圖》[1]

　　此是劉三讀書處，危樓一角秋無垠。
　　天涯有個悲愁客，也住[2]江南黃葉村。

【注釋】

　　[1] 選入《寒瓊遺稿》。
　　[2]「住」字，《寒瓊遺稿》改作「是」字。

師子林[1]

　　有客胥臺歸，語我師子林。奇石甲天下，疊寘尤巧心。直以數弓地，幻作丘壑深。非出雲林手，孰具此匈襟。吾生有石癖，聞之安可禁，今日嫁吳門，弛擔輒訪尋。但見錯楚間，亂石支苔岑。一覽已無遺，淺率渾布碪。肇允陳跡改，結構全殊今。譬媲一名畫，後為庸工臨。不辨真與贗，聞名徒仰欽。世之耳余輩，斌玞混球琳。

【注釋】

　　[1] 選入《寒瓊遺稿》。

薄暮與內子傾城並騎入盤門[1]

　　輕裘細馬東風軟，薄暮盤門並轡來。
　　波影綠將千堞繞，燈痕紅點萬窗開。
　　前山漁唱愁蘇子，深巷琵琶妒善才。

信是當爐人嫋娜，與卿一酌暖寒杯。

【注釋】

[1] 選入《寒瓊遺稿》。

與室人山塘泛舟 [1]

水程七里笙歌繞，燈舫蘇臺載酒來。
遊子鳴鞭眠柳起，漁娃蕩槳落花開。
東風無力難扶醉，春物多情慾誘才。
此夜山塘新月學 [2]，與卿更盡鳳皇杯。

【注釋】

[1] 選入《寒瓊遺稿》。

[2]「學」字《寒瓊遺稿》改作「好」字。

登鼓岩堂 [1]

岩阿橛足鼓聲沈，蕭寺無人秋氣森。
佛仗藤扶時欲墜，竹爭楚長日相侵。
迷陽滿谷吾何往，邀月靈蹤那可尋訪邀月岩不得。
舉世棲棲干祿士，好山應盡付幽禽。

【注釋】

[1] 選入《寒瓊遺稿》。

《南社叢刻》第十集

《魏曹真殘碑》跋

　　《魏曹真殘碑》，亡清道光癸卯吳耐軒訪得。云出長安南門外十里許，農民耕田得之土中。故趙之謙《補寰宇訪碑錄》謂，碑在陝西。比年竟為偽尚書端方所獲。辛亥革命首誅端方。今聞是碑尚在彼處。按黃叔璥《中州金石考》[1] 雖引述征記云，北印山有《曹真祠堂碑》，然已久佚失考，未可遽定即是此石也。張德容《金石聚》，汪鋆《十二硯齋金石過眼錄》，楊守敬《壬癸金石跋》皆有著錄，考證詳審，何事益言。但據近拓本第五行「妖道公」三字，第八行「蜀賊諸葛亮稱兵上邽，公拜」十一字，第十一行「屠」字皆闕。是本初

拓,此十五字均完好如新,良足多也。癸丑天貺節與謝英伯、陳耿夫、孫仲英、王紅籬過香雪軒同觀。余喟然歎曰,滿夷竊我土地二百餘年,洎末葉其醜裔端方猶逞權勢,強奪巧取,盜吾祖國商、周、秦、漢以迄唐宋之金石數千餘種。今彼雖伏誅,而金石不幸尚藏醜裔之宅。吾郲既除滿夷,還我土地,顧自古金石與土地並重,安可民國成立,尚容重器為夷族所有耶。願與吾郲急倡議於金陵,建國粹院,盡取端氏金石以實院中,使吾民國與吉金貞瑉,垂笑於無窮也。

【注釋】

　　[1]《中州金石考》8 卷。清黃叔璥著。書成於乾隆辛酉。所錄中州金石,自商、周以至元、明,搜採頗富。

與春娘登遙集樓 [1]

　　盛年橐筆入長安,翻共吳娃鎮日閒。
　　一代人材歸眼底,八陘山色上眉端。
　　與卿未分終牢落,此世誰能逭苦艱。
　　漫怨東風吹鬢亂,姑容袖手耐春寒。

【注釋】

　　[1] 選入《寒瓊遺稿》。題改作「二月廿五日與留春登遙集樓」。

上巳遊萬生園 [1]

　　且容仲御安閒坐,那有公望過問來。
　　太潔可愁丁五濁,不祥莫甚是多才。
　　未青萬柳將春惱,無意孤花犯節開。
　　一月京華塵污面,秉蘭臨水自低佪。

【注釋】

　　[1] 選入《寒瓊遺稿》。

雪夜春娘留飲 [1]

　　一領狐裘凍不溫,韓潭雪夜訪劉春。
　　拔釵沽酒情何限,並枕談詩豔絕倫。
　　都下故人多不賤,花間新特獨憐貧。
　　閒商身世微之子,寥落宣南孰與親。

【注釋】

［1］選入《寒瓊遺稿》。

寒食登江亭寄晦聞、貞壯 ［1］

寒食江亭草不青，東皇多負踏青人。

二君南下吾何北，萬族冬藏氣未春。

鄉思自生今日事，閒情爭遣此時身。

斜陽香冢寒鴉噪，風物將愁與客頻。

【注釋】

［1］選入《寒瓊遺稿》。

清明雪中寄傾城 ［1］

坐著 ［2］回雪入清明，遠念鄉邦百感生。

沖節一書無限意，料卿三復不勝情。

木棉妝閣紅應綻，芳草豐臺綠未成。

此日只堪同負載，無端千里別傾城。

【注釋】

［1］選入《寒瓊遺稿》。

［2］「著」字《寒瓊遺稿》改作「看」字。

《南社叢刻》第十二集

過羚羊峽 ［1］

廿年重過羚羊峽，感舊嗟新可語誰。

復疊雲山迷曩跡，侵尋人事耐遐思。

峰高夾水天為隘，岸迴號蛩秋更悲。

剩羨漁家足安樂，未聞今世是何時。

【注釋】

［1］選入《寒瓊遺稿》。

送陳樹人、居若明之日本 [1]

我未能歸君又去，寓書為別各潸然。
人誰與世全無意，國自先秋絕可憐。
孰道蓬萊真淺水，同舟仇儷是雙仙。
鄉邦回首塵沙惡，一往夷嶼欲幾年。

【注釋】

[1] 選入《寒瓊遺稿》。

薄暮 [1]

薄暮添衣正下樓，絕勝風景照吟眸。
依人孤蝶花光冷，帶雨餘霞帆影秋。
松徑抱山延野步，梧江鑿空接天流。
憑高眺遠心難囿，雲際輕雷尚未收。

【注釋】

[1] 選入《寒瓊遺稿》。

中秋白鶴山看月蝕遇雨 [1]

百丈峰頭百畝臺，晚霞才散月輪開。
庸知彈指殫殘盡，陡覺驚心黑暗回。
天上姮娥還有劫，人間鋒鏑未須哀。
何堪風更驅雲起，亂雨跳珠入酒杯。

【注釋】

[1] 選入《寒瓊遺稿》。

九日白鶴山居有感 [1]

夷樓窈窕插穹蒼，詎肯隨人與節忙。
不盡山川供極目，了無風雨入重陽。
剩緣念遠增怊悵，寧為登高迫閟藏。
此日秋聲遍天下，菊花作意向誰黃。

【注釋】

[1] 選入《寒瓊遺稿》。

九日寄劉三 [1]

半載烽煙聲問闕，題糕時更憶劉郎。
了無人可論今世，那怪君還住故鄉。
沖節馳詩何限意，戒寒憐菊未成黃。
懸知勝日龍華塔，斗酒庸能一忍狂。

【注釋】

[1] 選入《寒瓊遺稿》。

小重陽雨中寄晦聞都門 [1]

風雨入懷驚節換，忍寒為寫憶君詩。
昨宵著酒俄都醒，今日看花已過時。
去馬來牛成慣見，雄蜂雌蝶漫相疑。
京華一臥秋將晚，國士投閒世可知。

【注釋】

[1] 選入《寒瓊遺稿》。

送老直再之美洲 [1]

苦絕歸來今又去，不勝哀感送君行。
海燐爭焰俄相滅，秋月沖寒分外明。
獨向滄溟編野史，欲憑著述遣餘生。
分攜未了區中事，寧遠重洋闕寄聲。

【注釋】

[1] 選入《寒瓊遺稿》。

《南社叢刻》第十三集

江神子原詞見《知不足齋叢書·蛻巖詞》寒瓊離榭擬賦枕頂，用張仲舉原韻仿樂府補題，見《知不足齋叢書》

草窗蘋房，玉田碧山，諸公分題詠物故事。乞我南社社友同作佳什。寄廣州小東門內水關河邊蔡寅收。守即匯錄附刊南社十五集並以書畫酬報雅意。蔡守哲夫啟。準四月三十號（即舊曆三月十七日）截卷。

漢建初玉笏辯長建初尺一尺有四寸，廣六寸弱

釋文：「建初三年考工輔為內者造篆書，字徑三分，在三孔之間。護建佐博嗇福光主右丞宮令篆書字徑二分」。

甲寅閏五月十七日偕常熟孫師鄭雄、吳江楊千里天驥入南海子流水音訪袁抱存克文，出示玉笏，古澤瑩潤，不忍釋手。據吳窓齋云，古玉有似璋非璋，似刀非刀，前詘後詘，邊有三孔，可以結繩佩於紳帶。更有一孔，可以繫組者，定為笏。其論甚當。此必玉笏也，今人不知，咸目之曰「刀圭」。亦猶古圭，概目之為藥鏟，琮目之，為釘頭也。漢玉捨印及剛卯外，罕有文字者。唯江都汪氏藏建武殘玉刻字，滿洲託活洛氏藏建初六年武孟子買田玉券而已。是笏刻字太工整，絕無剝蝕，疑是後刻。歸考之，知是從漢建昭雁足鐙青浦王述菴藏銘摹出，建昭易作建初，初字即從漢慮俿尺摹出。「嗇夫」，官名也。誤脫「夫」字，「光主」人名也，而上脫官名，掾字「右丞宮令」，官名也，而下不署人名。且輔、博、福、光、主皆彼同時人名也。按建昭距建初百年有奇，安得官名，人名復有如是相同者耶，其謬妄若，此必為後人偽刻無疑。且笏用以臨時筆記，不當刻字也。

【注釋】

［1］又載《天荒》雜誌第一冊，文字有改動。

小進索和無題二首原韻 ［1］

背人佯醉吻風鬟，回憶當年赧耷顏。
一自姮娥奔月去，不期重見在人間。

天花著體思迢迢，望斷星河絕鵲橋。
卻笑定庵禪力薄，不能持偈謝靈蕭。

【注釋】

［1］選入《寒瓊遺稿》。

小進索和夢中作原韻 ［1］

偷將鳳翼入重垣，曲曲花房遇紫鴛。
才思騷香兼漢豔，丰姿菊影與梅魂。
分題遍詠琅玕塢，偕隱端居琴瑟村。
一別人天消息杳，墜歡如夢夢無痕。

【注釋】

　　[1] 選入《寒瓊遺稿》。

題亞子《分湖舊隱圖》[1]

　　十里分湖如在望，絕勝風景藕花天。

　　閉藏竹塢思專壑，遊釣苕溪憶往年竹塢、苕溪皆分湖勝地，見《湖隱外史》。

　　底事移家同郭老頻伽故居分湖，後移家魏塘，輸他流寓有朱顛朱南，人呼曰「朱顛」，見《湖隱外史》。

　　舊時月色猶能說楊廉夫《東維子集》云「元松陵陸敬居分湖之北，壘石為山，樹梅成林。取姜白石詞語名其軒曰『舊時月色』」，金粟珠簾共惘然金粟、珠簾，妓名，見鐵厓《遊分湖記》。

【注釋】

　　[1] 選入《寒瓊遺稿》。

甲寅冬至，笛公、竹韻、鼎平約蘿峰探梅，以疾不赴，漫成一首[1]

　　閉閣回風長至日，坐憐一病負同遊。

　　些些樂事還乖願，娟娟幽香未與謀。

　　冥想雲和花作海，料量屐著徑如油。

　　蘿峰沖雨吾曾慣，為問寒梅解憶不。

【注釋】

　　[1] 選入《寒瓊遺稿》。

尹笛叟折梅歸，分贈一枝，病中得此足慰無憀[1]

　　萬花如海難消受，容抱孤芳共閉藏。

　　帶雨餘寒侵短褼，移燈疏影落匡床。

　　一枝端與吟身瘦，零蕊猶令病骨香。

　　鐺鼎椎排供煮藥，今宵瓶北足禳祥。

【注釋】

　　[1] 選入《寒瓊遺稿》。

十一月十七日重遊蘿峰觀梅 [1]

照眼蘿峰今再過，香光浮動麗晴天。

梅花轉惜全開日，山色爭看異往年。

欲傍孤亭尋曩跡，卻愁蕊浪落吟邊。

一枝折取誰堪寄，林下低徊思渺然。

【注釋】

[1] 選入《寒瓊遺稿》。

重過蘿峰寄黃晦聞、馬小進、李泰齋都門 [1]

鄧尉病梅何足道，孤山無梅尤可哀。

那若此山三十里，卻看盈谷萬株梅。

林泉從古因人勝，花蕊逢晴滿意開。

回首舊遊皆北去，百無憀賴我重來。

【注釋】

[1] 選入《寒瓊遺稿》。

蘿峰折梅歸，供漢永寧元年磚瓶，賦詩寵之 [1]

看遍千花折一枝，齋心清供故矜持。

十年孤抱冰霜著，數點芳心天地知。

瘦影脫塵疑畫裏，暗香凝夢入衾池。

江湖搖落風懷遜，伴讀還宜萼綠姿。

【注釋】

[1] 選入《寒瓊遺稿》。

贈春兒集定庵句四首 [1]

燕蘭識字尚 [2] 聰明，我亦當筵拜盛名。

撐住南東金粉氣，美人材調信縱橫。

何須燕罷始留髡，身世閒商酒半醺。

辛苦癡懷無用訴，商量出處到紅裙。

愁愧漂零未有期 [3]，卿籌爛熟我籌之。

書生挾策成何濟，留報金閨國士知。

初弦相見上弦別，青鳥銜來雙鯉魚。

粉光入墨墨光膩，繾綣依人慧有餘。

【注釋】

　[1] 選入《寒瓊遺稿》。題改作「贈春兒集定庵句四首」，刪第四首「初弦相見上弦別，青鳥銜來雙鯉魚。粉光入墨墨光膩，繾綣依人慧有餘」。增「留仙裙褶晚來松，誰遣藏春深塢逢。萬種溫廲何用覓，胭脂染得玉笙紅。　舠舠益陽風骨奇，怪誕百出難窮期。嬌鬟堆枕釵橫鳳，春倦如雲不自持。　誰肯心甘薄倖名，羽玲安隱貯雲英。一番心上溫馨過，整頓全神注定卿。」三首。

　[2]「尚」字《寒瓊遺稿》改作「當」字。

　[3]「慚愧漂零未有期」句《寒瓊遺稿》改作「愁煞漂蕩未有期」字。

《南社叢刻》第十三集

冬閨曉起，和倫靈飛鸞元韻 [1]

一宵寒沁繡衾梭 [2]，起擁重裘尚未勝。

斜擁香篝添麝炭，驀看脂盞結紅冰。

罷梳移鏡茶初熟，呵筆題詩墨已凝。

侍女折梅喧笑語，滿園花樹玉層層。

【注釋】

　[1] 選入《寒瓊遺稿》。

　[2]「梭」字《寒瓊遺稿》改作「凌」字。

意難忘紀遇阿葑，用清真韻 [1]

山額蜂黃。記梅邊選韻，硯北交觸。刳肝收鳳紙，鑴骨著龍香。琴意亂，燭花涼。看粉淚汪浪。沒奈何，身心九百，枉打占相用盧氏雜說妓茂英故事[2]。　　聞聲顧影無雙。歎為椽入爨用柯亭竹焦尾琴事 [2]，未遇中郎。如天難了願，絕世可憐妝。閔子裏，幾迴腸。暫落拓何妨。只恐它，流年似水，漸損容光。

【注釋】

　[1] 選入《寒瓊遺稿》。題夾註改為「用清真韻」。

[2]《寒瓊遺稿》刪夾註。

憶江南題釋白丁畫蘭 [1]

三兩筆，香草寫孤衷。惹得板橋勞夢想，閉門嘆水補天工，吹霧墨花溶見《板橋集》[2]。 無寸土，種入畫圖中。淒絕靈根何處託，憶翁心事一般同。哀怨寄無窮亦不畫根，與鄭所南同 [2]。

【注釋】

[1] 收入《寒瓊遺稿》，又載《時事畫報》。題改為「憶江南雙調」，夾註改為「題白丁畫蘭」。

[2]《寒瓊遺稿》刪夾註。

濕羅衣甲寅十二月廿七夕，仲瑛以守己酉客上海時寄贈之黃濱虹《仿程穆倩枯筆壺天閣圖》索題。守癸丑歲莫北遊正是日過扈瀆與濱虹重逢，為作《泰岱遊蹤》卷子，亦有是圖，但非焦墨耳。因走筆填此一闋，聊欲紀實，固未求工也 [1]

聊尋曩跡畫圖中，無端六載匆匆。重展花前又臘燈紅。 去年今夜重逢，寫遊蹤，還輸此幅。潤如春雨，乾裂秋風。

【注釋】

[1] 收入《寒瓊遺稿》，又載《時事畫報》。

小樓連苑甲寅歲莫偶翻《斷腸詞》，夾有殘絲 [1] 數縷。憶是去年 [2] 小除前一夕王素君 [3] 繡睡鞋臙者，玩物思 [4] 人，遂成此解 [5]。用放翁韻 [6]

劇思江介漂零，崢嶸客裏年將晚。臘燈紅處，秦簫偎傍，納懷手暖。自唱新詞，歲華偷送夢窗詞「自唱新詞送歲華」，四鄰絲管。睡鞋剛繡好，衾棱瞥見，春先到，仙娃館。 迅羽 [7] 韶光又換。誤瑤期，匝年雲散。揚州一覺音教，釵分翠鳳，箏孤銀雁，空臙殘茸，斷腸詞卷，鼻薰香觀，卻難忘那仄聲日，雪中判襪，一聲河滿。

[1]「絲」字《寒瓊遺稿》改作「茸」字。

[2]「去年」《寒瓊遺稿》改作「癸丑」。

[3]「君」字《寒瓊遺稿》改作「茸」字。

[4]「思」字《寒瓊遺稿》改作「懷」字。

[5]「解」字《寒瓊遺稿》改作「闋」字。

[6] 收入《寒瓊遺稿》。題夾註改為「用放翁韻」

[7]「羽」字《寒瓊遺稿》改作「雨」字。

望梅花題徐江菴《墨梅》[1]

　　冷香幽豔入雲涯。獨負手，橋端延眺。梅雪相兼不見花用姜石帚句。　　疏影盡橫斜。斷岸溪回望眼賒，孤抱寄寒葩。

【注釋】

　　[1] 收入《寒瓊遺稿》。題夾註改為「題徐江庵《墨梅小錄》」

喜遷鶯用吳夢窗《福山蕭寺歲除》韻[1]

　　甲寅歲除不寐，思去年今日在扈瀆驅車訪劉三，過徐家匯故居，余以己酉春挈眷賃廡於斯，至辛亥春始歸里。一旦重來，門庭猶昔。與鄰人話舊，低徊久之。旋至黃葉樓，一別四載。殘年再晤，喜可知也。劉三盡發所藏石墨，剪燈共讀。更以古甓拓本十數種題贈。是夕並與靈素夫人裁句為令，歡飲徹明。客中似此度歲，洵人生不可多得。今宵回憶，倐忽經年。勝事難忘，因填此闋，即寄劉三。

　　孤車投暮。記沖歲訪友，風推梦櫓。臘鼓連村，春旗飄雪，愁見舊時棲旅。故柳欲遮妝閣，寒燕還依吟戶。遇隣媼，問袁家中婦妍，如前否。　　過平聲處都囊跡，蕭寺野橋，塔影敧斜午。黃葉樓中，良宵重會，休歎韶光飛羽。傳燭讀碑題字，停盞擘箋裁句，奈今夜，擁瓶花，細憶經年情縷。

【注釋】

　　[1] 收入《寒瓊遺稿》。題夾註改為「用夢窗福山蕭寺歲除韻，有序」。

一落索甲寅元旦次夕，劉三招友博塞。余與靈素夫人燈前對坐，索畫水仙花一幀，破曉才畢。今夜看花，忽又經歲，遂成此闋，用陳後山韻[1]

　　絪色裘兒纖軟，寒香梅亂。記曾相對白描來，粉額宮黃新染。　　顧影凌波輕倩，偎燈還見。蛾眉淡掃脫塵妝，可似得天人面。

【注釋】

　　[1] 收入《寒瓊遺稿》。題後夾註改作「用陳後山韻」。

塞垣春乙卯上巳日，寒瓊水榭坐雨，書所見。用吳夢窗《丙午歲旦》韻[1]

　　聽隔河絲管。便似覺，風光暖。靈花頌美，綠醹觴壽。新曲嬌囀。倚雨窗

又把屠蘇盞，櫛羽髻，年幡短。話前遊，駒光迅，舊時情事偷遠。　　草濕石榴裙，繡鞋惜沖泥，延步橋岸。嫩柳傍簷牙，掠香密雙燕。看鄰娃諍歲，喧笑藏彄。眩 [2] 穠妝，故教見。芋葉弄春燈，認燈痕紅淺。

【注釋】

> [1] 收入《寒瓊遺稿》。題後夾註，《寒瓊遺稿》改為「用吳夢窗丙午歲旦韻，乙卯上巳日寒瓊水榭雨中書所見」。
> [2]「眩」字《寒瓊遺稿》改為「炫」字。

換巢鸞鳳以瓶中牡丹委瓣封寄香子，用史邦卿元韻 [1]

凄絕阿嬌。惜迷於金屋，錯了藍橋。仙姝工寫韻，端合嫁文簫。年年愁病損瓊腰。一年一年，朱顏也銷。韶華去，請汝試把菱花照。　　樓悄，思渺渺。花墜玉瓶，撩亂人懷抱。片片殘紅，封題偷寄，是斷腸消魂草。只要他真個迴心，換巢鸞鳳教偕老借句 [2]。者癡情有，靈犀早能深曉。

【注釋】

> [1] 收入《寒瓊遺稿》。題後夾註改為「用史邦卿元韻，瓶中牡丹委瓣寄騷香子」。
> [2] 夾註「借句」二字，《寒瓊遺稿》刪去。

《南社叢刻》第十五集

馬家春慢用賀方回韻 [1]

金鳳林，姑蘇人。都門 [2] 名妓也。與小進有囓臂盟。金屋未成，玉人頓萎。小進為營 [3] 葬於宣武城 [4] 南。越兩月，余入都，弛擔小進寓齋。甫三日，小進歸香港，延至半載，以事不果來。囑僕從收拾行裝，余將徙寓邑館。瀕行，忽在丁香花下拾得紙折書籌數枚，繡鞋花樣幾幅，雜以殘茸斷線，關均笙、文彬、任雉翹、榮林語余曰乃鳳林遺物，小進所寶愛者 [5]，因題封寄之，並系一詞。

芳冢才封，豔碑待刻，薄倖遄歸香島。賸馥殘脂，自珍重，奚奴安曉。拋棄丁香樹底，幸儂瞥見為收好原韻巧字復，故易之。試看佗花樣玲瓏，可似心兒巧。　　堪哀玉人年少，恨來遲，未睹傾國姿貌。伴讀憑肩，唾茸沾靨，幾番嗔笑，半載房櫳鎖斷，只留與香魂吟繞，畫裏喚，真真鳳林遺像同時寄與 [6] 苦絕情懷，誰告。

【注釋】

[1] 收入《寒瓊遺稿》，亦刊於《時事畫報》，有圖。

[2] 「都門」《寒瓊遺稿》改為「京華」。

[3] 「營」字收入《寒瓊遺稿》刪。

[4] 「武城」兩字收入《寒瓊遺稿》刪。

[5] 「關均笙文彬任雉翹榮朴語余曰乃鳳林遺物小進所寶愛者」句收入《寒瓊遺稿》
改為「知必鳳林遺物，小進所珍愛者也」。

[6] 《寒瓊遺稿》刪夾註。

淒涼犯題《遊魂落月圖》，用夢窗韻 [1]

幽原杳闊，啾啾泣，悲哀振谷漂 [2]。葉小湫照，影低紅掩，翠冷螢露。濕荒叢霧，合溱洧無聲暗涉。閃青燐，迷白骨，蔓楚幾重疊。　　夢 [3] 斷墜殘月，動林枯聲，可憐魂怯。伝伝欲去欲何之，乍回冰屬。愁絕孤墳野風起。裙兒亂折，夜闌珊，隱去來，隨煙頓滅。

【注釋】

[1] 收入《寒瓊遺稿》，亦刊於《時事畫報》，有圖。

[2] 「漂」字，《寒瓊遺稿》改為「飄」字。

[3] 「夢」字，《寒瓊遺稿》改為「蘿」字。

甘州令寄蘊瑜，用柳屯田韻 [1]

斷雲飛，亂水急，心兒俱野。春去也，綠成紅謝。想人人，背銀燭，淚珠偷灑。欲郵箋，恐殷羨，卻不管，戀書無價。　　目成鏡檻，魂銷吟榭。問遊婿，怎輕拋捨。定情幃，合歡几，可憐良夜。仗瓶花，伴孤寂，又愁煞 [2]，影敧香冶。

【注釋】

[1] 收入《寒瓊遺稿》，題夾註改為「用柳屯田韻，寄蘊瑜」。

[2] 「煞」字，《寒瓊遺稿》改為「殺」字。

玲瓏四犯題鴻璧女士寫贈《雙鶯圖》，圖己酉春所畫也。用竹屋癡語韻 [1]

擬上屏風司空圖《詠鶯》詩「應知擬上屏風畫」，好一對，黃鶯 [2] 無盡情絮。杏雨雙棲貫休《詠鶯》[2] 詩「藏雨並棲紅杏蜜」，愁濕舊時花樹杜甫詩「黃鸝並坐交愁

濕」。慣識草綠江南吳融《詠鶯》詩「慣識江南春草綠 [3]」，比翼作，緜蠻語。語爾儂，廝守今生，卻不要分飛去。　　劇難料平 [4] 取金閨意劉孝孫《詠鶯》詩「料取金閨意」。畫圖中，怨恨如訴。乃知眾鳥非儔比司空曙《詠鶯》句，誰是佗心許易老，九十韶光屠隆《詠鶯》詩「九十韶華愁易老」。寸斷腸用《玉堂閒話》事，箋丁寧句杜甫詩「便教鶯語太丁寧」。寄所思，欲託藏機用《六帖》元處士事，傳信七年仙侶。

【注釋】

[1] 收入《寒瓊遺稿》，題夾註改為「用《竹屋癡語》元韻，題陳鴻璧女史己酉畫贈《雙鶯圖》」。

[2]「鶯」字，《寒瓊遺稿》改為「鴛」字。

[3]「綠」字，《寒瓊遺稿》改為「處」字。

[4]「平」字，《寒瓊遺稿》改為「仄」字。

鳳鸞雙舞寄騷香子，用汪水雲韻 [1]

騷香子，琉璃宅，第看瓊瑤紛墜。香雪海上，銀鴛比翼，浪花高湧，霰花高綴。人如玉，肌爭雪痕，眉描月勢。試脫卻白狐裘試 [2] 浴，唐宮遺事，潑寒胡戲。水嬉妙意。雙舞竟，溫泉騰沸。粉香脂膩，使魚睡龍醉 [3]。築個瑤池，香湯不羨豆蔻和蘭桂。迢遞瞷浴，猛思前歲。

【注釋】

[1] 收入《寒瓊遺稿》，題夾註改為「用汪水雲韻」。

[2]「試」字，《寒瓊遺稿》改為「共」字。

[3]「醉」字，《寒瓊遺稿》改為「酥」字。

西江月荔枝灣調冰室納涼，寄阮月娘用龔山隱韻，詞見《洞凥詩集》卷七 [1]

雪藕調冰節候，雙舟薜苔波間。匆匆誓海與盟山，只怕芳心會變。　　日日停橈佇望，幾時才得身閒。今宵盡賦定情篇，結個鴛鴦詩伴。

【注釋】

[1] 收入《寒瓊遺稿》，題夾註改為「用龔山隱韻，荔支灣調冰室納涼，寄月娘」。

五福降中天乙卯重午從康樂沔櫂歸水關寓齋，舟次書所見。用宋人江致和韻　此調與《齊天樂》別名之《五福降中天》不同。見《詞律拾遺》卷三 [1]

剪菖蒲籌酒，薄醉泛海珠東。看競渡人歸，畫舫花容。輕浪珠翻翠袖，夕

照紗明粉胸。泛泛朱橈，十指剝春蔥借白香山句。浮萍偶聚，奈語託，微波未通。淥水一搖人渺，鬟[2]影因風。渾疑洛浦，漂瞥見驚鴻夢中。復似常娥，驀然飛入廣寒宮[3]。

【注釋】

[1] 收入《寒瓊遺稿》，題夾註改為「用江致和韻，乙卯重午舟中書所見」。

[2]「鬟」字，《寒瓊遺稿》改為「髩」字。

[3]《寒瓊遺稿》加夾註「按此調與《齊天樂》別名《五福降中天》不同，見《詞律拾遺》卷三」。

韻令乙卯重午後一日，殤弱子阿朔[1]

昨朝臂縷，長命索絲。俄而樂變悲梁簡文帝《哀子辭》「乃變樂而為悲」，掌中珠碎，膝下龍推借庾信《傷心賦》兩句。頻年亂稿，今更添噫金仁山所為詩曰，亂稿世亂也，曰噫稿，喪子也。情鍾我輩，山簡那能知。　　誕同曼倩，朔字名兒子以五月初一生日。啼聲識異姿，痛過潘岳，沒一旬期潘岳《西征賦》「子無七旬之期」。注，子以三月壬寅生，五月甲辰夭，六十餘日也。東門達意，匪我能之。阮籍剪燭，交淚伴人垂。

【注釋】

[1] 收入《寒瓊遺稿》，題夾註改為「重午後一日，殤弱子」。

山居好七月十七日與檇李陸四娘貴真登鳳篁嶺作，用宋山隱道士龔大明韻，山隱詞見《洞霄集》卷七[1]

山居好，山居好，非我佳人莫能曉。
運期易姓曜更名，裘褐孟光可偕老。

山居好，山居好，一個茅亭水雲繞。
谷飲丘棲卅餘年，怪石奇葩皆足寶。

山居好，山居好，鑿險繩幽共[2]探討。
寒林戢影抱孤芳，雲竇憑肩聽奇鳥。

山居好，山居好，空谷佳人藝[3]香草。
布衣椎髻脫塵妝，絕色天成眉不掃。

【注釋】

[1] 收入《寒瓊遺稿》，題夾註改為「四闋，用宋山隱道士龔大明韻，七月十七日挈

橋李陸四娘貴真登鳳篁巓作」。

[2]「共」字,《寒瓊遺稿》改為「苦」字。

[3]「藝」字,《寒瓊遺稿》改為「蓺」字。

有何不可與橋李陸四娘貴真、泉唐吳三娘子和宿巢居閣作。用宋月溪道士貝守一韻,詞見《洞龥集》[1]

抱樓鴛浪層層,夾鏡螺峰朵朵。看雲看水看花,恁地有何不可。

一篇風飽閒眠,高閣月明靜坐。觀書觀畫觀碑,恁地有何不可。

築間 [2] 砥室 [3] 藏嬌,結個茅亭著我。有泉有石有林,恁地有何不可。

古塔 [4] 晚霞紅鎖,隔江煙濕漁火。宜陰宜雨宜晴,恁地有何不可。

【注釋】

[1] 收入《寒瓊遺稿》,題夾註改為「四闋,用宋月溪道士貝守一韻,見《洞霄詩集》卷七」。

[2]「間」字,《寒瓊遺稿》改為「閒」字。

[3]「室」字,《寒瓊遺稿》改為「寶」字。

[4]「古塔」,《寒瓊遺稿》改為「遠浦」。

怨秋曲七月十八日薄暮,陸貴真在高莊採菱墮水,懷中《大吉碑》拓亦濕,戲作嘲之。用宋穆風道人韻 [1]

圖驚出浴新,襪恀凌波穩。笑煞跳山碑,頓成落水本 [2]。

【注釋】

[1] 收入《寒瓊遺稿》,題夾註改為「用宋穆風道人韻。七月十八薄莫,陸貴真在高莊採菱墮水,懷中大吉碑亦溼,戲占二十字嘲之」。

[2] 此詞用字《寒瓊遺稿》多改為怪異字。

《南社叢刻》第十六集

為鈍根畫《紅薇感舊圖》題四絕句 [1]

乙卯七月十七夕,與橋李陸四娘貴真湖上訪碑歸,同讀《紅薇感舊記》,頓憶乙巳秋著書獲戾,避地武林,柳意之殷勤。去年京華吟詠觸時忌,劉春之

巧為護持，不勝哀感。遂挑燈走筆為製斯圖，並系四絕。

> 沖夜西湖雙棹返，紅門橋畔小紅樓。
> 枕邊共讀紅薇記，逋客風懷得似不。

> 十年斯地作亡人，柳意能教秋氣春。
> 同有美人恩未報，為圖今夜一愴神。

> 去歲京師歌五噫，不祥文字又干時。
> 春娘慧絕憐才甚，解使梁鴻姓運期。

> 圖成哀豔復荒涼，感舊憐新暗自傷。
> 敲斷瓊釵寒月墜，貴真還唱玉嬌娘。

【注釋】

[1] 收入《寒瓊遺稿》，增題夾註「並序」。

乙卯九日南社諸子愚園雅集，遠莫能赴，遙寄一章 [1]

> 高會頻年雙十節，今秋為底作重陽。
> 勞勞四載都成夢，落落孤花未肯黃是日無菊。
> 聊仗登臨觀萬匯，好拚酩酊醉千場。
> 留連文酒寧非樂，國士投閒盡可傷。

【注釋】

[1] 收入《寒瓊遺稿》。

《南社叢刻》第十七集

長相思用袁正真韻，見《知不足齋叢書·宋舊宮人詩詞》

與子和、貴真泛舟湖上，笑指雙峯云，余當館吳於南峰，館陸於北峰，時乘飛槎往來兩峰之間。

南高峰，北高峰，兩地歡情一樣濃，雙峰金屋中。　　採芙蓉，紅芙蓉寶帳香重重，一雙紅芙蓉。謂飛鸞輕鳳也。見《杜陽雜編》，才過西來又向東薛蘭英、蕙英姐妹與鄭生定情詩「風流好似魚游水，才過東來又向西」，飛槎天際通。

【注釋】

[1] 收入《寒瓊遺稿》。

前調用宋宮人章麗真韻 [1]

　　菱花秋，蓼花秋，開到秋花無限愁，年時水樣流。　　松颸颸 [2]，竹颸颸李群玉《移松竹詩》「龍髯鳳尾亂颸颸」，萬一西泠共白頭，孤山樂所囚陳造詩「局促似為山所囚」。

【注釋】

　　[1] 收入《寒瓊遺稿》，題改為「長相思」。

　　[2]「颸」字《寒瓊遺稿》改作「颸」。

望江南登吳山贈子和，用宋宮人金德淑韻 [1]

　　吳山好，勝侶亦吳山吳山字岩子，《西湖志·閨秀詩》載其集《不擊園》一首。唾月推煙延野步，暗憐腰細珮珊珊李商隱詩「已聞佩響知腰細」。名豔漢時閒《流沙墜簡》簡牘遺文，子和之名屢見。

【注釋】

　　[1] 收入《寒瓊遺稿》，題夾註改為「用宋宮人登吳山贈子和、金德淑韻」。

鶯啼序重遊西湖，感舊憐新。遂成此闋。用汪水雲原韻並依其體 [1]

　　尋尋谷陵曩跡，見高深更遞。賸雲水，亙古常新，絓眼未損幽致。歎馬足，船唇交趾，幽燕南北塵容悴。一無成，今又重來昔懷空偉。　　十載西湖借夢窗句，亡人況味，野寺甘寒薺。有油壁，瓊輈邂逅，垂楊影裏，鎮相憐深。燈密帳接，吻酒秋宵，春醉一別，難報美人恩，金投湖水。　　樽心泛綠，槳尾飄紅，沖柳浪煙市。甚今夜，斷橋斜月，亂荷深處雙簫。哀音疊疊，傷心人也，淚襟如洗，拚唐突，撥花尋類。喜新歡，同舊愛鄉里。聯珠媲綺，漫如前度分攜，珍重折釵歌起。　　誰雲誰雨，暮暮朝朝，並肩花底。專一塹，貯雙娥，結箇十椽山第。從今莫問人間事。去馬來牛，千載都成此。世真氄氄無時已。拚今生長共雙鶯戲。任教地變天荒，松柏西陵，年年蒼翠。

【注釋】

　　[1] 收入《寒瓊遺稿》，題夾註改為「用汪水雲原韻，並依其體，重遊西湖感舊憐新，遂成此闋」。

訴衷情用宋楊妹子原韻。楊詞《題馬遠松院鳴琴小幅》，見《韻石齋筆談》 [1]

　　千緡東市市胡琴《獨異記》陳子昂事，竟有買知音。亂把文章投贈，做衒女

招淫。山已入，恐非深。樂幽沈 [2]。丘樊素玩，雲水孤懷，斷絕名心。

【注釋】

[1] 收入《寒瓊遺稿》，題夾註改為「用楊叔子原韻」。

[2] 增夾註「柳宗元詩『幽沈謝世事』」。

花心動湖曲暗記，用劉叔安韻 [1]

湖曲花深，三籟絕，明月偷照羞媚。珍簟生涼李商隱句「珍簟接煙波」[2]，瓊肌不汗，恰恰未寒天氣。湖光十頃看橫玉，飄枕處李商隱句「簟冰將飄枕」[2]，星搖珠翠。回浙 [3] 臉見《錢塘遺事》[2]，橫波入鬢唐白行簡《天地陰陽交歡大樂賦》句 [2]，泥人歡思。　　蜆斗歡喜也，唐宮人隱語 [2] 童開見大樂賦 [2] 豔事。車巧笑，何稠見唐人《迷樓記》[2] 要支渾醉。嬌喘疑沈李商隱句「嬌喘細疑沈」[2]，落紅偷認，初解銷魂情味。夜深雙槳慵歸 [4] 去，拌 [5] 今宵，波間穩睡。鴛鴦夢，夢繞六橋煙水。

【注釋】

[1] 收入《寒瓊遺稿》，題夾註改為「用劉叔安韻，湖曲暗記」。

[2] 《寒瓊遺稿》刪夾註。

[3] 「浙」字《寒瓊遺稿》改作「折」字。

[4] 「慵歸」《寒瓊遺稿》改為「嬌婦」。

[5] 「拌」古同「拼」。

前調《西陵紀遇》，和蟾英韻，《歷代詩餘》載宋諸葛章妻蟾英此首與諸作迥異，因依其體 [1]

水去雲回，更勾留，卻為鑒湖春色元稹「廉間浙東有，因循歸未得。不是戀鱸魚」之句。或曰「為好鑒湖春色耳」謂劉採春也 [2]。如夢如幻《癸辛雜志》葛天民居西湖有二侍姬，一曰如夢，一曰如幻 [2]，非霧非花，未放遊蹤孤寂。雙美仙舟情復濃李商隱句「仙舟尚惜乖雙美 [2]，襟上酒痕乾又濕。月娥嫵，獨鳳女顛狂李商隱句「鳳女頻狂成久別，月娥嫵獨好同遊」[2]，搗藥投壺急李商隱句「姮娥搗藥無時已，玉女投壺未肯休」[2]。　　歡情似此，曠世 [3] 應難覓。翠幙生波李商隱句「臥後幙生波」[2]，紅衾翻浪宋人詞「被翻紅浪」[2]，一對夫容露浥。媱 [4] 秀方妍，梅魂菊影，溪匳夾鏡妝窗碧李商隱句「妝窗結碧綺」[2]。幃間笑，徹明釧聲釵息。

【注釋】

[1] 收入《寒瓊遺稿》，題夾註改為「用蟾英韻」。

[2]《寒瓊遺稿》刪夾註。

[3]「世」字《寒瓊遺稿》改作「代」。

[4]「媲」字《寒瓊遺稿》改作「比」。

西湖月用黃蓬甕原韻 [1]

月明罨畫湖山。儼寫上舲窗。四窗紗葉。枇驚鷺夢。沖波乍起。可人嬌怯。接筵猶怕遠。做 [2] 燕子，投懷偎醉頰。尚忘忑，熨體荀郎。膩袓汗香濃浹。　　千燈萬火湖塘借張先《陪杭守泛湖夜歸》詞句 [3]。宛粵海燈痕。水光三折郭思《畫論》「畫水者有三摺之浪」。故鄉無此。雙峰入望。六橋橫睫。況低歌小唱。擁左右 [4]，如花雙媚靨元稹句「醉圓雙媚靨」[5]。鬥瞞住 [6] 萬紅友謂原詞此句「消瘦」上脫一字，當依《蓬甕探梅》一首補之 [5]，褪襪兜搘。解羅教撚李商隱句「依稀解醉羅」[5]。

【注釋】

[1] 收入《寒瓊遺稿》。

[2]「似」字《寒瓊遺稿》改作「做」字。

[3]《寒瓊遺稿》夾註改為「借張先句」。

[4]「擁左右」，《寒瓊遺稿》改作「左右擁」字。

[5]《寒瓊遺稿》刪夾註。

[6]「鬥瞞住」，《寒瓊遺稿》改作「兩瞞卻」，刪夾註。

向湖邊用江緯原韻 [1]

雲水行亭童匡卿事，見《西湖遊覽志》[2]，萍床鷗席，十丈碧荷成蓋。午夢初回，有風鬟相對。好放船，只赤南屏，斜陽如畫張翥詞「斜陽畫出南屏」[2]，一日千秋歡會。第五橋邊，頓疑人 [3] 世外。　　渠擅蓴羹，汝復工鱸鱠。拌共我爛醉，任蓬萊枯海。如此湖山，況佳人難再。笑桑田留命麻姑買李商隱句「欲就麻姑買滄海，又直遣麻姑與搔背。可能留命待桑田」[2]。卿休道，南北戰爭天地碎。只要西湖，得太平長在《西湖志》載宋陳人傑《沁園春·西湖酒樓》句「南北戰爭，惟有西湖長如太平」[2]。

【注釋】

[1] 收入《寒瓊遺稿》，題夾註改為「和江線韻」。

[2]《寒瓊遺稿》刪夾註。

[3]「人」字《寒瓊遺稿》改為「塵」字。

折丹桂 用王相山原韻。訪仙槎中與陸貴真、吳子和審定新得石墨。有李是庵、俞滋蘭、吳小荷、李蓮性舊藏本 [1]

明湖畫舸秋燈碧。校理碑南北。敗煤爛紙古香浮 金農句「爛紙敗煤重開光」 [2]，淺脫本，渾蟬翼。 玉臺遺物餘芬息。還對璚閨客。風鬟能讀六朝文，審釋竟，論甋墨。

【注釋】

[1] 收入《寒瓊遺稿》，題夾註改為「用王相山韻」。

[2]《寒瓊遺稿》刪夾註。

少年遊 月夜艤舟小青墓側，與泉唐吳三娘子和檇李陸四娘貴真釃酒。湖水低徊，憑弔凭肩，共讀《小青傳》，吳、陸皆泣下，遂成此闋 [1]

鏡潮鏡汐損豐神 小青與楊夫人書「朝淚鏡潮，夕淚鏡汐」[2]，照水問仙真。花片隨風，飄如弱絮，塵世快抽身 小青詞「火輪下，抽身快」[2]。 風鬟對泣孤山下，月冷弔芳魂。蓮性離胎，荷絲難殺 借小青句 [2]，一樣可憐人。

【注釋】

[1] 收入《寒瓊遺稿》，夾註改為「用孤山《環珮集》韻。月夜艤舟小青墓側，與子和、貴真醉酒，湖水低徊，憑弔憑肩，讀《小青傳》，吳、陸皆泣下，遂成此闋」。

[2]《寒瓊遺稿》刪夾註。

前調 與子和、貴真讀《孤山環珮集》竟。子和述親見春航歌小青影事，極哀豔之致，更成一首。和集中南社諸子韻 [1]

親從幀裏見真真，哀豔巧傳神。一樣香名馮春航 小名子和 [2]，一般悲感，況是女兒身。 孤山片石題名在，想妙絕時人《世說》「可謂妙絕時人」[3]，妙糅盼兒蹤。顧影清波，憐卿憐我，杯酒共招魂。

【注釋】

[1] 收入《寒瓊遺稿》。題改為「少年遊」，夾註改為「讀孤山《環珮集》」。

[2]《寒瓊遺稿》夾註改為「指吳與馮春航也」。

[3]《寒瓊遺稿》刪夾註。

前調集句，用白石竹屋體，仍和《孤山環珮集》韻 [1]

修眉斂黛柳永，胭脂嫩臉晏殊，容態盡天真柳永。別母情懷姜夔，小青與楊夫人書「老母姊弟天涯問絕」，又「老母惠存，如妾所受」，又句「昨夜慈親入夢遙」[2]，裁詩寄遠晏幾道「小青與楊夫人書一，絕亦是烏死鳴哀」[2]，吟魄與離魂歐陽修。　靚妝叢裏張先，偎花映燭張來，舉措好精神柳永。此恨無窮張先，一杯芳酒晏幾道，誰是意中人柳永「小青句『杯酒自澆蘇小墓，可知妾是意中人』」[2]。

【注釋】

[1] 收入《寒瓊遺稿》，題改為「少年遊」，夾註改為「集句，用竹屋體」。

[2]《寒瓊遺稿》刪夾註。

瑞鶴仙石屋洞觀造象，用方秋崖體並和原韻，詞見《詞律拾遺》卷四 [1]

倚岩鐫割也《後漢》朱知家鐫觀音象贊句 [2]。看層層，皆法象也張時徹《石屋洞詩》「法象層層別」[2]。頭銜最奇也。有天龍軍者造象題名有天龍軍副將潘彥 [2]，史無之也。山羅漢也。伏為保，安身位也。為亡人謹舍，衣囊當院，僧顧昭也象記有「造山羅漢保安身位，謹舍衣囊」皆造像記中鮮見者 [2]。　奇也，浮螺滄海岩底，何來地脈穿也仇遠《石屋洞》句「鬼神穿鑿地脈碎」。石樓高也洞西有石樓。佛髻蒼苔侵也仇遠《石屋洞》句「峭壁蒼苔侵佛髻」。問誰云，一百一十六佛，笑曝書亭誤也案《兩浙金石志》云「凡七百餘尊」。《曝書亭集》云「石屋羅漢一百十六」，誤也 [2]。淨財躅郢題名有「夏保威謹躅淨財」[2]，手堅瑪朱知家記「命乎郢手」[2]，非楊璉也今考造象皆五季時代，非元僧楊璉真伽所刻 [2]。

【注釋】

[1] 收入《寒瓊遺稿》，題改為「石屋洞」，夾註改為「用方秋厓韻，並效其體」。

[2]《寒瓊遺稿》刪夾註。

前調偕吳三娘、陸四真登煙霞洞，禮千官塔 [1]

禮千宮塔也。共雙娥，槃那寐即和南也。瓏瓏七層也。看題名瓊柱，都指揮也，吳延爽也。為錢王夫人弟也塔第五層正面左柱題名有「都指揮使吳延爽為吳越文穆恭懿夫人之弟」，洞內羅漢亦有其題字。是塔與像同時並造。兩崖間，十八聲聞周紫芝《煙霞洞詩》十八「老聲聞附石出遺象」。知亦同時鐫也。　奇也，塔旁右壁，十六行

間塔旁右壁第十六列有「吳三娘、陸四娘」題名相併，吳三阮志釋作二誤娘也。陸四娘也。汝二人，前身也。願生生為姊妹，歸一婿，同享煙霞福也。樂岩棲供養，湖山長婆稚即團圓 [2] 也。

【注釋】

　　[1] 收入《寒瓊遺稿》，題改為「瑞鶴仙」，夾註改為「汩霞洞」。

　　[2]《寒瓊遺稿》刪夾註。

前調靈隱觀造象，懷曼殊 [1]

　　此峰奇絕也。號飛來，僧慧理也。如千佛樓也案靈隱山洞內外鑴列佛像大小無慮千數，大抵皆五代時所為 [2]。信禪岩幽邃，佛莊嚴也。山愈古也。笑天奇，何曾損也《夷白齋詩話》「飛來峯，天奇也。自楊璉琢之，天奇損矣」[2]。今凡夫來往，觀瞻能發，皈依心也宋胡承德《靈隱造像記》「期來往觀瞻，同生浮土」[2]。　　何也，俗流謬誕，誅擊三髡用田汝成《誅三髡象文》，然靈隱佛像，非楊璉等所為，《曝書亭集》辯之甚詳 [2]，真焚琴也。憶當年也。此地逢曼平殊也。各漂零蓬島，幾時淺水，何處重相見也。黯銷魂，鬢影風飄，斜陽瘦也。

【注釋】

　　[1] 收入《寒瓊遺稿》，題改為「瑞鶴仙」，夾註改為「靈隱」。

　　[2]《寒瓊遺稿》刪夾註。

平湖樂月夜艤舟花港，和王秋澗韻。詞見《太平樂府》[1]

　　定香橋抱水紅秋蓼花也 [2]。魚躍冰輪皺李商隱句「皺月覺魚來」[2]。荷芰深迷覓溪口，繫菱舟。　　雙鬟爭勸珍珠酒泉名 [2]。湖山無恙，佳人難再，怎捨別杭州。

【注釋】

　　[1] 收入《寒瓊遺稿》，題夾註改為「花港月夜，和秋澗韻」。

　　[2]《寒瓊遺稿》刪夾註。

憑闌人四照閣與子和貴真並枕，臥看湖山，口占小令，令兩姝歌之。真不知身在人間也。調見《詞律補遺》[1]

　　四面湖山擁一樓，山翠湖光絕媚秋。香肩借枕頭，雙仙共臥遊。

【注釋】

　　[1] 收入《寒瓊遺稿》，題夾註改為「四照閣與子龢、貴真臥看湖山」。

慶宣和孤山頂賞雨，用小山樂府韻 [1]

雲走峰飛乍有無，水闊嵐疎。萬象空蒙做通湖，奇雨。奇雨。

【注釋】

[1] 收入《寒瓊遺稿》，題夾註改為「孤山賞雨，和小山韻」。

菩薩蠻迴文體，和李致美原韻。詞見《中州樂府》。此單調二十二字，迴字讀之，則成全調四十四字矣。尚有黃華老人等三首可證，非脫誤也 [1]

斷橋籠柳秋隄半。歸棹翠煙飛。　　小盦窺月曉。誰似遠山眉。

【注釋】

[1] 收入《寒瓊遺稿》，題夾註改為「迴文，和李致美韻」。

前調湖上晚歸貴真妝閣，迴文。用黃華老人王子端韻 [1]

客愁寒月明湖隔。行夜入西城。　　故稽遲我苦，斜語嘽嬌鶯 [2]。

【注釋】

[1] 收入《寒瓊遺稿》，題及夾註改為「又迴文，和王子端韻」。

[2] 「鶯」字《寒瓊遺稿》改作「鴉」。

前調花邊暗記，迴文。用孟友之韻 [1]

睡酣嬌醉花邊砌。蒼珮玉如霜。　　影搖釵蜻冷。長爪笑如 [2] 狂。

【注釋】

[1] 收入《寒瓊遺稿》，題改為「菩薩蠻」。

[2] 「如」字《寒瓊遺稿》改作「奴」字。

黃鶴洞仙和馬鈺韻，調見元彭致中《鳴鶴餘音詞》前後闋皆用馬也二韻，結亦福唐體也 [1]

嬌夢驀驚回，窗網荷風打李商隱詩「鼠翻窗網小驚猜」。攬鏡羞花南 [2] 檢餘痕，梳墮馬李頎詩「二八蛾眉梳墮馬」。斜鬢深遮也。　　鞵鳳結承塵，怕惹它猜訝。昨夜狂歡暗自羞，邀打馬。瞞卻阿真也。

【注釋】

[1] 收入《寒瓊遺稿》，題夾註改為「和馬鈺韻，調見元彭致中《鳴鶴餘音詞》」。

[2] 「南」字《寒瓊遺稿》改作夾註。

阮郎歸 和山谷韻，獨木橋體 [1]

沈腰拚與戲為鞍，應憐非肉山黃庭堅詩「六月火雲蒸肉山」，自注，「戲張文潛體肥也」。郎君有用欲封難封有用郎君，見《焚椒錄》[2]，安能力拔山。　巫峽事，盡卿歡，胡床疊枕山。衾池無浪已更殘。星河絓屋山。

【注釋】

[1] 收入《寒瓊遺稿》，題夾註改為「和山谷韻，福唐體」。

[2] 夾註《寒瓊遺稿》改為「見《焚椒錄》」。

柳梢青 和稼軒《八難辭》，戲貴真子和 [1]

忙煞阿難《十香詞》「觸手心愈忙」。嬌躬遍撫，戒體持難阿難遇摩登伽事，開拂木難《鄴中記》「扇之奇巧者名木難」，風鬟左右，字問奇難。　平生獲此洵難。靈運也，應稱四難謝靈運詩序「良辰美景，賞心樂事，四者難並」。嬌得二難，湖山人物，信別離難。

【注釋】

[1] 收入《寒瓊遺稿》，題夾註改為「和稼軒韻，獨木橋體」。

皂羅特髻 用東坡原韻 [1]

採菱拾翠，兩絕代佳人，再應難得。採菱拾翠，遇個 [2] 風流客。孤山下，採菱拾翠，柳條兒，綰就同心結。採菱拾翠，姊妹誰先合。　明日，採菱拾翠，把香肩雙拍。與遊婿，採菱拾翠，剝雞頭芡實也，襪褪相爭滑。採菱拾翠，藕覆褲也心忙覓。

【注釋】

[1] 收入《寒瓊遺稿》。

[2]「個」字《寒瓊遺稿》改為「著」。

字字雙 見王麗真原韻 [1]

香津襪兒班 [2] 復班 [2]，粉汗裙兒殷復殷。秋燈珠館閒復閒，枕屏筆架山復山。

【注釋】

[1] 收入《寒瓊遺稿》。

[2]「班」字《寒瓊遺稿》改為「斑」。

醉妝詞用蜀王衍原韻 [1]

　　者邊走，那邊走，兩個腰如柳。那邊走，者邊走，雙吻濃於酒。

【注釋】

　　[1] 收入《寒瓊遺稿》。

竹枝 [1]

　　清嬉玉漏竹枝弄 [2] 香波女兒，兩花窈窕竹枝影相磨女兒，楊廉夫詩「玉肌相照影相磨」。

【注釋】

　　[1] 收入《寒瓊遺稿》。

　　[2]「弄」字《寒瓊遺稿》改為「美」字。

踏歌辭用崔潤甫原韻 [1]

　　任意車搖動，推腰褥亂橫。癡雲嬌喘細，殘雨顫聲輕。素女投壺還未已，欲平明。

【注釋】

　　[1] 收入《寒瓊遺稿》。

鶯啼序用黃在軒體並和其韻。題傾城為芷畦畫《水村第五圖》[1]

　　波心墅莊窈窕，細橋牽荇帶。地偏占，絕勝湖山，四罨煙水如畫。錢重鼎魏坤郭慶，風流代謝，知誰繼水村高會，小雲仄讀本陳琳馬瑙勒賦 [2] 臺今屬，周郎鷺友稱快。　　孟頻趙南溟李，祥伯郭電發徐，四圖今安在。圖第五，畫入作平倩傾城，一幀蕩煙玉瀅。想十平年，釣竿換日，分湖便是。神仙界，放船時，春水碧浮，著身天外。　　雨搓飄絮，風送落花，齊點短篷背。沖曉去，鶯啼柳浪，魚躍草漵，遠興夷猶，淡描山黛。低迷岸意，晚橈欸 [2] 乃，歸去 [3] 正紫蕈嫩滑。魚堪膾，吟邊淺醉，移榻鏡檻，閒眠空蒙，縶眼千態。　　他時雙槳，夫婦同遊，寄語鷗漫猜平叶 [4]。把畫圖，先為券盡，辦浮家，居處鴛鴦，身世萍芥，安如舊隱，楚傖弔夢，也應招隱約我輩。笑乘桴，浪羨滄溟大。能回天地扁舟李商隱句「欲回天地入扁舟」[4]，痛飲狂歌，年年共載。

【注釋】

　　[1] 收入《寒瓊遺稿》，題夾註改為「用黃在軒韻，題傾城為周芷畦畫《水村第五

　　圖》」。

　　[2]「欵」字《寒瓊遺稿》誤作「款」字。

　　[3]「去」字《寒瓊遺稿》改作「來」字。

　　[4]《寒瓊遺稿》刪夾註。

木笪安如寄詩，鈐「分湖舊隱」一印，秀峭如悲盦。函問知為龍丁所治，因以貴真贈兩峯遺石寄乞篆刻。水窗詞客倚聲代柬 [1]

　　奪龍泓一席。嗟冷君趙之謙號 [2] 已杳。蠔扁仄聲 [2] 虯盤成絕學。聞崐山寸鐵。屬龍丁得。　　去秋之子。貽兩峰遺石有遜夫自作款 [2]。艾葉青田石名 [2] 凝古澤。郵筒遙乞璆。水窗詞客。

【注釋】

　　[1] 收入《寒瓊遺稿》。

　　[2]《寒瓊遺稿》刪夾註。

《南社叢刻》第十九集

雍和宮觀秘密佛記 [1]

　　甲寅重到宣南，三月晦日，隨喜雍和宮，東面偏殿有秘密佛十數龕，以黃繡幀障之。予沙彌餅金，則去幀與觀。雌雄迭陳，備諸醜怪。伎巧百出，儀態萬方。優游俛仰，升降盈虛。骨騰肉飛，傾詭人目。如觀大善殿，畫梁如入劫陁國天祠。如參秘密大喜樂禪，如鳩摩羅什之講經。欲障如《功德經》云「布施八萬四千臥具，八萬四千玉女贏交。大猖火光於中發動，散入諸趣」。所謂天女眷屬，皆豔如淨意，嬌如妙意。根形之偉，有如尼犍繞身七匝而不醜惡，其合有如《樓嚴 [2] 經》之郁單越法，即所謂色濟者歟。想漢廣川王海陽之宮，南齊東昏之芳樂苑。隱僻繪事，莫有如此令人惝憚養心也。觀畢，復與沙彌購得金剛勇識佛像一鋪，乃乾隆年塑，塗金如新像，作金剛趺坐，采女跨坐，而合金剛雙手勾采女要，采女一手挽金剛頸，一手舉法螺，仰首與金剛接吻，如甄鸞《笑道論》云「四目兩舌，正對行道之狀」。

【注釋】

　　[1] 又刊於《天荒》雜誌第一期，題目改為「金剛勇識佛像跋」，文字有小異。

　　[2]「嚴」字誤，應為「炭」字。

與周芷畦書 [1]

芷畦社兄大鑒：委作《水邨圖》，囑山妻畫之，頗雅。淡弟題《鸞啼序》一首，今呈上，尚希賜教是幸。魏李暎超、楊興息造象二拓本，曾經社友屯艮、天梅、石子、亞子所題，更敢求足下各賜題詞一首，能用黃在軒《鸞啼序》體並用其韻，尤為幸甚。《楊興息造象》石墨為蓮性舊藏，見拓本右方上背有題字及蓮性印。考蓮性姓李，名琴德，號荷卿。蓮性其字也，為江秬香室。與王苣孫室，曹墨及吳規臣、管芍、項紝、吳藻諸媛友善，並工詩翰篆隸。秬香《得碑圖》及藏《任城孫夫人碑》，諸媛題詞遍紙，亦金閨嗜古一時勝事，乞賜題並及之。益見是拓之足貴也。弟與室人負戴之餘，校碑遣日，寓樓臨玉帶河，吟窗壓波，選韻揮毫，雙影照水，亦頗弗惡。終弗逮分湖湖山之勝耳。匆匆此叩吟安。不一一。弟守頓首，丙辰正月廿六日。

【注釋】

[1] 收入《寒瓊遺稿》。

丙辰燈夕阮修坐雨，答劉漢聲超武、李綺仙錦襄伉儷，即次原韻 [1]

深幄春燈鬢影風，劉家夫婦可相同。
誰憐負戴如吾偶，已倦江湖作長翁宋陳造事。
花外早聞裁韻豔，鏡邊爭似畫眉工。
坐看伉儷歸吟社，迴句名章欲並雄。

【注釋】

[1] 收入《寒瓊遺稿》。

《南社叢刻》第二十一集

長至日重到大通寺探梅，與社友鄧爾疋萬歲、胡伯孝熊鍔、謝次陶祖賢、張蘊香蕙聯句 [1]

荒江野寺梅橫斜，苔枝才著三五花。輕舫蕩影波不定爾疋，芳楳逢辰意自加。衝節衝寒衝浪去寒瓊，還來前日尋詩處。孤松高竹話冬心，林間笑索寒花語伯孝。古木能回太古春，寧知空谷有佳人。破籬寂寂日停午次陶，黃雲承襪生清塵。小闌低亞迷疏影蘊香，選韻頻呵毫墨冷。汲汲光陰弱線添爾疋，敗葉叢埋煙雨井。荒寒三徑草相侵寒瓊，未許孤山獨姓林。銅瓶紙帳倘相貯伯孝，小袖雲

藍抱素琴。買山買鄰如可得爾定，劃花為疆竹為域。召要酒虎與詩龍次陶，此中手闢蘊香國。曲檻移春肆俊遊蘊香，月明彷彿入羅浮。仙姝影瞥凌波去寒瓊，莫向人間說不休伯孝。

【注釋】

　　[1] 收入《寒瓊遺稿》。

香港重見雪麗青袁寒雲姬人 [1]

　　　　三年償別連宵唔，笑語如聞流水音。
　　　　知否梁園舊賓客，寒瓊孤抱入冬心。

　　　　姑蘇花草長安見，北地胭脂也遜紅。
　　　　不道侯門深似海，蓬萊清淺會相逢。

【注釋】

　　[1] 收入《寒瓊遺稿》。

重見騷香子，同乘珥蹋車遊小香港 [1]

　　　　海山影瞥重相見，一笑人天再世緣。
　　　　檢淚飽嘗蠟煮粥，不愁魔物又驚禪。

【注釋】

　　[1] 收入《寒瓊遺稿》。

海素 [1]

　　　　海素重躞意自癡，初禪猶怯斷心時。
　　　　偷傳嫩約金如意，又寫風懷錦話私小屏也。
　　　　鬼雨無端空草濕，巫雲至竟野花知。
　　　　少陵黃四娘家句，鳳紙重吟暗記詩。

【注釋】

　　[1] 收入《寒瓊遺稿》。

夜深乘珥蹋車納涼，馬小進夢寄樓 [1]

　　　　奇肱飛輪赤柱峰，沖風過君樓外榕。
　　　　宵分重簾透燈色，燈下想像為花容謂金香玉。

【注釋】

[1] 收入《寒瓊遺稿》。

紫蘭臺在香港 [1]

山塘閒水方鏡開，寒綠抽空犯雨來。
蜑氣弄姿爭島市，斬新樓閣紫蘭臺。

【注釋】

[1] 收入《寒瓊遺稿》。

七月四夕和天梅勾 [1]

氍氀年時洴澼世，推徘何處著狂生。
海紅復帳三星爛，雨屋深燈六玉明。
才信黃金作人語，微聞瑤草要龍耕。
楚庭花事休重問，記取銷魂第一聲。

【注釋】

[1] 收入《寒瓊遺稿》。

暗記三首，和天梅勾 [1]

料無詩膽勝劉叉，強欲詩清多飲茶。
暗記詩成清未了，坡仙三朵忍之花。

一夕閒情說未休，破瓜人屬種瓜侯。
醉容豔並桃花色，還問青邱索酒不。

紫茸雲氣垂通體，偏要荀郎熨一周。
玉樹堅牢生豔想，柳宗元賦囚山囚。

【注釋】

[1] 收入《寒瓊遺稿》。

七月十四夕和天梅勾 [1]

塵物填狄安可祓，判宵選夢五銖輕。
美人解作櫻桃媚，寒士偏宜蘭蕙清。
嬝枕低幃微有意，生香熟粉各深情。

墨西笑語憐少子，初敦吳歈嬌脆聲。

【注釋】

[1] 收入《寒瓊遺稿》。

為天梅題何蝯叟手札，札有佳筆代精婢之語 [1]

東州草草箋三個，逸氣閒情照眼來。

我愧劄中精婢語，退毫老禿只重臺婢之婢也。

【注釋】

[1] 收入《寒瓊遺稿》。

有寄 [1]

我有言司安上脫，芝芙何日草才拔。

堅汝心瓊者個心，者心未許他人奪。

【注釋】

[1] 收入《寒瓊遺稿》。

己未三月晦，夜與伯孝、次陶、爾疋珠江汎雨 [1]

狂燭偏宜接醉茵，花龍釧動一棲神。

深深海素同聽雨，南國春歸又耍銀。

【注釋】

[1] 收入《寒瓊遺稿》。

《碧江柳岸釣月圖》為陸丹林題，劉今希、劉筱聖二君亦有《釣月圖》[1]

一竿一竿又一竿，三人釣月各高寒。

碧陰陰地碧江水，水底鈎承白玉盤。

【注釋】

[1] 收入《寒瓊遺稿》。

題宋汪伯彥詩刻 [1]

姦臣歷代有書名《語石》列姦臣三則，所舉甚詳也，詎獨曹操平與蔡京。

又見刻詩汪伯彥，菊裳已逝倩誰評《語石》云，「汪伯彥無片刻流傳」。

【注釋】

[1] 收入《寒瓊遺稿》。

疎影大通寺探梅與張琅兒同，石帚勻 [1]

還來就玉，宛新歡惜別，難支經宿。檢淚苔枝，蕭寺荒園，永締寒盟松竹。冥冥一見曾相識，移春檻、珠江南北。想昨宵、月峭風稜，問爾怎禁孤獨。　　留得酥鈿數點，待重來俊賞，峨峨雲綠。也稱吟邊，也稱香東，也稱妝窗琴屋。此中都有仙風味，為製箇、裁冰詞曲。把卿卿、絕世芳姿，繪上斬新屏幅。

【注釋】

[1] 收入《寒瓊遺稿》。

蝶戀花和琅兒寄懷勻

當日牆東才尺地，惱煞紅窗，變造天涯似。底事匆匆千里去，可憐歡夢成空憶。　　知昨非時今要是。一點靈犀，好自先為計。未拔芝芙應尚易，戀書休怕難傳遞。

生查子紀夢，用毛滂勻

湖上蘊香樓，鏡檻胡床小。夜夜夢魂中，並枕和歡笑。　　明月上酥胸，褪卻鴻頭罩。得意醉橫陳，還與菱花照。

又和琅兒勻

瘦損好腰肢，憐殺嬌無那。只有夢成歡，珍簟羞雙鎖白居易詩「織成雙鎖簟，寄與獨眠人」。　　圓頂夜偷縫，待並香肩坐。世已絕高辛，還恐誰先我。

雨中花和琅兒勻 [1]

脫使眉教儂畫。更覺花容佳冶。但願朝朝。看卿梳洗，常侍晶簾下。　　歡夢斗驚才判夜。心似玉、獳來乍《淮南子》「獳狁之捷來乍」想。兩地相思，孤衾暗濕，紅淚都盈把。

探春令和琅兒勻

海紅慊底，海綃帳裏，連番歡夢。夢銷魂、夢也當珍重。細思想、孤衾

擁。　　恨無雙翼身如鳳。熨冰肌春凍。欲剜肝、作紙啼痕染赤。共戀書偷送。

滿宮花和琅兒勻

柳因眠，花為悄虞集句「洗面看花花為悄」。夢裏共卿盟了陳與義句「共君盟了不應寒」。畫眉筆已製三年，何日倚奩深掃。　　戀書多，真會少。只怕等閒人老。幔絲佳話屬君家，選壻窺窗休惱。

天仙子紀夢，和琅兒勻 [1]

嬭枕低幃湖水畔，玉人偎抱談詩伴。憑肩聯就會真篇。愁夜短。驚宵半。歡夢通情休說幻。

【注釋】

[1] 原刊缺下闋。

風入松寄琅兒，用張二喬勻

呼秦吉了已多時，淚顆長垂。鏡潮鏡汐儂如見，見粉腮、慣濕胭脂。夜夜相尋歡夢，朝朝相盼佳期。　　榕湖花樹正芳菲，好種連枝。如今選婿窗開了，願卿卿、休錯牽絲。拔得芝芙雙草，妝臺甘隸修眉。

醉翁操和稼軒勻，寄琅兒

樓松。吟風。詩公。樂相從。閨中。儂心置卿心應同。一別千里灘江葉。居獨楓孝子郭世通事。又復憶牆東。孝與情戰森幾重。　　海綃贈淚，蠻鏡貽容。交數載有戀書。千百封，豈悅繁華之童。惱殺王孫而翁。妹思乘醉龍桂林童謠有「妹妹乘龍出廣州」。醉龍，蔡邕也。放心，何忡忡，只許夢中逢。固知爾我真情鍾。

壽樓春琅兒用梅溪勻寄懷，即和之

懷幽蘭情芳。憶當年邂逅，相睇蜃平窗。海素玲瓏傳意，季春陽。陽通體。妙夫容，裳隔話私、癡心能狂。況鳳紙聯吟，鸞釵贈別，何日請催妝。　　相似堠，南天長。枉詩偷俊約，詞換離腔。只恐高辛先我，屈原空傷。金石契，溫柔鄉。莫尾焦、才歸中郎。想花動棲神，榕湖小樓尋蘊香。

法曲獻仙音曹溪南華寺七夕寄張蘭娘。用美成勻

夢月金梁周之琦有《金梁夢月詞》，會星銀漢，暗記詞仙初度周之琦七夕生。著

體天花，鬟絲禪榻，今宵轉棲僧戶。借卓錫寺有六祖卓錫泉，即曹溪之源湧作平香水「曹溪水香」，智藥師語，飛來洗車雨。　　聞鈴語。惜人間，粉河難渡。天只赤，偏有相思球阻。下玉鏡非臺六祖語，只吟箋遙寄，嬌嫵更、妒天孫，月重閏是年閏七月。還聚情素。盡吞針一缽，解選夢針樓去。

滿江紅南華七夕，和劍川尚書趙石禪藩勻

吉慶花飛，曹溪水、蒸成香雨。彷彿有，雲中簫管，因風何處。銀漢雙星連愛縷，瑞蓮兩朵含芳乳。可有人、待月立西廂，空延佇。　　選佛地，群仙府。歡喜偈，夗央譜。願憑仙佛力，恨天能補。搔背妄思求玉爪，造橋至竟關神女。憶蘭娘，名字最高華，稱香祖。

南柯子曹溪蕩水石，和石禪勻

青玉成雙峽，銀河欲倒流。曹溪一滴作潮頭。驀看浪花高處臥龍浮峽口有臥龍石。花雨飛晴午、松濤做早秋。香溪試浴憶鴛儔姑蘇香水溪，西施試浴處。添箇蕙娘嬌影畫中留余畫《蕩水石圖》於泉石間，著琅兒入浴小象。

換巢鸞鳳得琅兒書，用梅溪元勻

儂有阿作平嬌。正鴛鴦待闕，鳲仄鵲營橋。三生知杜牧，四紀遇靈簫。頻年歡夢試推腰褥名。問真箇時魂兒怎銷。常私禱，者薄命，要紅鸞照。　　憂悄神。杳渺。青鳥忽來，梦亂人懷抱。不道高辛，驀然先我，偷拔芝芙雙草。深盼卿堅守心瓊，換巢鸞鳳教偕老借元句。真憐才，捨文君、此意誰曉。

意難忘答琅兒，仍用美成勻

蟾入流黃，欲消愁仗酒，又怯壺觴。千秋成錯鑄，九畹失幽香。鴛牒亂，蜨盟涼。看燭淚浪浪。恨堶窗，牽絲借箸，宛似私相。　　蘭心蕙性無雙。歡言司安脫詞女二字庚辭，李漱玉事，誤嫁劉郎。鶯箋空俊約，菱鏡有啼妝。思舊事，斷柔腸。縱墮劫何妨。只要卿，靈犀一點，不昧靈光。

蝶戀花和琅兒，寄懷元勻

想像宵分人靜後。重剔蘭釭，悄倚黃花牖。拗管癡迷渾著酒。西風冷切肉黃手。　　萬萬相思都寫透。鳳紙刳肝，詞句偏明秀。爭抵纏綿詩百首。千回熟讀還溫舊。

附錄一：丁巳閏二月初三日南社廣東分社假座六榕寺第一次雅集分韻詩

得社字

粵尚楚庭風，今重蚩尤禱上聲。荒臺弔越王，故城失陸賈。為木擁浮屠，森森古蘭若音惹。偶仿南園集，遂屬東林社。群賢過高軒，新詩感變雅。己酉溯盛遊己酉十月朔日，南社成立，第一次雅集於虎邱張東陽祠，到者十五人，十年歲如瀉。視今猶視昔，秉燭有以也。歡顏且暫開，願祝千廣夏。

附錄二：《禺樓清尊集第一集》

南漢金塗塔

論到風幡法典荒，天南誰與話興亡。六州鑄錯餘殘夢，四壁塗金有古香。妃垢半銷宮女姓古鏽有楊妃垢，幢魂雙護老僧堂。可憐佞佛終無補，大好河山送夕陽。

> 楊桃《爾疋·莫楚·銚芅》注「今羊桃也」。疏謂過尺則蔓生於草上，與吾粵楊桃迥異。案《南方草木狀》有五斂子，上有五稜。粵人呼稜為斂，可以蜜漬。蘇詩「恣漬白蜜收五稜」。注謂「廣南謂田為稜，又以白蜜為酒」，皆誤，見《廣東新語》

漫引羊桃《爾雅》箋，何如草木狀南天。霜刀五出因風鏤，蜜蠟千團照水縣。縱有廉隅寧自負，未甘頭角學人圓。五稜恣漬吟坡老，詩注無端誤作田。（下文漫漶）

附錄三：《禺樓清尊集第三集》

得吹字

市樓坐雨共為詩，絕似姑蘇高會時。一日江湖人各老，十年心事劍相知借句。吾儕未解談功業，清集爭憐話別離。領表小春梅著意，誰教寒律入南吹。

又

小樓牛角竹瀟瀟，晝燭為詩破悶宵。有客高吟狂縱酒，四簷飛溜怒於潮。坐看天地都如墨，未辨南東幾處簫。照眼頓成洴澼世，珠跳鐵馬一魂消。

得素字

西南欣得朋，一見乃如故。與俗殊臼科，談笑快傾吐。各讀萬卷書，各行

萬里路。遇物各能名，登高各能賦。文字深因緣，觸詠集朝莫。藥洲雖有石，禺山已無樹。視昔猶視今，斜陽一例去。醉翁不在酒，相與論心素。

《南社叢刻》第二十二集

香港遇李參軍澄宇 [1]

端知亂世思君子，去國欣遭李洞庭。填海移山成慣見，蜃樓鮫淚漫嫌腥。
空疑絕島能逃劫，且看群峰妙疊屏。萬頃琉璃燈影碎，春宵抱月未宜醒。

【注釋】

[1] 收入《寒瓊遺稿》。

《南社叢刻》第二十三集（未刊稿）

石屋洞造像題名釋文

阮元《兩浙金石志》載：石屋洞造像題名，僅得晉開運十九，漢乾祐一，周顯德三，無年月十八，宋三都四十四品耳。乙卯秋七月既望，守至石屋手拓得二百餘品，函錄以補充阮《志》之闕。

後晉五十五品

弟子王仁珪、韓行缺五字等四人，□造羅漢，四軀□報，四因三有，永充供養，甲辰歲五月八日建。六行，按各題名皆摩崖像側拓墨可大可小。阮志載其尺寸誤也，故不錄。新建瑞像，保安禪院記額字，大半寸許，上缺。都□遣使下缺。開國子食邑五百戶，錢仁下缺鄙即下缺榮險而下缺朝靄騰□□勝公禪下缺容之，乃此一念，心諭安靜。下缺願發菩提心，獨捨靜財五佰，阡雕下缺漢俄命立巧，以日莊嚴，不趺年而下缺燦然火□□鸞音鳳步之容□七下缺乎廊廉所□當皆樹置，疏鐘響谷，清梵瀨下缺天□魂讚歎之所能□哉，工畢□□聞於下缺吳越國王殿下，承賜院額，名「石屋瑞像」，保安禪院即以甲辰中元設齊□太保奏□□□之道至，聊以賀滅，非敢以敘述為能，直下缺天福九年守按：即開運元年也。七月丁未朔十七日丁亥下缺尚書□部□□柱國賜紫金魚袋缺五六字副□兼□御史舒□□書此殘石高約一尺八寸，寬約一尺一寸。字多剝蝕不可釋。

天龍軍虞侯子方永福為保安，自身造一軀，永充供養。甲辰七月十五日記

五行。

羅漢二軀，永充供養，時甲辰天福九年七月廿八日題四行。

弟子夏承厚、保招、伴招共造二軀，永充供養。甲辰歲七月三行。

弟子胡敬安下缺甲辰七月四行。

弟子胡延福並妻樂氏十一娘共造羅漢一軀，永充供養。甲辰七月四行。

弟子金馬都上押副將羅□敬造佛一軀、羅漢六身，□□優□西□金仙諸方瑞□為人天□□作苦海之艔航，致使竟儼真儀同下缺昭代□立轅門是下缺崇建斯勝像保下缺文質身下缺天福九年十月十五日記十二行。

兩國都兵院使李可言並妻張氏同造羅漢十一軀，永充供養。甲辰十月記六行。

弟子王國泰□為□身造彌陀佛一軀，永充供養。甲辰天福九年十月日記五行。

弟子吳賓為自身造羅漢一軀，永充供養。甲辰十月□日□□記五行。

上缺指揮部指揮使兼□□□牌弩左指揮使□□□大夫檢校太保兼御史大夫上柱國清河縣開國伯食邑七百戶張宗造一十一軀。甲辰歲記存三行。

左軍兵馬使銀青光祿大夫檢校右散騎常侍兼御史大夫上柱國何廷堅並妻陳氏十三娘共造羅漢兩軀，永充供養。甲辰記五行。

左軍兵馬使銀青光祿大夫檢校右散騎常侍兼御史大夫上柱國何廷堅，伏為保□□親襲氏十一娘身運敬造五行附。

何廷堅並妻陳氏十三娘保□身運，永充供養四行附。

弟子金珂造羅漢一身，保安□供養，甲辰記四行。

弟子孫□□伏為自身造一軀，永充供養。甲辰記五行。

弟子□千□為自身造羅漢一身，□供養。甲辰四行。

弟子沈承邠造一身，供養。甲辰三行。

弟子陳德安為自己造羅漢一軀，水充供養。甲辰記四行。

阿彌陀佛。伏為身位及家眷，弟子徐仁泰贖。甲辰記左行二行。

集福延鴻禪院會□，伏為自身保安，永充供養。甲辰記四行。

集福延鴻禪院大德尼省□，伏為保安，造一軀供養四行附。

集思延鴻禪院積善大德□□寶，伏為保安，自身造一軀，永充供養四行附。

弟子朱知□敬為保闔家，造羅漢四身。甲辰歲記四行。

弟子施彥伏為自身，造羅漢一軀，永充供養。甲辰記四行。

中直都副將姚□並妻聞一娘造一身供養。甲辰記四行。

女弟子陸一娘造一身，永充供養，弟子沈捷造一身，供養。甲辰記六行。

女弟子何二娘造一身供養。甲辰三行。

女弟子陳二娘造羅漢一身，保安自身，甲辰歲記四行。

女弟子朱七娘造羅漢二軀，永充供養。時甲辰歲鐫記四行。

余十二娘為自身造一軀，永充供養。甲辰歲記四行。

弟子徐□劭並妻陳一娘供共造羅漢二軀，永充供養。甲辰四行。

弟子楊□□□造□一身，永充供養。甲辰三行。

上缺為保安身位，造一軀，永充供養。甲辰記三行。

寶錢禪院□□□明伏為保安身位造，永充供養。甲辰記四行。

寶錢禪院尼淨超伏為亡考亡妣造一軀，永充供養四行附。

弟子余□眷造一軀，永充供養。甲辰記四行。

女弟子羅三十四娘為亡父母造此佛一軀五行。按阮《志》有「女弟子羅三十四娘為自身造甲辰」一段，故附於此。尚有三段只存甲辰二字，餘不可釋。

客省使光祿大夫檢校司徒使持節忠州諸軍事守忠州刺史上柱國京□縣開國子食邑五百戶酆仁安造羅漢十軀，永充供養。時開運二年正月□七日記十行。

女弟子朱四娘造羅脫「漢」字一身，永充供養。開運二年三月四行。

弟子胡敬安、楊彥、楊承後、楊□娘、楊四娘、謬一娘等至心乙□造阿彌陀佛一軀，願此功德，上報四恩，下除三塗，諸苦遍法界乾坤，盡□一報法同生□安樂國□，佛說□面真言唵娑麼一合□婆麼二合囉□麼□三合婆囉四合摩訶□迦囉五合□□長□七。時開運二年四月二日乙巳歲記十行。

女弟子懿斌郡錢氏二娘造一身，永充供養。時開運二年乙巳五月五月七行。

女弟子□陽縣君□氏七娘造一身，乙巳五月五日記六行。

弟子馮□並妻余一娘共造脫「阿」字彌陀佛二軀，永充供養。開運二年九月鐫記四行。

弟子唐天仁□造此羅漢一軀，永充供養。乙巳十月記四行。

拱□侍衛都□□□王安造羅漢一軀，永充供養。乙巳十月記四行。

弟子楊□為亡考楊十一郎造此羅漢一軀，永充供養。乙巳十月記四行。

弟子□□娘伏為羅□彌陀佛一軀，供養。乙巳歲建四行。

滎陽郡潘子真為下缺。乙巳口月記四行，尚有二段僅存乙巳某記數字。

後漢二品

弟子顧邦為亡女顧十四娘捨淨財造羅漢一軀，永充供養。戊申乾祐元年十月廿八日四行。

女弟子余一娘伏為自身造救苦觀音菩薩一身，永充供養。時戊申歲十二月日六行。

後周三品

女弟子章二娘敬捨淨財，脫「阿」字彌陀佛，永充供養。辛亥歲十月七日鐫記四行，守按：辛亥為廣順元年。

弟子曹德馴敬捨淨財，造羅漢一軀，永充供養。壬子九月十二日題記。六行，守按：壬子為廣順二年。

□四娘敬捨淨財，造羅漢一軀，永充供養。□□鐫造四軀聖像保安□，各獲妙祉，永將不朽。時戊午歲十一月八日。題五行，守按：戊午為顯德五年。

宋七品

女弟子□□大夫□傅氏十一娘敬捨淨財，鐫羅漢二軀，保當自身，脫「永」字充供養。時建隆四年癸亥歲十一月十八日題。八行，守按：建隆無四年。癸亥乃乾德元年也。

上缺娘謹捨淨財，□造□彌陀佛□觀音□□一龕並□四恩三友□□有情及□□□許二十郎□亡妣徐氏三娘子等共願八娘□有□□罪□承慈□□願□消除□□阿彌陀國土，永充供養。時建隆四年癸亥歲七月日題記存九行。

女弟子□吳郡夫人姚氏十三娘造羅漢二軀：一身保安夫立都兵院使沈承謙，一身為四恩三友法界□生及十三娘自身，永充供養。乾德二年一月日題十行。

女弟子李氏十娘謹發虔心，敬造羅漢二軀，□為□亡考李四郎、亡妣五一娘子，資□生界，化願李氏十娘身宮慶泰，永充供養。乾德二年三月日八行。

上缺造一軀永下缺甲子歲五行，守按甲子為乾德二年。

女弟子王氏十七娘為亡男亡新婦□□重開羅漢一身，永充供養。開寶三年四月日五行。

女弟子孫十三娘□秦為□為亡父孫四郎、亡母親□九娘子建造熾喜光佛一軀，永充供養。時甲戌十月記七行，守按：甲戌為開寶七年。

無年月九十七品

清信弟子姚子黍升周君睡等□一行。立缺五字里缺三字菩果□二行。酬訓缺五字良□而何答□里三行。□棲巢□各為缺六字海口四行。造此阿彌陀佛二軀，並觀音等□五行。□菩薩等所明妙菩缺五字，六行。伏□世如來度缺五六字而□□七行。□羅漢□慧眼而證明缺四字，八行。亡過父母，以茲功德使□於缺三字，九行。□運於極□宮□自在阿彌陀十行。會里冤家解釋倩□蠲銷淪□十一行。莫滯於□□解脫候□十地□□十二行。□□家承茲福力缺四字宣或十三行。□□冤家□□門昌盛□□寂何十四行。□不關不輟□解釋開缺四字，十五行。□□姚弘泰□君睡□記月時十六行。時財帛□□日月缺五字，十七行。□□立斯碑下缺，十八行。

西門巡檢將兼□銀□孫安□伏為保安身位造一軀，永充供養五行。

龍□右二都□□□趙□建羅漢一身三行。

隨□馬都隊將酆仁益造天王並太子存五行。

管軍廂□□□使為保身位造，永充供養四行。

陳太咮、□林、□支三人共造供養三行。

奉佛信士主晉□□裝羅漢一尊四行。

尼淨堅伏為保安自身造一軀，永充供養四行。

尼道圓伏為先師林院主造‧一軀，永充供養四行。

□□寺于天師造一軀三行。

應真永三字，大約二寸。

女弟子楊一娘為母親朱一娘造羅漢一軀，永充供養四行。

女弟子胡氏一娘保快自身敬造羅漢一軀，永充供養四行。

女弟子胡三娘伏為自身造，永充供養三行。

女弟子潘四娘保安身□造，永充供養三行。

女弟子王二娘為自身□三行。

弟子殷永勝為□□□造三行。

弟子池□□為亡姚□□娘，永充供養四行。

弟子□□□妻張氏二娘共造二軀，用安身位，永充供養五行。

弟子錢敬奉為亡翁郎中，亡婆會稽縣太君駱氏造二軀四行。

弟子凌仁贊伏為保安贖三行。

弟子金可求伏為保安贖三行。

弟子戴超伏為自身贖三行。

弟子管仁大為闔家造佛一軀，永充供養四行。

弟子趙及並妻共婆共造羅漢一身記四行。

弟子□□敬捨淨財造羅漢二軀，奉為自身，恕有□四，人家積玉，負財負命，□四身三，□衣善業，□辛伏□□妙善冰得解□，永充供養六行。

女弟子汝南郡君周氏三十二娘捨淨財造羅光天一身，奉為亡妹三十七娘，恐有惡滯，未得達生，伏影亡□，速送淨域，永充供養五行。

弟子太史程伏為保安自身造，永充供養四行。

弟子秦邽、秦□□□造一軀，保安□□，永充供養四行。

弟子陳邽捨淨財造羅漢一身，保家眷安平，永充供養四行。

男志清伏為亡妣□四十娘所造一軀，永充供養四行。

弟子楊□修伏為保安造一軀，□供養四行。

弟子鄒仁厚為亡考二郎，陳彥為父母各造一軀四行。

弟子沈宗為亡妻程娘造一軀三行。

弟子吳逢奉為亡考四郎造此一身，永充供養四行。

楊氏慶恩敬造彌勒佛一身，伏為四恩三友，法界□生，同成無上之因，遠證菩提之果，冀成不朽，永□仙宮七行。

弟子蔣積伏為保安自身，永充供養四行。

弟子楊□並妻馮□□造，供養三行。

女弟子胡十三娘□□□建□熾盛光靈一軀□□□，永□供養四行。

弟子陸七□為自身造三行。

弟子俞□為□□□造，充供養三行。

弟子許珀造□□安身永充供養三行。

□子梁逢伏為自身造一軀，永充供養三行。

女弟子俞四娘伏為保安身位造一軀，永充供養三行。

信士□因而生上存□□民□往□□存三行。

弟子錢仁□奉為皇考七郎司徒，皇□妣王氏夫人，皇妣平昌縣太君孟氏造三軀五行。

女弟子徐七娘為亡妣□一娘造此，永充供養四行。

弟子茅成徐昭□造下缺，存二行。

弟子曹□為闔家下缺，存二行。

清河郡太君造下缺，存二行。

弟子申萬德為亡考六郎造羅漢一軀，永充供養三行，尚有僅存三五字者四十五段。

明三品

大明正德戊辰四月鎮守浙江內宮監太監劉璟，發心鑴裝□音菩薩一尊四行。

大明正德戊辰年六月□日，欽差鎮守浙江內宮監太監劉璟，發心鑴裝觀世菩薩一尊四行。

大明正德七年歲次壬申七月吉日，欽差提督浙江市舶口太監梁琲□，發心鑴裝大慈悲觀世音菩薩一尊五行。

右計後晉五十五，後漢二，後周三，宋七百一十一品，其中地名，官名、年號，多足以補史書上缺，固弗可輕視也。寒瓊又記於西湖訪仙槎中。

畫《曉風殘月扁舟載豔圖》記

丙辰五月廿八夕，甚雨乍晴，頓生涼意，水窗兀坐，偶憶去冬十月村本華子情事。余有友余曼帷者，侯官名下士也。宦遊吾粵，以飲酒賦詩，去官益放誕，因工倭語，喜狎倭妓，每繩華子姿色。余雖未至扶桑，昔客滬瀆，夏口御倭妓不鮮鮮所許可，故不以為意。適有顯者，以千金買趙松雪《神駿圖》贗品，乞代題句為某將軍壽。余不欲為，故索百金以難之。詎料竟予，似此藏金只合買笑。曼帷為介華子於洲頭旅舍，至華子踉起淡篜茶，風韻果殊。曩御乃豆蔻年華，初見世者，粗通漢學，且解粵音。姿首既佳，言笑亦雅。彈三味線以侑觴，偎倚善媚。不意昔年曼殊所贈八千代子、春本萬隆、百助子等造像，望如天人，不可接者。一旦忽入懷抱，喜可知矣。宵分淺醉，同入寢處，腰祇甫卸，異馥四流。電光如晝，爛漫橫陳，築脂照眼，瓊瑤失瑩，酥胸菽發，細腰柳纖，尤足令人蕩魄。矧俯仰升沉，敏於中婦，朱櫻絕技，玉樹堅牢，備極奇歡。戀呢徹曉，化妝臨鏡，益覺銷魂。妝罷低聲語余曰：「吾國俗，幽會詰朝，喜與遊壻，平明野步，君能與遊乎？」余諾之。為賃舴艋一葉，同蕩槳白鵝潭上。時宿煙初斂，旭日未生，華子皓衣綠裳，猩紅腰祇，方喜坐船天上，況復仙子同舟。至荒村，泊高梧疏柳下，滄波無際，孤帆黏天，擁抱絕代時人，消受曉風殘月，人生豈易多得？欲借玉谿生柳下暗記之題，賦詩以志豔跡，惜經年未成隻句，而華子早歸秋津洲矣。

今宵偶寫是圖，遙寄屯艮。屯艮乃近來海內為長句者，定能衍其事蹟代製

豔歌。淡鶯茶，茶之淺綠色也，初見世雛妓始款客也。三味線，三弦也。化妝
贏體，梳洗也，皆倭語。屯良寧勿笑我郝隆以娵隅入句乎？

丙辰寒食枕上口占 [1]

明朝上巳復 [2] 清明，勝日偏教百感生。未放木棉寒尚在，秖憑尊酒夢初
成。殘燈著影書千卷，長被蒙頭夜幾更。密幄深深聊靜坐 [3]，何堪曉角起空
城。

【注釋】

[1] 收入《寒瓊遺稿》。
[2]「復」字《寒瓊遺稿》改作「正」字。
[3]「坐」字《寒瓊遺稿》改作「臥」字。

題漢畫像曲磚 [1]

漢畫像曲磚長一尺，上端寬六寸，下端寬四寸，凸形寬處長四寸有半寸，
窄處長五寸又半寸。平面惟有網紋，邊厚三寸，上端兩格輪紋二，下端輪紋一，
龍紋一，左側四寸半處泉紋三，列五銖四，大泉五十四，泉背四，有斜格聯之，
曲處一人高巾短衣、長袴，拱手而立。左側五寸半處二鹿相逐，前者回首角甚
長，後者無角，身皆有斑紋。右側一人，首，眉、目、耳，鼻、口、鬢悉備，
畫像皆古如武梁祠、孝堂山諸石刻，故定為漢制凸磚，向未見著錄，洵異品
也。此拓本乙卯秋得於武林，有「寶鼎精舍」朱文方印，「天竺璀如」白文長
方印二印。按寶鼎精舍為烏程王獻藏磚之室，王氏著《寶鼎精舍古磚錄》，是
磚亦不載。璀如俗姓柳氏，從其族父剩朽上人名顯潔，字粹白，俗名體仁，祝
髮於靈隱天竺間，人稱柳七和尚，見柳古查先生《分湖小識》。丙辰上巳清明
髡寒並題。[2]

寶鼎精舍拓奇磚，柳七和尚藏有年。凸磚向未見著錄，自我題之千世傳。

【注釋】

[1] 收入《寒瓊遺稿》。
[2]《寒瓊遺稿》刪小序。

題仙字瓦篋面是瓦甲寅得於都門 [1]

由來一字瓦希傳，楚元李好文藏、衛仁和趙氏、拜嘉定錢氏、車上元張氏、焦福

山王氏、樂陽曲申氏、便建昌顧氏。冢丹徒劉氏、墓福山王氏、官婺源俞氏、宮丹徒劉氏、關上虞羅字、馬、酉俱丹徒劉氏藏，余亦喜得顏書仙此仙字似顏魯公書。

【注釋】

[1] 又見本書題《三代秦漢瓦當精脫本冊》拓片。「繇來一字瓦稀傳，楚衛拜車焦樂便。袁君更獲一關字，余亦喜得顏書仙。甲寅重遊都下得唐『仙』字瓦如魯公書。秋日項城袁子抱存以『關』字瓦拓片郵贈，因題一絕。蔡守。鈐『守』字白文方印。」

和龍丁、華書伉儷《春愁》、《秋怨》詞原韻 [1]

費子云：詞為怨女而作。適吾居隔河謝家有女嬌小豔絕，與西鄰之戚畹植生，鏡檻目成，逾牆幽會。詎知謝女年輕，植生體偉，被創甚焉。臥病迎月，謝屢召植，不敢復往，嗣竟懼禍他徙，謝病希劇，亦可憐也。茲因和辭，遂賦其事，爐香寸燼，輒成八章。

夜雨小桃初試劫，東風弱柳乍摧殘。腰支困絕還羞諱，斜壓春衾夢不安愁春。

新歡如夢夢如煙，只赤雕牆萬里天。風弄花枝撩悵望，春心愁緒兩相牽春愁。

已拼跡遠轉心稠，繡件 [2] 無端說粉侯。媒介不來春又晚，珠簾咒煞雨中鳩春怨。

幾度幽期至竟空，殘宵獨耐落花風。墜歡拚逐 [3] 春歸去，薄倖無端入夢中怨春。

心作銀床有 [4] 轆轤，驀看零露入庭蕪。秋來春去無消息，還道今生不負吾愁秋。

月照離人分外明，空閨悄坐聽秋聲。涼生枕 [5] 簟難成寐，作祟寒蟲抱屋鳴秋愁。

羅袖西風故故 [6] 吹，非關愛月夜眠遲。伊人秋水愁難寄，又過針樓乞巧期秋怨。

鏡潮鏡汐玉容非，瘦比黃花花亦稀。大抵如花都命薄，坐憐秋燕不雙飛怨秋。

【注釋】

[1] 收入《寒瓊遺稿》，刪小序。

[2]「件」字《寒瓊遺稿》改作「伴」字。

[3]「逐」字《寒瓊遺稿》改作「遂」字。

[4]「有」字《寒瓊遺稿》改作「著」字。

[5]「枕」字《寒瓊遺稿》改作「衾」字。

[6]「故故」字《寒瓊遺稿》改作「著意」字。

和勿堪感事原韻，並寄蘇堪 [1]

世猶氍毹宛梦絲，只合寒林戢影時。獨抱千秋 [2] 惟絕業，早輸一著況殘棋。江湖堆眼知何往時二君將有遠行 [3]，蘭茝盈腰系所思。從古封侯原細事，兩家嬼婹莫輕離。

【注釋】

[1] 收入《寒瓊遺稿》，題改作《和勿堪感懷原韻，並寄甦庵》。

[2]「秋」字《寒瓊遺稿》改作「春」字。

[3]《寒瓊遺稿》刪夾註。

題畫寄鈍安王仙鎮三首 [1]

棚堆豆葉屋依松，想像岩棲有此風。嬝娜新篁非世物，玲瓏奇石見天工。何堪亂世思君子，會向空山訪我公。太室倘容分一席，今生應歡樂無窮。

相看久不厭，者屋何幽絕。屋左石如漆，屋右石如雪。屋後一粒松，濃陰亦清樾。蕭蕭 [2] 兩林竹，弄風有高節。矮矮一豆棚，驕陽自然滅。

亂世端宜入亂山，亂山叢裏得閒閒。豆棚瓜架好談鬼，白黑寧論人世間。

【注釋】

[1] 收入《寒瓊遺稿》。

[2]「蕭蕭」《寒瓊遺稿》改作「疏疏」字。

題《香痕盦影錄》[1]

玉臺辭賦閒看遍，招錄慚無百個箋。更有人間香豔史，《交歡賦》與《悅容編》。

【注釋】

[1] 收入《寒瓊遺稿》，題改為《方瘦坡索題〈香痕簽影集〉》。

山窗丙辰三月十一日，挈眷避兵香港，租居王角五百三十四山樓 [1]

碧嶂丹崖氣勢龐，切 [2] 雲萬木翠幢幢。隨時著榻嵐光滿，沖曉入龕松影雙。一飲卻思卿共醉，奇愁旋覺酒歡 [3] 降。春風鬢影閒消受，同倚山窗憶水窗。

【注釋】

[1] 收入《寒瓊遺稿》，題夾註改為「丙辰三月十一日避兵香港，稅居旺角上海街五百三十四號二樓」。

[2]「切」字《寒瓊遺稿》改作「砌」字。當以《切雲》為是，屈原《涉江》「冠切雲之崔嵬」。

[3]「歡」字《寒瓊遺稿》改作「難」字。

平明與傾城登王仄角山在香港隔海極西，峰巒倍美，惜已被蕃人奪去 [1]

不曾梳洗輒同登，拔草沖煙入遠林。寒綠與謀開睡眼，高泉好借頮煩衿。孤雲秀壁心如在，累嶂連峰意未深。此地著閒拼竟日，雲藍小試拂苔岑。

【注釋】

[1] 收入《寒瓊遺稿》，題改為《破曉與閨人登王仄角山》，刪夾註。

與閨人登太平山頂 [1]

共 [2] 踏長繩破曉煙，海山復疊似攢蓮。回頭島市都疑幻，堆眼蠻娃各炫妍。十里松篁真樂國，半天樓閣小遊仙。滄桑欲就麻姑買，清淺蓬萊尚幾年。

【注釋】

[1] 收入《寒瓊遺稿》，題改為《登太平山頂》。

[2]「共」字《寒瓊遺稿》改作「竟」字。

海堧春暮 [1]

水天愁思共茫茫，想像浮桴意亦狂。脫或行吟歸澤國，可能留命待滄桑。殘舟著岸開鷗席，曲島回波入鷥鄉。海裔避兵春又晚，釣竿換日日偏長。

【注釋】

[1] 收入《寒瓊遺稿》，題改為《海瀉春暮》。

山窗雨夜得琴園、南池、伯戩和詩，更依前韻答之 [1]

新詩脫手旋 [2] 都忘，和句 [3] 傳來喜欲狂。殘夜聞雞正風雨，何須 [4]

把酒話蠶桑。了知泙澥成斯世，那怪萑苻滿故鄉。堆枕無窮家國恨，燭花吹老五更長。

【注釋】

[1] 收入《寒瓊遺稿》。

[2]《寒瓊遺稿》加夾註「仄」字。

[3]「句」字《寒瓊遺稿》改作「韻」字。

[4]「須」字《寒瓊遺稿》改作「年」字。

四月十一日暫歸寒瓊水榭，柬楊笛堪寶鏞杭州 [1]

水閣暫歸逾覺好，斠碑消夜夜眠遲。鼠翻窗網塵埋硯，魚躍關橋月滿旗時水關駐兵。亂世那容分白黑，孤城寧復問安危。贏金劉玉 [2] 還無恙，永願吉祥雲護持笛堪來書云「吾儕縮食節衣，抱殘守缺，金石皆非強奪巧得來，當有吉祥雲為之擁護」。

【注釋】

[1] 收入《寒瓊遺稿》。

[2]「贏金劉玉」《寒瓊遺稿》改作「秦金漢玉」。

重午舟過榴花塔下南宋熊飛將軍戰死處 [1]

帆腹弸弸荔子風，羅浮山色雨空濛。榴花塔下榴花放，可是當年戰血紅。

【注釋】

[1] 收入《寒瓊遺稿》，刪夾註。

遊東莞資福寺寄爾雅 [1]

犯雨沖泥禮塔來鎮象塔 [2]，碑魂蘇軾《羅漢閣記》殘石2幢魄南漢邵廷涓《經幢》 [2] 重低佪。剩愁海雪依雲鄲時爾雅客桂林 [2]，未得摩挲綠綺臺酈露之《綠綺臺》，唐琴也，今歸水周堂 [3]。

【注釋】

[1] 收入《寒瓊遺稿》，題改為《五月初三日遊資福寺寄爾疋》。

[2]《寒瓊遺稿》刪夾註。

[3]《寒瓊遺稿》夾註改為「爾疋正藏酈露之綠綺臺，乃唐琴也」。

山窗臥雨五月十一日王角山樓中作 [1]

水晶眠夢琉璃枕，夢覺窗跳大小珠。漂瞥亂峰山作祟，周遭曲島海成湖。煙雲過眼 [2] 世如此，風雨入懷人未殊。鐵馬飛騰原自寐 [3]，了然孤抱一塵無。

【注釋】

[1] 收入《寒瓊遺稿》，題改為《雨窗夢覺》，題夾註刪。

[2]「眠」字《寒瓊遺稿》改作「眼」字。

[3]「寐」字《寒瓊遺稿》改作「寂」字。

問曼殊疾 [1]

從癡有愛病菩薩，調伏眾生可除病。病原無病藥無藥，早悟真如靈覺性《傳燈錄》語 [2]。

【注釋】

[1] 收入《寒瓊遺稿》，題改為《問曼殊病》。

[2]《寒瓊遺稿》刪夾註。

五月廿五日薄暮小醉，與傾城、燕兒、游威，偕海寧鍾耐之，並其姜郝三，子阿聞至深水埠，途中口占，即贈耐之 [1]

孤雲落日乍晴天，淺醉閒行小散仙。石筍銳於干莫末，浪花爭似木難圓。催人中歲看兒女，避地為鄰繼夙緣。古寺聯吟春雨夜，可能回憶廿年前。

【注釋】

[1] 收入《寒瓊遺稿》，題改為《四月廿七日薄莫小醉，與□娀、小燕、遊威偕耐之、阿三、阿聞遊深水埠》。

鈍安以題畫詩四章屬畫，畫成並和韻，書於畫端 [1]

高林呈萬綠，老橋橫一柳。賦色師北宋作重設色青綠山水 [2]，何有黃子久。限詩能作圖，不負我畏友。

墨井入海後《吳歷傳》云「入海不知所終」，實流寓澳門為天主教神父，當時士夫所恥，故諱之 [2]，解作濃陰樹。峭幹爭叉牙，毫含畫竹怒《畫論》「喜氣畫蘭，怒氣畫竹」 [2]。謾嘲師島夷，筆筆有來路。

蕭疏東海瓚元倪雲林每署款「東海瓚」 [2]，逸品冠元晚。色相本來空，江山喜

平遠。未敢著色者，不以三隅返後人臨幻霞鮮有著色，余獨以至豔之色寫之 [2]。

　　焦筆作林枯，禿筆皴石冷。山意欲沖寒，岸容逾覺靜。何必滿紙墨，才算是冬景每見拙工畫雪景以濃墨染底，重俗不堪 [2]。

【注釋】

　　[1] 收入《寒瓊遺稿》，題改為《鈍安以詩四章囑畫，畫成並和原韻》。

　　[2]《寒瓊遺稿》刪夾註。

舟中讀南社十八集內鵷雛《新詩百廿二首》，走筆寄似

　　鵷雛句比陳無已，未遜吾鄉王木根。江介往還慳一面，新詩深渺斬同論。千春絕業催中歲，此夜高吟動二嫒。斜月卸帆才讀既，夢回齒頰怪溫麐。

題《環中集》，集為鈍安與環社諸生合作 [1]

　　竟聞幽壑閉藏時，喜 [2] 得英才教育之。石室辟兵應極樂，嵐泉為句未宜悲。空山師友足千載，亂世文章有《五噫》。福地更看留勝事，大書深刻太山碑。

【注釋】

　　[1] 收入《寒瓊遺稿》，題改為《題〈環中集〉》。

　　[2]「喜」字《寒瓊遺稿》改作「竟」字。

七夕後一日愉園雅集時辟兵香港 [1]

　　[2]

　　開島百年無此會，江山信美待傳人。海桑猶 [3] 帶損 [4] 燕感，書畫寧閒去國身。眾裏拈花看萬匯，尊前著筆共千春。風鬢堆眼燈連樹，誰抱孤芳出麝塵。

【注釋】

　　[1] 收入《寒瓊遺稿》，題改為《島樓書畫雅集》，夾註改為「有序」。

　　[2]《寒瓊遺稿》增小序「七夕後一日愉園拈花館書畫雅集，蒞止者伍懿莊、尹笛雲、潘景吾、居秋海、鄧寄芳、李孟哲、傅蒲仙、關蕙農、梁子芹、姚粟若、簡琴石、楊崙西、鄭侶泉、李樹屏、宋順之、包壽銘、王湘岑、李直繩及余共十九人」。

　　[3]「猶」字《寒瓊遺稿》改作「還」字。

　　[4]「損」字《寒瓊遺稿》改作「捐」字。

盂蘭節又集愉園畫會 [1]

又集園亭張勝會，分縑為繪興尤豪。容謀一醉拚罍罄，欲傍千燈看月高。家國倒懸何日解「盂蘭」二字為倒懸救世之譯音，世人節食於盂，誤矣 [2]，人天微笑眾生勞。毒龍信可安禪制 [3]，莫負今宵 [4] 手劈螯。

【注釋】

[1] 收入《寒瓊遺稿》，題改為《中元節梁灌晨召姚嶰雪、伍懿莊、尹笛雲、居秋海、鄭侶泉、潘景吾、姚粟若、傅蒲仙、李樹屏、陳禮清及余共十一人作畫會於拈花館》。

[2] 《寒瓊遺稿》，夾註改為「『盂蘭』乃倒懸救器之譯音，世人飾食於盆，誤矣」。

[3] 《寒瓊遺稿》，增夾註「楊炯《盂蘭盆賦》『毒龍怒號兮赫然』」。

[4] 「莫負今宵」，《寒瓊遺稿》改作「獨遣吾儕」。

聞石圍塘劇戰寄劉今希醴陵 [1]

當年言笑俊遊地，此日兵戎劇戰場。曩跡侵尋休入夢，血花飛遍石圍塘。

【注釋】

[1] 收入《寒瓊遺稿》。

題畫寄約真長沙 [1]

[2]

驚聞靈石失嵯峨，人物皆亡眼欲波。不盡山丘華屋意，百年哀思集陂陀。

【注釋】

[1] 收入《寒瓊遺稿》，題改為《靈壁石》，題夾註改為「有序」。

[2] 增小序「靈壁石粵中固尟，鉅者益罕得。獨朱氏園中一拳，高二丈許，洵絕無僅有也。昔年曾偕寧子太一遊，與主人述公竟日摩挲，坐臥其下。嗣太一、述公相繼殉國，丙辰夏日，是石復毀於兵燹，不勝哀感。因圖之寄劉子約真，並題一絕句」。

三到羅岡看梅 [1]

五年三入羅岡洞，今夜偏遲半 [2] 月來。壬子沖泥愁欲委，甲寅向暖惜全開。冬暘不雨為花祟，曩跡重尋與鶴猜。未得住山窮活計，寧辭歲歲一探梅。

【注釋】

　　[1] 收入《寒瓊遺稿》，題改為《丙辰十二月三日三遊羅峯觀梅，與陵孟徵、陵去愚
　　　　同遊》。

　　[2]「半」字，《寒瓊遺稿》改作「判」。

看梅憶舊遊朋儕 [1]

　　黃晦聞、王西海遠別愁難約，潘至中、李秦齊相邀不果來。暗記此株曾共折，今遲半 [2] 月未全開。頻年離亂山無恙，舊侶飄零花似猜。各抱冬心絕塵事，未應辜負玉岩梅。

【注釋】

　　[1] 收入《寒瓊遺稿》，題改為《羅峯看梅憶舊遊朋儕》。

　　[2]「半」字，《寒瓊遺稿》改作「判」。

天竺臘得黃菊水仙與瓶梅並插

　　頓覺孤齋生絕豔，醉攜黃菊水仙來。選梅已盡橫斜態，犯臘尤難爛漫開。顧影我卿相共瘦，憑肩兄妹兩無猜。為圖自有歲寒意，三友何拘松竹梅。

丙辰除夕

　　了無人解癡呆好，獨願癡呆年復年。世事幻於魂夢外，臘燈紅接混茫先。共謀淺醉都清福，稍脫塵拘即簡緣。遜欲祭時賒浦脯，憶翁已笑錦為錢。

前題次菊伊韻

　　殘歲崢嶸到今夕，臘燈紅處足低徊。南田剩馥花爭豔仿鷗香《歲朝清供圖》，寄山左劉雲父，西漢遺文木未灰章太炎為題《南越冢木題字拓本》。小閣坐憐秋後菊，古陶留得月初梅十二月羅岡折歸梅花，以漢陶尊供之未謝。勞勞萬態人間事，春色明朝一例來。

丁巳元旦次菊伊韻 [1]

　　強 [2] 把年時別 [3] 舊新，年新依舊不如 [4] 人。寒 [5] 花自抱孤芳意，一塵思除萬古塵。只守幽窗求獨樂，未容專壑着 [6] 閒身。冬心那解東風暖，天 [7] 壤皆春非我春。

【注釋】

[1] 收入《寒瓊遺稿》，題改為「丁巳元旦和菊衣花韻」。

[2]「強」字，《寒瓊遺稿》改作「判」。

[3]「別」字，《寒瓊遺稿》改作「論」。

[4]「不如」字，《寒瓊遺稿》改作「歲寒」。

[5]「寒」字，《寒瓊遺稿》改作「奇」。

[6]「着」字，《寒瓊遺稿》改作「著」。

[7]「天」字，《寒瓊遺稿》改作「氤」。

丁巳正月二十日，南社同人遊六榕寺，看梅花重放，得詩二絕 [1]

墜歡重拾勝前時，綠葉成陰花滿枝。宛似梨雲春帶雨，羅浮山浴絕矜奇。

不期姑射逐春回，珠帶瓊衣 [2] 更剪 [3] 裁。應與師雄緣未了，月明再見美人來。

【注釋】

[1] 收入《寒瓊遺稿》，題改為「丁巳正月廿日，雨中過六榕寺看梅花重放，次西航原韻」，題夾註「二首」。

[2]「衣」字，《寒瓊遺稿》改作「花」。

[3]「剪」字，《寒瓊遺稿》改作「勢」。

拾　遺

和小進豐湖小住原韻

夢寐豐湖卅載強，妒君三宿媲空桑。

不合時宜同滿肚朝雲與東坡語，室人為篆刻一枚，相憐狀況各牽腸。

峰思白鶴寧無句，墓訪朝雲酹一觴。

書院先人有遺跡先太史春颿公曾長豐湖書院，詩孫如我尚能狂。

原載香港《香港中興報》1936 年 4 月 12 日

題重刻《蓮香集》次層冰韻

獨尊壇坫陳文忠秋濤，二喬詩題，獨於雲淙不敢稱名，黎美周鄺海雪梁漸子黃虞六儕輩同。

倘嫁孟陽稱社嫂，宛如柳如是顧橫波與錢牧齋龔芝麓，復社中人皆稱柳如是，顧橫波為社嫂。

新妝初罷碧漪軒二喬詞，「妝罷碧漪軒後」，高會騷人卻暑樽。

茗戰竟聞成澹醉二喬詩，「茗戰澹成醉」，詩詞妙絕宴山園二喬有夏日黎美周招同何石閭、馬景沖、彭孟陽、黃虞六、羅子開山園宴集，雨後品茶，五古一章。

《蓮香》久逸原鋟本，復刻乾隆三十年。

華夫未見愁無極屈翁山未見《蓮香集》，靈長欲殉癡可憐梁麟生欲以《蓮香集》為殉。

層冰為傳世爭傳，傳信還勞手自箋。

更補外編成六卷，狂臚韻事䢙來年乾隆卅年復刻本，有續編，卷五。今重刻更搜
輯文字為外編，卷六。

原載香港《香港中興報》1936 年 4 月 24 日

賀新郎用夢窗韻・《鼎湖感舊圖》題詠

飛水延清蚤。憶人人，頂湖買夏，俊遊偏好。島國無端成遠別，望斷南溟
信杳。叩棲鼙，情天容到。曲徑通幽尋囊跡，弔鍾花，可媲韓嫣貌。湖作鏡。
更同照。　　想鈿閣昔年嬌小寒戊午秋日，曾與韓霞女郎，禮佛慶雲寺。媵千秋梁秩、
韓鈿閣之夫也，春風鬢影，歡娛爭少。猶記慶雲寒雨夜，共聽梵音餘嫋。一賦換
巢鸞鳳曲。薄封侯，先脫參軍帽寒嘗參曲紅軍、海疆參。同感舊，有人曉。

原載香港《香港中興報》1936 年 11 月 23 日

題畫詩

天下何曾有山水，胸中各自蕩雲煙。印起樓臺多刻軒齋名印，謂之印上起樓臺
畫招隱，兩家眷屬皆神仙。

順德蔡守，與閨人張傾城、談月色合作，為情荃社督老先生寫畫隱圖並題，
時第七十八乙亥歲朝也。

原載香港《香港中興報》1935 年 3 月 1 日

題畫詩

畫之隱人隱於畫月，畫可隱兮隱可畫。畫山為隱隱入畫寒，畫隱書隱隱有
畫月。

與閨人月色連句，效唐人一韻詩，為情荃社督題畫隱圖冊。

原載香港《香港中興報》1935 年 3 月 2 日

題畫詩

蠟石偏宜供水仙寒，青瓷稱牡丹妍□除夕伍佩琳送牡丹水仙數分。但求筆潤能
償債月，賣了梅花便過年。上日拭豪圖畫隱寒，即指此圖，入春治印篆茶仙為李
洞庭摹兩峰舊藏明人茶仙印。蠔肥筍脆山肴美月，莫吝床頭壓歲錢寒。

原載香港《香港中興報》1935 年 3 月 6 日

漁家傲

岩竺以何香凝為徐又錚寫《漁樂圖》，索余與月色題句。因和仲愷原韻各為漁家傲一闋。仲愷此詞，刻本闋。因並錄之。

狎得風波渾自苦，朝朝打槳乘潮去。媚水蒹葭還故故。煙和雨，蒼茫那是相思處。　散亂飛鴉凄告語，宵來玉露凋秋樹。者裏乾坤誰作主。君莫訴，蘆中有客儕鷗鷺。壬戌雙十節香凝內子為徐君又錚畫竟，索余題之，率成漁家傲一闋，廖仲愷並志。

莫學揚雄空自苦，避秦有路爭先去。椰笠欄簑還我故。禁風雨，桃源深處深深處。　慷慨當年曾共語，故人奇節千秋樹。吾儕而今誰造主。休輕訴，只應漁隱盟漚鷺。吾儕徐文錚、廖仲愷皆殉國多年，今夕披圖，寧勿黯然。依韻和之，並質覺夫志兄鑒意。蔡守寒瓊。

負戴夫妻休叫苦，終須有日歸山去。偕隱由來多掌故。雲和雨，歡情最愛山深處。　特地漁翁來與語，前溪已種梅千樹。正要先生來作主。偷相訴，釣竿暫村江邊鷺。談月色學倚聲。

原載香港《香港中興報》1935 年 8 月 18 日

上巳坐罍春堂

且容仲御安閒坐，那有公望過問來。太潔可愁丁五濁，不祥莫甚是多才。未青萬柳將春惱，無意孤花犯節開。一月京華塵污面，秉蘭臨水自低徊。

原載《天荒》雜誌

題蘇曼殊《茅庵偕隱圖》附蘇曼殊原跋

海裔結茅茨，素心可偕隱。一別成終古，人生歎朝槿。

附，甲辰南歸嶺海，風雨連綿。故友念安，屬作《茅庵偕隱圖》，及後歸自星州，忽聞念安已辭塵世矣！但見三尺新墳，芳草成碧，鄰笛之恫，烏能已已。曼殊實書款。

原載《天荒》雜誌

題黃賓虹山石四條屏兩首 [1]

叢祠蔥綠媚春稠，一笠茅亭絕世幽。想是貴池新買宅，揮豪皴慣破礬頭。春山圖應建庸宗兄屬題，守寒瓊。鈐「南社蔡守」「景演」兩印。

—211—

海市駢車飛馬汗，火雲灼簟擁熊茵。誰知鬧熱趨炎地，卻有為圖消夏人。

遙聞上海今年炎暑酷甚，建庸宗兄屬題賓虹山人消夏圖。丙寅伏日，寒瓊。鈐「蔡哲夫」「磚鏡樓」兩印。

【注釋】

［1］佳士得香港有限公司 2018 年春季拍賣會黃賓虹《四季山水》四條屏。

第二巻　印林聞詰

印林閒話

插圖

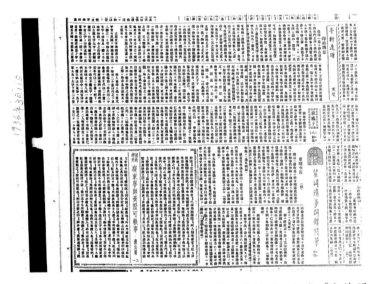

《香港中興日報》1936 年 3 月 11 日第一頁第二張始刊，初名《印林閒話》

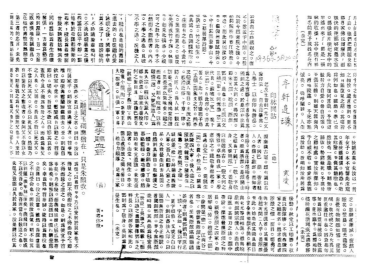

《香港中興日報》1936 年 3 月 20 日始改名《印林閒詁》

凡例

一、生僻字、詞、器具注釋。

二、人物簡介。

三、書籍簡介。

四、錯別字逕改，不出校，異體字不改。

五、每一小節前編有原刊日期，注明該節刊出日期。

前言　伍慶祿

　　廣東名賢蔡守（1879～1941），順德龍江人。原名珣，易名有守，再改名守，字哲夫，號寒瓊，別署成城子等。早歲參與民國革命活動，是同盟會會員；又參與發起南社，是南社的中堅、積極分子。於詩詞、書畫、鑒賞、考據、篆刻、印論無所不能，多才多藝。集革命家、文藝家、考古家、藝術家、收藏家於一身，交遊甚廣，活躍於 20 世紀上半葉中國社會舞臺上，名重一時。

　　1936 年秋，蔡守應國史館館長張繼之邀，攜談月色到南京任職黨史館黨部及故宮博物院考訂金石書畫古物。南京淪陷後，曾避難安徽當塗山數月，後再返南京居住。1941 年於南京病歿，聲名與典藏、文字逐漸湮滅。

　　蔡守生前創辦雜誌多種，如《文嘘報》《貞社》《天荒雜誌》《藝觀》《藝彀》

等。還在各種報刊上如《國粹學報》《神州日報》《華字日報》《香港中興報》等發表了大量詩詞及各類文章、圖畫、篆刻，惜大多已散佚。現在，香港中央圖書館及香港中文大學圖書館分別收藏的 1936 年發行於香港的《香港中興報》，尚保存了蔡守的許多文章。其中有專談篆刻的《印林閒話》的連載，還有漫談文史的《牟軒邊璪》專欄。惜現存報紙不全，文章殘缺，未能得窺全豹，實為遺憾！據談月色晚年的學生徐暢先生回憶，談月色生前曾告訴他，蔡守曾在 1934 的香港《華字日報》連載《印林閒話》，社會影響較大，當時就有多種根據報紙刊文的手抄本流傳。但《華字日報》今已查不到該連載，不知究竟。而《香港中興報》則從 1936 年 3 月 11 日起在該報第二張副刊連載，初名《印林閒話》，3 月 20 日起改名為《印林閒詁》，至 1936 年 7 月 20 日止。據查閱，現存報紙缺如下，3 月，18～23 日，25～29 日；4 月，4～7 日，11～14 日，16～30 日；5 月，1～4 日，13～22 日，30 日；6 月，1～2 日，5 日，16～29 日；7 月，1～5 日，20 日以後。因此，《印林閒詁》文中多有不連綴的地方。

　　時人王楚材於近人溫丹銘先生得家藏《印林閒話》抄本，整理標點後，於《嶺南書藝》雜誌 1988 年第二期開始連載，至第三期未完而止，據說因王先生去世而中輟，原稿亦不知所終。惜只刊得九千字（見附錄），好戲還沒進入「戲肉」，便戛然而止，實為藝林之一大損失。

　　未知世上尚有《印林閒話》否？未知《印林閒詁》與《印林閒話》是一是二，關係如何，實為遺憾！

　　2016 年，與蔡守嗣孫蔡慶高為師叔侄輩、談月色晚年學生徐暢發表論文《蔡守的文人情懷——兼論蔡守的印學著作〈印林閒話〉》，文中記載，「一九三四年著《印林閒話》並在香港《華字日報》連載。該文集印史、印論、技法、印人、流派、用具及所見名印為一書，闡發印學精微，頗多卓見，知重當世。原稿已佚，南社後期社長姚石子以重價購諸書肆，此稿本後由姚石子家屬連同藏書四萬餘冊皆捐獻給上海市文物保管會，現藏於上海圖書館。筆者曾於二十世紀九十年代赴滬，在上海圖書館中閱覽過此鈔本。談師月色為了自己能保存寒翁佚作，花費時日與精力手鈔一複本，版本 21.2 釐米×27.7 釐米，內頁版框 15.6 六釐米×22.3 釐米，灰色界欄十行箋。後贈筆者保存，對筆者的印學研究多有幫助。月師有跋語記其始末曰，『先外子寒翁著《印林閒話》刊入香港《華字日報》，屈計已十年矣。其後天涯浪跡，變亂頻更，行篋飄零，稿多散佚，即此作亦不知遺失何所。甲申春日姚石子社督投書於余，附寄此冊，云

以重價購諸書肆，蓋為同嗜者轉錄報端，衰然成帙，復流落於書賈。石公篤念交誼，將以此冊印單行本，恐所錄訛誤，屬為校正，而不知原稿因渺不可得，只以昔所聞於寒翁粗可記憶者，稍加勘訂，並附翁續論數篇，還諸石公。昔人云，一生一死，交情乃見。余不僅喜得讀寒翁佚作，而深感石公之尚義，爰此筆志其梗概云。民國三十三年歲次甲申暮春蔡談月色識於白下茶丘。』」但今查上海圖書館及詢徐暢先生，均一無所得。實為遺憾！關於姚石子藏《印林閒話》抄本，鄭逸梅在《南社叢談》一書「南社社友事略」輯姚石子條中記載，「藏有陳眉公梅花詩書冊十六幀，白蕉見之，歎為觀止。又有《清秘閣志》十二卷，為手鈔本。《印林閒話》乃蔡哲夫的手稿本，都沒有刻過。」「解放後，其子昆田、昆群，兼由高君賓的襄助，整理遺書，凡四萬餘冊，捐獻上海市文物保管會。頗多金石碑版圖錄，及珍稀的善本和孤本。」這裡說的是，「《印林閒話》，乃蔡哲夫的手稿本」。並非如上文所及「為同嗜者轉錄報端，衰然成帙」。不知孰是孰非。

當今中青年一代，術業專精，食好衣鮮，飽暖之餘，多有好藝事者。每見有書法篆刻徵稿，來稿鋪天蓋地，趨之若鶩。每見許多作品，天分極好，惟缺書卷氣，不能成為佳作，是為憾事耳！

今據現存於《香港中興報》連載的《印林閒詁》，重排標點出版。蔡守此作，信息量大，知識面廣，然囿於時代限制，行文略顯艱澀。為此，編者不揣才疏學淺，不厭其煩，細細加以注釋，以作普及之本，傳之於世，冀供篆刻愛好者補一點書卷氣。

識者教我！

己亥仲春二月漢鏡堂記於味水齋

序　孫洵〔註1〕

蔡守（1879～1941），廣東順德龍江人，原名珣，也作絢，字哲夫、喆夫、折芙，號成城，實取《詩經》哲夫成城之意，後易名有守，再改守，別署與筆名更多，有寒瓊、寒碧、寒道人、髡寒、奇壁、哀夫、水窗、思琅、離騷子、

〔註1〕孫洵（1936～　　），中國書協會員，西泠印社資深社員，有《民國篆刻藝術》《民國書法史》《民國書法篆刻史》《清代乾嘉學訓與書法》《江蘇篆刻史》等11部論著，曾兩次獲得中國蘭亭書法理論獎，在海內外有一定學術影響。

檢澳淚詞人、赤厇主人，晚號寒翁、茶丘殘客。室名二條一廛、茶丘、寒廬、寒月吟窩、寒瓊室、寒瓊水榭、茶恩茶喜茶四妙之亭、有奇堂、兩盦一劍顾、味雪庵、蠡樓、寒宬、赤厇樓等，早年是同盟會會員，後加入南社，是首次雅集成員之一，入社號是 25。與柳亞子、陳去病、高天梅、高吹萬、諸宗元、朱少屏、胡樸安、黃賓虹、劉季平（劉三）、蘇曼殊極友好。他一生廣結文友，又能騁詞利辯，語言表述極佳，兼善教育，桃李滿天下。

蔡守自幼聰慧，酷愛文翰，飽讀經史，多才多藝。八歲在鄉梓寫擘窠大字「關帝廟」三字，得烤豬兩隻。十歲能詩，少年時的詩作後匯成《有奇堂詩集》一冊。十七歲時因三兄蔡嘯虎在上海盛宣懷門下任職，他來滬讀書，以後常來此地會友寫稿。1908 年，偕同髮妻張傾城定居申江，並參加同鄉鄧秋枚、黃晦聞（節）創辦的國學保存會，熱心為會刊《政藝通報》《國粹學報》著文繪圖，編輯《風雨樓叢書》《古學選刊》，既出力又出錢，頗得佳譽。

辛亥革命成功後，蔡守回到廣州任廣東高等師範附中教員，同時協助潘達微編輯《天荒畫報》。參與寧調元、謝英伯等組建南社廣東分社，後接任分社社長。對粵社的工作投入極大的熱情，如每年初春組織同仁到蘿崗觀梅，分籤賦詩，竭盡雅興。1917 年，兩度組織到六榕寺賞花，丁巳花朝得鐵禪住持贊同設立辦事處，遂有「丁巳閏三月初三日南社廣東分社第一雅集假座六榕寺來者三十九人」之記載，得詩 40 餘首，多為抨擊社會黑暗的高亢之作。

1922 年，蔡守娶得廣州檀度庵女尼談溶溶為如夫人，取宋人晏殊「梨花院落溶溶月」，遂稱談月色。談氏在蔡守指導下學畫，並先後請益於黃賓虹、王福庵。談氏以畫梅、篆刻、瘦金書三絕飲譽民國藝壇。

蔡守本人嗜好骨董，對書畫篆刻、金石碑版廣泛深入研究，零星文物雅好集藏，整理題詠，愛者視為奇珍。此公儀態軒昂、談吐儒雅，待人接物有名士風範，友人昵稱蔡名士，可見口碑甚佳。1936 年秋，應張繼之邀，蔡、談一同來南京，賃居鼓樓二條巷（遂有上述所提二條一廛、茶丘之齋名）。是時蔡是中央博物院書畫鑒定研究員、國史館編修。並在寧舉辦「夫婦書畫篆刻展覽」，深獲佳評。不幸的是抗戰爆發，伉儷逃難至安徽當塗白紵山，棲息一古廟，蔡犯胃疾，歷時三月餘，返回南京後常臥床不起，1941 年 1 月 11 日，因心臟病發作，溘然去世，一代英才，令人扼腕。

近三十多年，專題研究蔡守的論述，如《民國篆刻藝術》《民國書法篆刻史》以及有關南社的後續文獻屢有刊發，尤以好友吳江李海珉著《南社書壇點

將錄》（蘇州大學出版社 2012 年 8 月版），皆能從各層面豐富此公作為著名學者、書法篆刻大家的人物形象。

蔡守生平論著豐贍，據俞劍華《中國美術家人名辭典》（上海人民美術出版社 1981 年 12 月版，第 1370 頁序錄）有《寒崒碑目》《寒崒金石跋續》《宋錦》《宋紙考補》《繆篆分韻》《漆人傳》《瓷人傳》《畫璽錄》《印雅》等書。關於《寒瓊遺搞》，早在 20 世紀 70 年代，我去峨嵋嶺拜見談老時，老人也講過她以小楷瘦金書一字一字抄錄，留下了蔡守的部分詩稿，在蔡守病逝的第二年，以書畫印奉答資助印刷者。第二屆嶺南印學學術研討會論文集有徐暢、蔡慶高合撰《談月色交遊考——以婚姻和〈寒瓊遺稿〉等為例》一文，知該書於民國三十二年（1943）由新明印書館正式刊行於世。

圭璧蒙塵，拂拭而出新。

值此蔡守先生逝世八十週年之際，嗣孫慶高將舊匣中翻檢出 1936 年載香港《香港中興報》之《印林閒詁》（香港中央圖書館藏）重新詮釋出版，並邀約學者伍慶祿兄站在學術史的立場細心標點、嚴謹校注，這豈不是將溫潤柔華的一塊「玉」拂拭、考辨、演繹，重鑄更為精準的二次創作過程，其艱辛耗神自不待言。有學人疑此著與 1934 年《印林閒話》是兩書，非也。洵斗膽斷言，憑蔡公的稟賦，絕不會將連載於香港《華字日報》如法炮製再登一次。孰知治學求藝者的一生，不就是一個櫛風沐雨的修煉、提升的苦戾過程。再說宗師的學養深究訓詁，以今言解釋古言，例詁經《爾雅・釋詁》邢昺疏，「詁，古也，古今異言，解之使人知也。」故爾「詁」的特好，此側面可見老輩治學的審慎，想到受眾的認知，理解。一本書二版、三版也就是力求臻美完善的修訂版。乾嘉學者說「前修未密，後學轉精」，陶淵明說「覺今是而昨非」。一字之寓意，情境與審美取向大不同也。況原著包含印史、印論、篆刻技法、流派諸家以及刻印用具，還涉及名印鑒賞為一書，體例是「致廣大盡精微」，足矣。洵以為近九十年前的一本篆刻學教科書，甚確。

伍蔡二兄孤心苦詣，閃爍著當代學人智慧光芒，不厭其煩是學術擔當與歷史責任心的注腳。對得起蔡老的在天之靈，也不辜負廣大讀者熱切期待。教澤被及後世同道與愛好者，此乃學界之壯舉、藝壇之盛事，洵為之擊掌，傳之於世、垂範同好。

二〇二一年春節，後學孫洵時年八十有六謹識於南京後潛研堂

印林閒詁

治印一道，伊古以來為專門之學，非讀書識字者不能辦也。《周官》[1] 八歲入小學，保氏 [2] 教國子以六書 [3]。可知六書，非國子不易通曉。尋常印工古有印工楊利 [4]、宗養 [5]，只可奏刀，未能摹印。故世稱秦受命璽，為李斯 [6] 所書。而後世璽寶，間有作者可稽。如後唐莊宗製寶二坐，詔馮道 [7] 書寶文。宋英宗時製受命寶，命歐陽修 [8] 篆其文。如漢建武中馬援 [9] 上書，謂「伏波將軍印」。書伏字「犬」文向外，恐天下不正者多。符印所以為信也，所宜齊同薦曉文字 [10] 者。「下大司空」「正郡國印章」「奏可」，皆是製印非匠人之證。由三代以迄六朝，類如此也。自唐以降，鑄印改用九疊文，於是製造任之匠人。流品斯下。宋元以來印學漸興。元之吾丘衍 [11]、趙孟頫 [12]，提倡尤力。於是刻印一藝，躋而上之文史之林。以與書學、畫學並轡齊驅。涉明至清，斯風彌侈。或窮年兀兀，研朱弄石；或殫精竭力，搜聚玩賞。作家朋興，超佚前代，益非淺嘗輒止。或自作聰明、毫無學識者所能濫竽充數也。故篆刻與論畫相若，最要有士氣。學術不深，瀏覽不廣，謬託時尚，率爾操觚，非庸俗即獷悍。此之玄奧，師不能授之徒，父不能傳之子，惟知者會意耳。余評印以士氣為主，功力次之。飛鴻堂 [13] 一派，功力何嘗不深，其不足登大雅之堂者，無士氣耳。

古璽文字與鐘鼎、刀布、甲骨有異同，秦列摹印為八體之一，可知古時璽印文字須自具一體，不與他種相同。今之治印者，以古璽文字太少。於擬刻璽印往往參用鐘鼎、刀布、甲骨之字以濟其窮。其實體制自為一派，非參知其意將鐘鼎諸器之字變其形體，未能與古璽悉合也。不過古璽既與鐘鼎各種文字時代相近，雖別為一體，其中亦不無偶然從同之處。即此頗足以考證古璽製造之時代。其與鐘鼎文字相同者，如「星」字與《郑公華鐘》同。「□ [14]」與《曾伯□ [14] 簠》及《晉邦盦》同。「鄭」字、「朱」字與《鄭叔同敦》及《鄭同媿鼎》同。「攸」字與《師酉敦》同。「樂」字與《子璋鐘》同。「賓」字與《貿鼎》及《冕卣》同。「齊」字與《齊癸姜敦》同。「眾」字與《師袁敦》同。「身」字與《猇伯敦》及《夆叔盤》同。「殷」字與《殷穀簠》同。「奔」字與《周公敦》同。「濼」字與《盧鐘》同。「侃」字與《叔氏鐘》同。「聖」字與《井人鐘》及《師望鼎》同。「氏」字與《散氏盤》及《姞氏敦》同。「匽」字與《子璋鐘》同。「陵」字與《陳猷釜》同。「薛」字與《宗婦盤》及《克鼎》同。「封」字與《散氏盤》同。至如「天牢」與「吉宗」，則與甲骨文同。如「明、安、

皮、西、長、平、昌、陽、關、馬」，皆大致與刀布文相似。以此諸字，本應注篆文於下，但為省鑄字計略去，學者可按所舉罍名與璽較之。此文字有相同之確證。顧古璽必出於先秦以上，在周與列國時代，可無疑義。蓋自宋人集古印譜，至於清乾隆以前，僅上溯於漢而止，不知所謂秦，更不知所謂周與列國。自陳簠齋[15]始定古璽之名，自吳清卿[16]始研究古璽之字。而列入古籀，殆今學者宗之，臨摹古璽蔚成時尚。然往往即以鐘鼎、甲骨、刀布文字因時代相同，認為與古璽文字無別，而不知辨之於幾微之間，斯亦未肯深考耳。

　　世人摹印，遇有重文，每用二小畫以代之，且遇同樣偏旁亦代以二小畫者。重文代以二小畫尚是書家通例。若同樣偏旁亦代以二小畫，則下一字獨立不能成字，總覺不甚相宜。吾人試一求其例於古璽印中，漢官印中「繡花執法大夫」印及「下軍大夫」，「大」字下用二小畫代「夫」字。琅邪臺石刻亦於「夫」字下用二小畫代「大」字。其於重文及其偏旁用一小畫以代之者則屢罕見。

《香港中興報》1936 年 3 月 11 日

【注釋】

[1]《周官》，《尚書・周書》篇名。

[2] 保氏，古代職掌以禮義匡正君王，教育貴族子弟的官員。《周禮・地官・保氏》，「保氏掌諫王惡，而養國子以道，乃教之六藝。」

[3] 六書，古人分析漢字造字的理論。即象形、指事、會意、形聲、轉注、假借。

[4] 楊利，詳見《附錄　蔡守與古人交流考》。

[5] 宗養，詳見《附錄　蔡守與古人交流考》。

[6] 李斯，詳見《附錄　蔡守與古人交流考》。

[7] 馮道，詳見《附錄　蔡守與古人交流考》。

[8] 歐陽修，詳見《附錄　蔡守與古人交流考》。

[9] 馬援，詳見《附錄　蔡守與古人交流考》。

[10] 薦曉文字，薦，一解曰「進獻，送上」，《儀禮・鄉射禮》，「主人阼階上拜送爵，賓少退，薦脯醢。」鄭玄注，「薦，進。」曉，一解曰「告知使明白」。司馬遷《報任少卿書》，「僕終已不得舒憤懣，以曉左右。」薦曉文字，向上報告的文件和對外公布的文書。

[11] 吾丘衍，詳見《附錄　蔡守與古人交流考》。

[12] 趙孟頫，詳見《附錄　蔡守與古人交流考》。

[13] 飛鴻堂，清人汪啟淑堂號。詳見《附錄　蔡守與古人交流考》。

[14] □，原文字模糊莫辨。

[15] 陳簠齋：即陳介祺。詳見《附錄　蔡守與古人交流考》。

[16] 吳清卿：即吳大澂。詳見《附錄　蔡守與古人交流考》。

　　但古璽中用二小畫者甚夥，其用意何在，初難明瞭。多以為是字畫中者。但余細為審釋，能確定其例約有數種，一用之表示官名，如「司工、司馬、司寇、司徒」等。一用之表示複姓，如「公孫、鮮于、空同、司馬、相里、上官、東陽、尾生、其母、西門、北門」等。由此例推之，凡有二小畫者均為複姓。一用之表示二名者，如「斁之、右軍、亡忌」等；一用之表示地名者。綜其要義，以章法上之便利有合文者，有類似合文者，恐混為一字，或認為單姓，遂用二小畫以分別之，昭示之。至表示偏旁相同，則有「邯鄲」，複姓，表示借用邑旁一例，其他則正不多見。於此可見宋元以來遇有偏旁相同，即用二小畫以代之，為破裂庸俗不可為訓矣。

　　古璽與秦印不同。在昔秦印多混於漢印，自古璽發明後，今人又往往將秦印附入白文古璽之列。其實白文秦印自為作風。苟一細認，自與古璽、漢印皆迥然特異也。秦印率用秦篆。換言之，即是李斯 [1] 小篆。其較先者，稍近於古籀，然其印文易辨，絕不似晚周小璽之難識，因晚周列國各自為字。今小璽之不可釋者，皆晚周物也。秦白文小印，多有邊與中間。凡此種皆為秦印確定無疑。以秦文字統一，故未有不識者。且字畫圓而瘦硬有華滋，一望即知。其中有字畫較粗而近方者，則為秦末漢初物也。

　　表字印亦得用「印」字。昔人每謂姓名印可用「印」字，表字印不可用「印」字，用時須改用「章」字以代之。其實非也，不可信以為據。宋元後起，不得為例。當於古印字求之，若漢人之子母印即套印，母印為名，子印則為字。此有定例大者為母印，套入之小印為子印。又如漢人穿帶印即兩印，亦一面為名，一面為字。今試考此子母印及穿帶印，其於字印，不但用印字，且冠以姓。與後世僅用二字字印者不同。於此推知，則古時字印用「印」字與否，正自任便，不必拘拘矣。後世必謂須不用「印」字，及改用「章」字以別之者，實非定論矣。如「江子聖印」「馬長羊印」等，是其例也。且古璽與秦印亦有「印」字者，或謂璽中無印字亦非定論，試參考古印譜錄中便知之。

　　古印迴文無定例。作四字姓名印及成語印即閒章，就其章法之便利，每有用迴文者，例由右至左，再由左轉右，例如「康有為印」，可變為「康印有為」，

使雙名之二字不分開，漢人已多如此。閒印如「金石陶情」四字，亦可變為「金情石陶」也，實非後人創格，亦由古有先例。且古璽印中，對於文字之排列，更不一定。上述之例不過多數如此耳。

　　曩歲鄧季雨 [2] 為仿瓦當文作「順德蔡守」四字印，作「蔡德順守」。款云「『順德』二字出『道德順序』瓦當。交互文字封泥考略有如此」。再細玩古印譜及余收藏之璽印中確多變動不居者，如吉語之「宜有萬金」作「宜有金萬」。是則在右由上至下，在左則由下至上矣。又如「日有千萬」者，乃作「有千日萬」，則由左至右，再由右至左也。其兩字姓名而作私印者，有「郭印復私」一紐，本為「郭復私印」也。《鐵雲藏印》集 [3] 中，亦有「軻都私印」，而作「軻印都私」者，是私印亦可作迴文。推之「王印勝之」或「吳印善之」者，未必確為二名，而或一名後加「之印」也。姓名「印信」，本謂印以取信也。乃有作姓名「信印」者，亦是姓名則在右由上而下，「印信」二字則在左由下而上，便是印信也。且此種變動不居之同，文官印中尤多。如《封泥彙編》[4]中所載「中騎司馬」，則作「中司騎馬」，「右校丞印」則作「右丞校印」，「琅邪左鹽」則作「琅左邪鹽」，「南郡發弩」則作「南發郡弩」，「襄陽長印」則作「襄長陽印」，「密丞之印」則作「密之丞印」，「葉丞之印」則作「葉之丞印」，「定陶丞印」則作「定丞陶印」，「南宮丞印」則作「南丞宮印」，「成都丞印」則作「成丞都印」，「高密丞印」則作「高丞密印」，「臨菑左尉」則作「臨左菑尉」，其排列可由右至左，再由左至右也。至「信宮東府」則作「信府東宮」，「都船丞印」則作「都印丞船」，則更任意顛倒錯綜，毫無一定矣。由此觀之，則前人迴文排列之說，一概為之打破，大可不必拘泥矣。惟以吾人於讀時便利起見，大可不必採用迴文。即用時亦止限於姓名印。若成語齋館收藏等印更須力戒，不必假口古人先例，至顛倒錯亂，至難猝讀也。

《香港中興報》1936 年 3 月 13 日

【注釋】

　[1] 李斯，詳見《附錄　蔡守與古人交流考》。

　[2] 鄧季雨，即鄧爾雅，詳見《附錄　蔡守與時人交遊考》。

　[3] 《鐵雲藏印》，初集 10 卷，二集 12 卷，三集 14 卷，四集 12 卷，全書 48 卷，清劉鶚藏輯。每頁一印，輯錄二千餘印。開本高 28.3 釐米，寬 16.7 釐米。

　[4] 《封泥彙編》1 卷，吳熊輯。1931 年上海西泠印社影印出版。是漢代官私印封泥

譜錄。收集古鈐 12 方，漢官印 108 方，漢諸侯王璽印 3 方，漢王國官印 96 方，漢侯國官印 32 方，漢州部官印 1 方，漢郡國官印 141 方，漢縣邑道官印 390 方，漢縣邑道無官名印 48 方，漢鄉亭印 67 方，漢晉蠻夷印 2 方，新莽官印 57 方，漢私印 161 方，全書輯錄 1115 方。

古官璽向多巨製，且字數較多，至小璽三四字或一二字者，頗為罕見。近日羅福頤 [1] 振玉 [2] 之子，藏有數官璽，其制較小。「而左庾發弩」「司馬」「司工」等字，其為小官璽也無疑。至古一字璽，類多吉語，世遂盡吉語目之。不知其中有用於禮官者。如「吉」「軍」「賓」等字及「唯」字璽，皆是一字官璽。更有半邊璽，為一「糞」字者。想是古時糞除之官所用者歟？可知一字璽中確有係官璽也。

古人以神道設教，故動必以誓，《尚書》之《秦誓》《泰誓》，皆人而知之矣。不徒官府於行軍重典用誓，人民契約書翰間亦須用誓。取其使用利便，遂特製璽以資鈐用。今一字璽中，其上從折，下從心者，舊釋為「哲」，實即「誓」字。古「哲」「誓」二字蓋通用也。雖其安插變化不定，而皆是誓字。此外如誓璽、誓上、誓之、誓事，亦皆為簽押及信約中所用者。古人動必設誓以堅其信，以表其誠，於此可見。

古印中，如某率善、某佰長、仟長、歸義侯等。雖別以氏羌胡、匈奴各種族，皆為官印而非私印。私印中之冠以地名者，如北海、河間、東萊、河內、蜀郡、犍為、雲中等既不多覯，而冠以民族者尤為罕見。至僅以民族製印則更罕之又罕矣。如老友黃賓虹 [3] 得匈奴「相邦」一印，亦似官印。黃賓虹又藏有漢匈奴「惡適姑夕且渠」一印。漢匈奴「惡適尸逐土」，則似民族而兼官名、人名印也。又老友王希哲光烈 [4] 藏有一小印，僅白文「匈奴」二字，實為各譜所未見也。

昔人謂閒章始於宋賈秋壑 [5] 之「賢者而後樂此」，與明文待詔 [6] 之「惟庚寅吾以降」為閒章之最著者。其實閒章之來源甚遠，秦以前已有之。古所謂吉語印者，即為閒章之濫觴。單字古璽若「敬」，若「公」，若「戒」，若「誓」，若「信」，若「富」，若「昌」；雙字印若「明上」，若「敬上」，若「忠信」，若「宜行」，若「誓之」，若「守敬」，若「敬行」，若「敬事」，若「長生」，若「得志」，若「千秋」；四字印若「正行無私」「可以正下」「大吉昌宜」「宜有千萬」，皆閒章也。周秦時印，單字者若「慶」，若「安」，若「敬」，若「昌」；雙字印若「思言」，若「正行」，若「和眾」，若「安眾」，若「中央」，若「高志」，若

「相敬」，若「百嘗」，若「安身」；四字印若「上賢事能」，若「思言敬事」，若「得志相思」，若「日敬毋詒」，若「宜民和眾」，若「壹心慎事」，若「交仁必可」，亦皆閒章也。至漢則閒章更多雙字若「宜官」，若「長年」，若「毋傷」，若「來富」，若「宜財」，若「千秋」，若「萬歲」，若「長樂」，若「日光」，若「日利」等，多不勝舉；三字印若「宜子孫」「利出入」「入千萬」；四字若「千西即千秋萬歲」、「宜官內財」、「長宜子孫」、「長年日利」、「辟兵莫當」、「龍蛇辟兵」此乃長圓形玉印，為黃賓虹藏、「日入千萬」、「出入大吉」、「萬歲無極」，亦甚夥。至四字以上者，若《漢書・王莽傳》云，「皇孫功崇公宗刻印三。一曰『維祉冠、存已夏、處南山、藏薄冰』，二曰『肅聖寶繼』。三曰『德封昌國』。」至印譜中習見者，若「肥美香、炙牛羊」，若「災疾除、永康體、萬壽富」，若「延年益壽、與天無極」，若「王君都、樂未央、富貴昌、宜侯王」，若「申祐慶、永福昌、宜子孫」，若「永祐慶、長壽康」。又桂馥 [7]、《札樸》云，「孔岸堂藏一銅印，文十六字。『□ [8] 子魚印、承天德、獲休禔、永安寧、傳無極』。」若「宜官秩、長樂吉、貴有日」。若「建明德、子千億、保萬年、治無極」，若「大富貴昌、宜為侯王、千秋萬歲、常樂未央」，若「綏統承祖、子孫慈仁、永保二親、福祿未央、萬歲無疆」至二十字之多，其詞皆堂皇古雅，可謂閒章之精美。後世之用成語、詩詞，蓋源於是。其後每況愈下，至有以傳奇之《西廂》《長生殿》句入印者，益流俚俗。鄭板橋 [9] 閒章最多，雅者固多。然如「麻丫頭針線」「徐青藤門下走狗」，終覺欠雅。袁才 [10] 之「錢塘蘇小是鄉親」一印，意涉輕浮，更不足看法矣。

《香港中興報》1936 年 3 月 14 日

【注釋】

[1] 羅福頤，詳見《附錄　蔡守與時人交遊考》。

[2] 振玉，即羅振玉。詳見《附錄　蔡守與時人交遊考》。

[3] 黃賓虹，詳見《附錄　蔡守與時人交遊考》。

[4] 王希哲，即王光烈，詳見《附錄　蔡守與時人交遊考》。

[5] 賈秋壑，即賈似道。詳見《附錄　蔡守與古人交流考》。

[6] 文待詔，即文徵明。詳見《附錄　蔡守與古人交流考》。

[7] 桂馥，詳見《附錄　蔡守與古人交流考》。

[8] □，原文字空缺。

[9] 鄭板橋，即鄭燮。詳見《附錄 蔡守與古人交流考》。

[10] 袁才，袁子才之誤，即袁枚。詳見《附錄 蔡守與古人交流考》。

用俗語入印如周櫟園亮工 [1] 有一巨印，印文曰「在青州做一領布衫，重七斤」，用趙州和尚語，或曾任青州道刻此耶？又曾見《金堡 [2] 尺牘》鈐一印曰「軍漢出家，蓋已易代」，後在丹霞與人書耶。又曾見武虛谷億 [3] 跋古帖，鈐一印文曰「打番兒漢」，「打」作「釘」，為偃師令時曾笞杖京營步軍統領番役。上官懼觸和致齋相國怒，遂嚴劾之。武雖以此罷官，而直聲遍朝野矣。以上所述，皆用俗語，但各有可傳之事蹟也。

古人之外號印亦皆各有事實者。如桂未穀 [4] 之「爭門復民」與「讀井復民」二印，因未谷曾為杏壇掃壇夫，籍拔萃後，衍聖公以執照還之，蠲去所役，故有此二印印文也。又姜如農采 [5]，崇禎進士，壬午擢禮科，以言事觸益輔怒，謫戍宣城。有「宣州老兵」牙印。如程易疇瑤田 [6] 著《通藝錄》，詳考百穀。有「辨穀老民」小印。

古人又有姓名隱語印。如姜白石夔 [7] 有一印文曰「鷹揚周室，鳳儀虞廷」以隱其姓名。如徐文長 [8] 有「秦田水月」四字印隱其姓名。

賞鑒印後起，蓋託於唐代，入宋而盛行。朱必信象賢 [9]《印典》謂「圖書記始於宋內府圖書之印」。諸家復相傳述無異詞，抑亦太不思量矣。案唐太宗自書「貞觀」二字，作連珠印，唐玄宗亦有「開元」連珠印，皆用於御藏書畫，此為圖書賞鑒印之濫觴。宋宣和雙龍印有方圓二樣，大小徑寸，法書用圓，名畫用方。高宗御府手卷前用「希世藏」方印。又《王維捕魚圖》，徽宗題後有雙龍圓印，此圓印不盡用於法書也。徽宗御府書後有「宣和」玉瓢御寶。高宗劉貴妃掌御前文字書畫，用「奉華堂」印。開皇《蘭亭真本》入德壽御府，紙前後角，有「神龍」半印，號「神龍蘭亭」，唐中宗印也。金明昌有七印。一「內府」葫蘆印，二「群玉秘珍」，三「明昌寶玩」，四「明昌御覽」，五「御府寶貴」，六「明昌中秘」，七「明昌御府」。又趙飲穀 [10] 曾得明「樂長公主」小玉印。篆刻極精。厲太鴻 [11] 為作歌紀之。

齋館印相傳以唐李泌 [12] 之「端居室」一印為鼻祖，是也。宋代幾於人人有齋館別號。有其名號，亦必鐫之印章。蘇軾 [13] 有「東坡居士，老泉山人」八字印、「雪堂」印，王詵 [14] 有「寶繪堂」印，米芾 [15] 有「寶晉齋」印，姜夔有「白石生」印，陳與義 [16] 有「無住道人」印。案東坡家有老人泉，梅聖俞 [17] 為作詩。葉少蘊 [18]《燕語》云，「子瞻謫黃州，號東坡。晚又號老

泉山人。故有『東坡居士老泉山人』八字印。又見其畫竹鈐有『老泉居士』朱文印。是則老泉為子瞻之號的矣。」世徒見歐陽文忠 [19] 所作墓誌，有人皆稱老蘇。乃以老之一字牽老泉以明之。李竹嬾 [20]《紫桃軒雜綴》中紀之。仁和倪印元 [21] 言其友詹二 [22] 有《東坡畫竹》，下用「老泉居士」朱文印，是也。乾隆間姚氏印宜堂摹東坡楚帖、頌帖上石，中有「東坡居士，老泉山人」八字朱文長方印。又「趙郡蘇氏眉山之印」「東坡居士」「子瞻」等印，尤其習用。

《香港中興報》1936 年 3 月 15 日

【注釋】

[1] 周櫟園，即周亮工，詳見《附錄　蔡守與古人交流考》

[2] 金堡，詳見《附錄　蔡守與古人交流考》

[3] 武虛谷，即武億。詳見《附錄　蔡守與古人交流考》

[4] 桂未穀，即桂馥。詳見《附錄　蔡守與古人交流考》

[5] 姜如農，即姜采。詳見《附錄　蔡守與古人交流考》

[6] 程易疇，即程瑤田。詳見《附錄　蔡守與古人交流考》。

[7] 姜白石，即姜夔。詳見《附錄　蔡守與古人交流考》

[8] 徐文長，即徐渭。詳見《附錄　蔡守與古人交流考》

[9] 朱必信，詳見《附錄　蔡守與古人交流考》

[10] 趙飲穀，詳見《附錄　蔡守與古人交流考》。

[11] 厲太鴻，即厲鶚。詳見《附錄　蔡守與古人交流考》

[12] 李泌，詳見《附錄　蔡守與古人交流考》。

[13] 蘇軾，詳見《附錄　蔡守與古人交流考》。

[14] 王詵，詳見《附錄　蔡守與古人交流考》。

[15] 米芾，詳見《附錄　蔡守與古人交流考》。

[16] 陳與義，詳見《附錄　蔡守與古人交流考》。

[17] 梅聖俞，即梅堯臣。詳見《附錄　蔡守與古人交流考》。

[18] 葉少薀，即葉夢得。詳見《附錄　蔡守與古人交流考》。

[19] 歐陽文忠，即歐陽修。詳見《附錄　蔡守與古人交流考》。

[20] 李竹嬾，即李日華。詳見《附錄　蔡守與古人交流考》。

[21] 倪印元，詳見《附錄　蔡守與古人交流考》。

[22] 詹二，無考。

　　元明以來，齋館印益多。長舟文氏 [1]，為之不厭，甚至本無齋館，寄興牙石。徵明自謂「我之書屋，多於印上起造」，其風致可想也。老友梁節庵鼎芬 [2] 齋館名最夥，日新月異。且每見朋儕，亦以有新齋館名否為問。節庵每得一新齋館名必篆刻一印，洵如文氏所謂印上起樓臺也。

　　冒鶴亭丈廣生 [3] 則反是，比來以其先人水繪園舊有之齋館名，一一請陳協之 [4] 先生與馮康侯 [5] 補刻之以貽後昆，用意雋永，似過於節庵矣。日昨嘗屬月色為補刻「影梅庵」與「豔月樓」二印，其二印印款如左，「影梅庵在如皋南郭。巢民冒襄 [6] 文集有《南郭別業記》，董小宛 [7]、吳扣扣 [8] 皆葬此。陳其年 [9]《湖海樓集》有『春日同巢民先生。挐舟南郭訪董姬墓』詩。鶴亭老先生屬月色補刻『影梅庵』印。丙子春。談月色。」

　　案近人或謂董妃即董小宛，棼棼爭辯不已，實不讀書耳。如見《巢民南郭別業記》與陳其年之《訪董姬墓》詩，確知董小宛葬於如皋冒氏別業。未嘗入清宮為妃也明矣。倘當日果係小宛入清宮為妃，則冒氏安有此記。而陳氏又豈敢為是詩乎。

　　「豔月樓為董小宛夫人所居，在五美堂南，樓下臘梅，一歲萬花，今尚存。疚齋 [10] 先生屬月色補刻是印，月色榮幸之至，丙子花朝記。」歷來論印學者，多推重秦漢，如書之鍾王，文之韓柳，詩之李杜，其論是矣。清同光時，陳簠齋 [11]、吳愙齋 [12] 兩先生始標舉古璽，列於秦漢之先，其一種古穆之趣，迥非秦漢印可比。章法之極疏極密，字畫安插之錯綜變化，不假造作，而自然合拍，其大膽亦非秦漢時人所敢為所能為。則又如書之鐘鼎文，文之六經，詩之歌謠，不能以格律限之矣。秦印用圓，漢印用方。秦印如筆寫，漢印則近刀契。秦印為皖鄧先河，漢印則為浙派宗祖，其源流可得而考也。獨是秦漢印風，止於六朝，至唐而中斷。夫印味六朝雖薄而猶近漢人，唐後則九疊圓文，一望即知絕不能與秦漢相混也。宋元以來好古之士能自刻印，不盡委之於匠人，知上宗秦漢，惟本於《說文》小篆頗尚圓朱一種，末流之弊，板重無生氣。或有誤於夢英 [13] 之十八體 [14] 者，龜文蟲篆，附會牽強。而懸針、柳葉、鐵線、滿白、滿朱、爛銅、急就、鸞鳳、科斗等不經之談據為典要，印學之弊至此極矣。元明之際，會稽王冕 [15] 以花乳石作印，治印家與用者皆稱便，於是不但銅印廢，即前此所用之晶玉犀象亦漸少，由銅變石，而治印之風大熾。彼時趙子昂 [16]、文三橋 [17]、何雪漁 [18] 諸人皆精習六書，參以玉箸。於秦漢印外自具一種體態。有清乾隆、嘉慶以前，此風獨勝，雖不能盡造秦漢，然自有士氣，

不比唐時之跡近匠人也。自丁龍泓敬 [19] 變文，何之秀雅，以雄健高古力追秦漢之盛，遂成為浙派。漸後歙縣巴晉堂慰祖 [20] 專擬秦漢，世稱之為歙派。更有鄧完白石如 [21]，以漢碑額法作印，創為鄧派。咸同以後，如趙悲庵之謙 [22] 不拘宗派。吳缶盧昌碩 [23] 胎息石鼓足為後勁。吳缶盧歿後，印人多趨重於秦漢古璽，而印風又一變矣。總之，印風隨時代為之轉移，然愈變而愈有進步，則為其定例，不可移易也。

《香港中興報》1936 年 3 月 16 日

【注釋】

[1] 長舟文氏，即文徵明。詳見《附錄　蔡守與古人交流考》。

[2] 梁節庵，即梁鼎芬。詳見《附錄　蔡守與時人交遊考》。

[3] 冒鶴亭，即冒廣生。詳見《附錄　蔡守與時人交遊考》。

[4] 陳協之，即陳融。詳見《附錄　蔡守與時人交遊考》。

[5] 馮康侯，詳見《附錄　蔡守與時人交遊考》。

[6] 巢民，即冒襄。詳見《附錄　蔡守與時人交遊考》。

[7] 董小宛，冒襄之妾。詳見《附錄　蔡守與古人交流考》。

[8] 吳扣扣，冒襄妾。

[9] 陳其年，即陳維崧。詳見《附錄　蔡守與古人交流考》。

[10] 疚齋，即冒廣生。詳見《附錄　蔡守與時人交遊考》。

[11] 陳簠齋，即陳介祺。詳見《附錄　蔡守與古人交流考》。

[12] 吳愙齋，即吳大澂。詳見《附錄　蔡守與古人交流考》。

[13] 夢英，詳見《附錄　蔡守與古人交流考》。

[14] 《十八體書》，宋釋夢英撰。十八體書為古文、回鸞篆、雕蟲篆、飛白書、薤葉篆、瓔珞篆、大篆、柳葉篆、小篆、芝英篆、龍爪篆、懸針篆、籀文、雲書、填篆、剪刀篆、蝌蚪篆、垂露篆。大抵採唐玄度十體書，更加附會。

[15] 王冕，詳見《附錄　蔡守與古人交流考》。

[16] 趙子昂，即趙孟頫。詳見《附錄　蔡守與古人交流考》。

[17] 文三橋，即文彭，詳見《附錄　蔡守與古人交流考》。

[18] 何雪漁，即何震。詳見《附錄　蔡守與古人交流考》。

[19] 丁龍泓，即丁敬，詳見《附錄　蔡守與古人交流考》。

[20] 巴晉堂，即巴慰祖。詳見《附錄　蔡守與古人交流考》。

[21] 鄧完白，即鄧石如。詳見《附錄　蔡守與古人交流考》。

[22] 趙悲庵，即趙之謙。詳見《附錄　蔡守與古人交流考》。

[23] 吳缶廬，即吳昌碩。詳見《附錄　蔡守與時人交遊考》。

　　賓虹 [1] 論篆刻名家之法古云，古人刻印，不紀姓名，相傳秦以藍田玉製傳國璽，此本卞和 [2] 之璞，李斯 [3] 所篆，孫壽 [4] 刻之。魏晉以來，楊利 [5]、韋誕 [6] 之倫皆工摹印。蓋史官執簡，刀筆之用。其在三代，多屬文臣，故能尺寸之間，圜轉自如，治韌攻堅，以成絕藝，商周之鐘鼎，漢魏之碑碣，莫不皆然，所以刻畫銘辭，垂諸久遠，歷有年所，不能廢之。後人託志柔豪，致力縑素，籀篆鋊刀之學，賴有刻印之士，研求六書，手摹心追，不絕如線。自唐訖宋，漸變古法，趨向工整。宣和印史，先存矩矱 [7]。有錢舜舉 [8]、趙子昂 [9] 治朱文印，圓勁停勻，多玉箸之遺意，象齒犀角，施用最宜。會稽王冕 [10] 自號「煮石山農」，創用青田花乳，刻成石章。又有壽山石，出閩之侯官縣，亦發明於元明之間。最初有寺僧，見其石有五色，晶瑩如玉。琢為牟尼珠串，雲遊四方。好事者以其可鏒可刻，用以製印。清初耿精忠 [11] 據閩，特用兵力，羅掘殆盡。自有青田、壽山、昌化等石刻印。範金琢玉，專屬工匠。學士文人，偶而奏刀，遂誇雅事。篆法章法，棄置弗道。意不逮古，流為屖弱。或者宗尚漢印，自信太過，其弊也泐蝕以為古，重腿 [12] 以為厚，佪規裂矩以為奇，描摹雕飾以為巧，相沿日久，遂成習氣。滔滔不返，可勝慨哉。

　　宋遷臨安，江南人文號稱極盛。有明以來五百年中，篆刻之學所可言者，皖南之宣歙，明季何震 [13] 最負盛名。胡曰從 [14] 務趨醇正，程邃 [15] 自號「垢道人」，朱文仿秦小璽，最為奇古。迨於康雍，黃呂鳳六 [16]、黃宗繹桐谷 [17]，力師漢京，得其正傳。乾嘉之時汪肇龍稚川 [18]、巴慰祖予籍 [19]、胡長庚西甫 [20]、程芝華蘿裳 [21] 成《古蝸篆居印譜》，鄧石如頑伯 [22] 稍變其法，大暢厥宗。至黃士陵穆甫 [23] 又為一變。江浙之間，文彭 [24]、蘇宣 [25]、歸昌世 [26]、顧苓 [27] 四家，最稱大雅。西泠嗣起，丁敬龍泓 [28]、蔣仁山堂 [29]、奚岡鐵生 [30]、黃易小松 [31] 亦稱四家。陳鴻壽曼生 [32]、胡震鼻山 [33]、趙之琛次閒 [34] 繼之。趙之謙撝叔 [35] 極推崇巴予藉 [36] 而師兩漢，皆可取法。閩派自練元素 [37]、薛穆生 [38]、藍采飲 [39] 三家，為之倡始，世稱莆田派，謂之狐禪。齊魯之地，尹彭辭 [40]、王鎔叡 [41]，皆能平放正直，治印近於莽印。南方學者間法晉魏蠻夷官印，近年咸摹秦小璽。然朱文奇字印既不易摹，亦不易識。惟周秦之間，印多小篆，書法優美，字體明曉，白文自然，深有古趣。朱竹垞 [42] 贈繆篆顧生詩有云「其文雖參差，離合各有倫。後人昧遺制，但取

字畫勻」。觀其「參差明於離合」一印，雖微可與尋丈摩厓，千鈞重器同其精妙。近古以來，摹刻名家無有能為之者，誠以醇而後肆，非可偽造，神似之難等於周印。刀法之妙，宜求筆法貌合，成章失之遠矣。雖曰雕蟲小技，道有可觀。其在斯乎，未可忽也。

《香港中興報》1936 年 3 月 17 日

【注釋】

[1] 賓虹，即黃賓虹。詳見《附錄 蔡守與時人交遊考》。

[2] 卞和，詳見《附錄 蔡守與古人交流考》。

[3] 李斯，詳見《附錄 蔡守與古人交流考》。

[4] 孫壽，無考。

[5] 楊利，詳見《附錄 蔡守與古人交流考》。

[6] 韋誕，詳見《附錄 蔡守與古人交流考》。

[7] 矩 jǔ 矱 yuē，一解規矩法度。《楚辭·離騷》，「曰勉升降以上下兮，求矩矱之所同。」王逸注，「矩，法也；矱，於縛切，度也。」

[8] 錢舜舉，即錢選，詳見《附錄 蔡守與古人交流考》。

[9] 趙子昂，即趙孟頫。詳見《附錄 蔡守與古人交流考》。

[10] 王冕，詳見《附錄 蔡守與古人交流考》。

[11] 耿精忠，詳見《附錄 蔡守與古人交流考》。

[12] 重膇 zhuì，膇，腳腫。《左傳·成公六年》，「民愁則墊隘，於是乎有沉溺重膇之疾。」杜預注，「重膇，足腫。」

[13] 何震，詳見《附錄 蔡守與古人交流考》。

[14] 胡曰從，即胡正言。詳見《附錄 蔡守與古人交流考》。

[15] 程邃，詳見《附錄 蔡守與古人交流考》。

[16] 黃呂，詳見《附錄 蔡守與古人交流考》。

[17] 黃宗繹，詳見《附錄 蔡守與古人交流考》。

[18] 汪肇龍，詳見《附錄 蔡守與古人交流考》。

[19] 巴慰祖，詳見《附錄 蔡守與古人交流考》。

[20] 胡長庚，即胡唐，詳見《附錄 蔡守與古人交流考》。

[21] 程芝華，詳見《附錄 蔡守與古人交流考》。

[22] 鄧石如，詳見《附錄 蔡守與古人交流考》。

[23] 黃士陵，詳見《附錄　蔡守與時人交遊考》。

[24] 文彭，詳見《附錄　蔡守與古人交流考》。

[25] 蘇宣，詳見《附錄　蔡守與古人交流考》。

[26] 歸昌世，詳見《附錄　蔡守與古人交流考》。

[27] 顧苓，詳見《附錄　蔡守與古人交流考》。

[28] 丁敬，詳見《附錄　蔡守與古人交流考》。

[29] 蔣仁，詳見《附錄　蔡守與古人交流考》。

[30] 奚岡，詳見《附錄　蔡守與古人交流考》。

[31] 黃易，詳見《附錄　蔡守與古人交流考》。

[32] 陳鴻壽，詳見《附錄　蔡守與古人交流考》。

[33] 胡震，詳見《附錄　蔡守與古人交流考》。

[34] 趙之琛，詳見《附錄　蔡守與古人交流考》。

[35] 趙之謙，詳見《附錄　蔡守與古人交流考》。

[36] 巴予藉，即巴慰祖。詳見《附錄　蔡守與古人交流考》。

[37] 練元素，無考。

[38] 薛穆生，無考。

[39] 藍采飲，藍漣，無考。

[40] 尹彭辭，無考。

[41] 王鎔叡，無考。

[42] 朱竹垞 chā，即朱彝尊，無考。

　　友人沙石荒 [1] 工印學，其分論如次，亦有所見。六朝官印因時改易漸作朱文。甘暘 [2] 以為白文印章之變始機於此。誠然，唐以後更作曲屈褶疊之狀，愈晚愈纖，亦愈自整，印亦愈大，所謂九疊文也，又名「上方大篆」。九疊文不皆九疊，如「勾當公事印」僅七疊，「承受差委吏印」僅六疊，「都統之印」「萬戶之印」乃有十疊。又如「單州團練使印」「新浦縣印」每字疊數皆不等。名曰「九疊」者，以九為數之終，言其多也約之九以見其極多，此義詳見汪中釋三九。疊數多寡之故，大抵因文多寡而為增損。或因時代不同而所鑄各殊。或如三代尚數，各有定儀。明九疊印取乾元用九之義，八疊印取唐臺儀八印之義是也。九疊文板重乏味，印章至此江河日下，純乎匠氣。無復有藝術意致。幸民間私印不與之同化耳。

　　世言趙孟頫 [3] 始以秦篆入印，謂之圓朱文。前代印文，除周秦古璽外咸

用繆篆。方整妥帖，介乎篆隸之間，與尋常書寫之篆書體勢迥殊。後人改作圓篆，始合兩者而一之。圓筆細圍，別開生面。然此非自孟頫始也。吾丘衍 [4]《閒居錄》云「宋賈師憲 [5] 所藏書畫，皆有古玉一字印。其篆法用李陽冰 [6] 新意」。今所見蘇軾 [7]、蘇轍 [8] 兄弟表字印，及「岳飛 [9]」二字玉印，皆用小篆，皆為圓朱。惟趙氏專為此格，不作別體，故後人稱之耳。遊藝時期，以作家為序次，猶論書者之談鍾、索、二王也。當宋元之世應用繁頤，時倡新格。而流變所趨已含有遊藝之意味。故宣和 [10]、明昌 [11] 二帝及米芾 [12]、王說 [13]、趙孟頫輩，自用印章多比盤珠。瀏覽所及，輒朱其端。風雅好事，由來久矣。

　　元明易代之頃，會稽王冕 [14] 始發明用花乳石作印，以代晶玉犀象，琢畫截切，稱其意氣，如以紙帛代竹簡，無人不稱便。由是治印之風大熾，前代莫是過也。長洲文彭 [15]，摹印家繼別之宗也。金石刻畫流佈海內，靡靡緩緩暢開風氣。其高第弟子何震 [16] 廣交蒯緱 [17]，遍歷邊塞，自大將軍而下，皆以得一印為榮。篆刻一道見重於當時，殆無逾斯，學震印者至眾，要以蘇宣 [18]、梁袠最著。蘇宣名不亞於震，人稱何蘇矣。

　　文、何篆刻，力變元人舊習，石質較易受刃，行使轉動，無不如意。但如新劍發硎，了無古意，世用病之。余以文、何比王、楊、盧、駱當時體，雖未高美，亦不無勝人處，其啟後之功，尤不可沒。後人爭摹競學，變本加厲，差以毫釐，繆之千里。遂使文、何面目，類於匠人。讀汪啟淑 [19]《飛鴻堂印譜》令人慾嘔，此豈文、何之罪耶。

《香港中興報》1936 年 3 月 18 日

【注釋】

[1] 沙石荒，即沙孟海。詳見《附錄　蔡守與時人交遊考》。

[2] 甘暘，詳見《附錄　蔡守與古人交流考》。

[3] 趙孟頫，詳見《附錄　蔡守與古人交流考》。

[4] 吾丘衍，詳見《附錄　蔡守與古人交流考》。

[5] 賈師憲，即賈似道。詳見《附錄　蔡守與古人交流考》。

[6] 李陽冰，詳見《附錄　蔡守與古人交流考》。

[7] 蘇軾，詳見《附錄　蔡守與古人交流考》。

[8] 蘇轍，詳見《附錄　蔡守與古人交流考》。

[9] 岳飛，詳見《附錄　蔡守與古人交流考》。

[10] 宣和，宋徽宗趙佶年號。

[11] 明昌，金章宗完顏璟年號。

[12] 米芾，詳見《附錄　蔡守與古人交流考》。

[13] 王說，詳見《附錄　蔡守與古人交流考》。

[14] 王冕，詳見《附錄　蔡守與古人交流考》。

[15] 文彭，詳見《附錄　蔡守與古人交流考》。

[16] 何震，詳見《附錄　蔡守與古人交流考》。

[17] 蒯 kuǎi 緱 gōu，用草繩纏結劍柄。《史記·孟嘗君列傳》，「馮先生甚貧，猶有一劍耳，又蒯緱。」裴駰集解，「言其劍把無物可裝，以小繩纏之也。」蔡守多用作「盜賊」解，不知何據。

[18] 蘇宣，詳見《附錄　蔡守與古人交流考》。

[19] 汪啟淑，詳見《附錄　蔡守與古人交流考》。

　　何震 [1] 籍新安，此為印學入皖之漸，程邃 [2] 繼起，獨張一軍。蓋自文、何風習充塞兩間，末流所歸同於賤匠，有識之士恥用其法。若梁年 [3]、江皜臣 [4]、朱簡 [5]、黃樞 [6]、劉展丁 [7] 之倫，皆嘗有意矯文、何之失，程邃其最有力者也。諸家譜錄傳輯程氏手刻，依然躡武文、何，不能自外定贗鼎耳。

　　程邃而後，鄉人繼起者有三家，曰巴慰祖 [8]、胡唐 [9]、汪肇龍 [10]，所謂歙四子也。與巴、胡同時者又有董洵 [11]、王振聲 [12]，此皆專學贏劉 [13] 自成一隊。前時鍥家惟用平刀、側刀、旋刀、切刀。皖派諸子始用澀刀。以之擬漢無不逼肖，然非爛熟印文胸有古趣者，亦不辦也。汪中之 [14]《巴慰祖別傳》言慰祖之治印云「埏埴以為器，方圓具矣，而天機不存焉。巧工引手冥合自然，覽之者終日不能窮其趣，然而不可施之以繩墨」。皖派諸子之功苦數語盡之矣。

　　開千五百年印學之奇秘，而氣象萬千，卓然大家者，其錢塘丁敬 [15] 乎。躡丁氏而起者，有黃易 [16]、奚岡 [17]、蔣仁 [18]，謂之西泠四家。或又益之以陳豫鍾 [19]、陳鴻壽 [20]、錢松 [21]、趙之琛 [22]，稱西泠八家。入清以來，文、何舊體，皮骨都盡。皖派諸子，力復古法。而古法僅復，丁敬兼擷眾長，不主一體，故所就彌大。其論印絕句云「古人篆刻思離群，舒卷渾同嶺上雲。看到六朝唐宋妙，何曾墨守漢家文」，可以覘其旨矣。

　　黃、奚以下皆師事丁敬，或為私淑弟子。黃、奚、蔣、陳豫鍾、錢松氣味

厚，均不愧作家。陳鴻壽氣味稍薄矣，丁敬不肯墨守漢家文。而後之學丁敬者乃墨守丁敬遺法，鋸牙燕尾千篇一律，是以下耳。趙之琛年輩最晚，印格亦最低，丁、黃遺意至此蕩然無餘，巧為鉤畫，無復有鉤畫以外之物，其去徐三庚 [23]、惟□ [24] 間耳。富陽胡震 [25] 善學丁敬，與錢松不相上下，竊謂八家中以胡易趙乃稱耳。

浙派用刀，澀中帶有堅挺之意，與巴、胡輩俱宗漢人，各得一體。若以古文家陰陽剛柔之說來評兩派印，則皖陰柔，而浙陽剛也。

懷寧鄧琰 [26] 書法剛渾，時無其儔。篆刻以圓勁勝，如其書戛戛獨造，無幾微踐人履跡，光氣剡剡不可逼視，蓋亦得陽剛之美者也。高第弟子推涇縣包世臣 [27]、儀徵吳熙載 [28]。世臣 [27] 不多作印，熙載 [28] 印本其師法，稍出新意，其峻拔奡蕩 [29]，不逮鄧氏，至於穩練自然，不著氣力，神遊太虛，若無所事，鄧氏或轉遜之。要之二子皆印林之豪傑也。

《香港中興報》1936 年 3 月 19 日

【注釋】

　[1] 何震，詳見《附錄　蔡守與古人交流考》。

　[2] 程邃，詳見《附錄　蔡守與古人交流考》。

　[3] 梁年，詳見《附錄　蔡守與古人交流考》。

　[4] 江皜臣，詳見《附錄　蔡守與古人交流考》。

　[5] 朱簡，詳見《附錄　蔡守與古人交流考》。

　[6] 黃樞，無考。

　[7] 劉履丁，無考。

　[8] 巴慰祖，詳見《附錄　蔡守與古人交流考》。

　[9] 胡唐，詳見《附錄　蔡守與古人交流考》。

　[10] 汪肇龍，詳見《附錄　蔡守與古人交流考》。

　[11] 董洵，詳見《附錄　蔡守與古人交流考》。

　[12] 王振聲，詳見《附錄　蔡守與古人交流考》。

　[13] 嬴劉，秦為嬴姓，漢為劉姓，故以嬴劉為秦漢的並稱。唐韓愈《唐故相權公墓碑》，「滅楚徙秦，嬴劉之間。」

　[14] 汪中之，即汪肇龍，詳見《附錄　蔡守與古人交流考》。

　[15] 丁敬，詳見《附錄　蔡守與古人交流考》。

　[16] 黃易，詳見《附錄　蔡守與古人交流考》。

[17] 奚岡，詳見《附錄　蔡守與古人交流考》。

[18] 蔣仁，詳見《附錄　蔡守與古人交流考》。

[19] 陳豫鍾，詳見《附錄　蔡守與古人交流考》。

[20] 陳鴻壽，詳見《附錄　蔡守與古人交流考》。

[21] 錢松，詳見《附錄　蔡守與古人交流考》。

[22] 趙之琛，詳見《附錄　蔡守與古人交流考》。

[23] 徐三庚，詳見《附錄　蔡守與古人交流考》。

[24] □，原文字空缺。

[25] 胡震，詳見《附錄　蔡守與古人交流考》。

[26] 鄧琰，詳見《附錄　蔡守與古人交流考》。

[27] 包世臣，詳見《附錄　蔡守與古人交流考》。

[28] 吳熙載，詳見《附錄　蔡守與古人交流考》。

[29] 奡 ào 蕩，奡，傲慢。《說文·夰部》，「奡，嫚也……《虞書》曰，『若丹朱奡。』讀若傲。」今本《書·益稷》作「傲」。蕩，一解作「放縱」，《漢書·丙吉傳》，「侯伺組、徵卿，不得令夜去皇孫敖蕩，數奏甘毳食物。」顏師古注，「敖，遊戲也。蕩，放也。」

老友王昔則光烈 [1] 文論印云：「自古印肇興，文人學士以治印為遊藝。為之者實夥，作者各有其獨到之處，於是派別出焉，要其大別可得四派，即宋元派、皖派、浙派、鄧派是也。宋元派以文三橋彭 [2]、何雪漁震 [3] 為代表，蘇嘯民宣 [4]、梁千秋裘 [5]，在此派中亦甚著名。此派雖力矯趙子昂孟頫 [6] 圓朱文之習，然亦略變漢人面目。末流之弊板滯近俗，千章一律，跡近匠人。吾人試一觀汪訒庵啟俶 [7] 之《飛鴻堂印譜》，真覺索然無味矣。繼之而起者，則有皖派以程穆倩邃，又號垢道人 [8] 為其大宗。程以大篆入印，雖有新意，顧未克盡脫文、何之面目耳。其後巴晉堂慰祖 [9]、胡子西唐與 [10]、山陰董小池洵 [11]、新安王子大振聲 [12] 別張一軍，專擬秦漢古璽，頗有逼似古人者。因巴、胡皆歙縣人，亦謂之歙派，而知者尚鮮。其在印派極盛一時者，厥為浙派。是派開山之祖為丁鈍丁敬，字敬身，又號龍泓 [13]。蓋敬身以雄健高古一變文、何之秀雅，卓然自成一家，學者宗之。踵敬身而起者為蔣山堂仁 [14]、奚鐵生岡 [15]、黃小松易 [16]，稱為西泠四大家。後人益之以陳秋堂鍾豫 [17]、陳曼生鴻壽 [18]、趙次閒之琛 [19]、錢叔蓋松 [20]，並稱為西泠八家。吾人綜觀八家之作品，大致以方易圓，自然別具面目；取秦漢之一體盡力創造。丁敬身 [13] 蓽路藍縷，厥功

雖偉，然猶時有宋元遺跡，未克盡除者；山堂 [14]、鈍生 [15] 亦未能造成浙派之獨有面目；小松功力頗厚，足為三家後勁；秋堂 [17] 以工致勝，叔蓋 [20] 以蒼渾勝，不愧西泠四家之繼起者。然求能造成浙派之惟一面目，而弗可與宋元派混者，其為陳曼生 [18]、趙次閒 [19] 二人乎？蓋浙派至此始造成其獨具面目，完全與他派不同，絕不與宋元等派相混，雖與皖、歙兩派同宗漢人而自成印風，其用刀之法澀中帶銳，深能發揮浙派之特長。厥後浙派之四家，如屠琴塢倬 [21]、趙懿子懿 [22]、徐問渠楙 [23]、江西谷尊 [24] 皆能為浙派之正傳者也。至與浙派堪稱聯鑣並轡者，則為鄧頑伯 [25] 原名琰，字石如，後以字行。更字頑伯，又號完白山人創以書法入印，以圓勁與浙派之方正相競逐，獨創鄧派，至今與浙派並峙焉。其高弟為包安吳世臣 [26]、吳讓之熙載 [27]。而尤以讓之 [27] 為為能發揮鄧派之特長。以浙派各家相比，鄧則為丁敬身 [13]，吳則為陳曼生 [18] 也。」

《香港中興報》1936 年 3 月 20 日

【注釋】

[1] 王昔則，即王光烈，詳見《附錄　蔡守與時人交遊考》。

[2] 文三橋，即文彭，詳見《附錄　蔡守與時人交遊考》。

[3] 何雪漁，即何震，見前。

[4] 蘇嘯民，即蘇宣，詳見《附錄　蔡守與古人交流考》。

[5] 梁千秋，即梁袠。詳見《附錄　蔡守與古人交流考》。

[6] 趙子昂，即趙孟頫。詳見《附錄　蔡守與古人交流考》。

[7] 汪訒庵，即汪啟淑。詳見《附錄　蔡守與古人交流考》。

[8] 程穆倩，即程邃。詳見《附錄　蔡守與古人交流考》。

[9] 巴晉堂，即巴慰祖。詳見《附錄　蔡守與古人交流考》。

[10] 胡子西，即胡唐。詳見《附錄　蔡守與古人交流考》。

[11] 董小池，即董洵。詳見《附錄　蔡守與古人交流考》。

[12] 王子大，即王振聲。詳見《附錄　蔡守與古人交流考》。

[13] 丁鈍丁，即丁敬。詳見《附錄　蔡守與古人交流考》。

[14] 蔣山堂，即蔣仁。詳見《附錄　蔡守與古人交流考》。

[15] 奚鈍生，即奚岡。詳見《附錄　蔡守與古人交流考》。

[16] 黃小松，即黃易。詳見《附錄　蔡守與古人交流考》。

[17] 陳秋堂，陳鍾豫。詳見《附錄　蔡守與古人交流考》。

[18] 陳曼生，即陳鴻壽。詳見《附錄　蔡守與古人交流考》。

[19] 趙次閒，即趙之琛。詳見《附錄　蔡守與古人交流考》。

[20] 錢叔蓋，即錢松。詳見《附錄　蔡守與古人交流考》。

[21] 屠琴塢，即屠倬。詳見《附錄　蔡守與古人交流考》。

[22] 趙懿子，即趙懿。詳見《附錄　蔡守與時人交遊考》。

[23] 徐問渠，即徐楙。詳見《附錄　蔡守與古人交流考》。

[24] 江西谷，即江尊。詳見《附錄　蔡守與時人交遊考》。

[25] 鄧頑伯，即鄧琰。詳見《附錄　蔡守與古人交流考》。

[26] 包安吳，即包世臣。詳見《附錄　蔡守與古人交流考》。

[27] 吳讓之，即吳熙載。詳見《附錄　蔡守與古人交流考》。

「厥後徐三庚 [1] 原名辛穀，後以字行本出鄧派，但變本加厲，故為極疏極密以取姿致，宛似蜘蛛之爪，其脫胎處雖云得自周王孫鍾，然太過造作，實其弊也。今廣州市上印匠，所謂鄧派者，率皆拾徐三庚之唾餘，至為惡俗可厭。莫如學吳讓之 [2]，乃是鄧派之正宗也。

會稽趙撝叔 [3] 之謙，又號悲庵與吳讓之同時，而其天資則似較讓之為高，乃能融會各家而不為派別所囿。今觀其印本，由秦漢以迄宋、元、浙、鄧，無不得其神髓而變其面目，洵能遺貌取神；並將權量、詔版、刀布、鐙文、鏡文，悉納入印中，實為前次所未有也；且其擬漢人之兩面印，深得寬能走馬、密不通風之意，獨成一種面目，立志矯時，高自標置。對於吳讓之墨守師承，趙次閒 [4] 之流為習尚。讀其所為《吳讓之印譜序》中深致不滿。其在印壇，洵可稱為一時獨步。如黃穆甫士陵 [5] 治印多脫胎悲盦，亦得寧支離、勿安排之妙。」

寒案，昔則 [6] 推許撝叔太過，撝叔雖天資穎異，但讓之譏其每作印太不老實，實中其弊，撝叔之弊，實在太巧也。至如穆甫作印，亦非脫胎撝叔，其所謂寧支離、勿安排，乃取漢人姓名印之一體而參以己意。故余以為讓之之妙妙在拙，撝叔之弊弊在巧耳。

昔則又云，「與撝叔較後而有宜興吳聖俞諮 [7] 者，其所為印，不拘一格，與撝叔同，特神明於規矩之中，不拘拘於摹古而自有古意。所擬鐘鼎、泉布、鏡文各盡其妙，比之撝叔又別具一趣也。看其《適園印印》[8]，想其神與古會、得心應手之妙，信堪與撝叔抗手。特世知者少，不如撝叔之得享大名耳。」

寒案，昔則謂聖俞能與撝叔抗手，亦言之太甚。阿其所好耳。《適園印印》

非難得之譜，今觀其篆刻，有時過於求似，則轉覺版滯，而天資亦遠弗逮撝叔。
撝叔自謂天一人無一即自云無一分人力，只有一分天分耳，如聖俞者則天一亦無也，
且奏刀亦遲滯，亦弗若撝叔奏刀之挺拔矣。

《香港中興報》1936 年 3 月 25 日

【注釋】

[1] 徐三庚，詳見《附錄　蔡守與古人交流考》。

[2] 吳讓之，即吳熙載。詳見《附錄　蔡守與古人交流考》。

[3] 趙撝叔，即趙之謙。詳見《附錄　蔡守與古人交流考》。

[4] 趙次閑，即趙之琛。詳見《附錄　蔡守與古人交流考》。

[5] 黃穆甫，詳見《附錄　蔡守與時人交遊考》。

[6] 昔則，即王光烈。詳見《附錄　蔡守與時人交遊考》。

[7] 吳聖俞，即吳諮。詳見《附錄　蔡守與時人交遊考》。

[8] 《適園印印》4 卷，係清吳諮為陳式金所刻並輯。輯者自題扉頁並序。道光三十
　　年（1850）成書，每頁一至四印。開本高 22.3 釐米，寬 12 釐米。

　　昔則 [1] 又謂吳苦銕昌碩，又號缶廬 [2] 上承完白 [3]，近參撝叔 [4] 而自成
一派，實為脫近以來之一大宗。其生平得力處在於石鼓文，乃其所篆，卻自具
面目，妙在不沾沾於石鼓，而自得石鼓之神趣寒案，缶廬寫石鼓，全用側鋒。且欹斜
取勢，殊乏石鼓淵懿古致。昔則稱之未免過當。朱藥堂為弼 [5] 云，「寫石鼓須直落方折，始得
石鼓之用筆」。誠知言也。所作印，亦脫胎石鼓，規模秦漢古璽，旁通碑碣、吉金、
殘陶、古磚、瓦當、封泥各文字，弘其意趣而以刀鈍淺刻，獨得一種古拙樸茂
之致，直可前無古人，後無來者，以至流風所播，蒸為習俗。同時印人，莫不
摹擬缶廬以合時趨，在南則以徐星舟又署新周 [6]，北則以陳師曾 [7] 其佼佼者。
至如齊白石璜 [8] 則學之而過放，流於獷悍，且江湖氣太深，未足以步缶廬之
後塵也。

《香港中興報》1936 年 3 月 28 日

【注釋】

[1] 昔則，即王光烈。詳見《附錄　蔡守與時人交遊考》。

[2] 吳苦銕，即吳昌碩。詳見《附錄　蔡守與時人交遊考》。

[3] 完白，即鄧琰。詳見《附錄　蔡守與古人交流考》。

[4] 撝叔，即趙之謙。詳見《附錄　蔡守與古人交流考》。

[5] 朱藥堂，即朱為弼。詳見《附錄　蔡守與古人交流考》。

[6] 徐星舟，即徐新周。詳見《附錄　蔡守與時人交遊考》。

[7] 陳師曾，即陳衡恪。詳見《附錄　蔡守與時人交遊考》。

[8] 齊白石，詳見《附錄　蔡守與時人交遊考》。

　　《缶廬印存》[1] 昌碩 [2] 自序云，「余少好篆刻，師心自用，都不中程度。近十數年來於家退樓老人吳雲 [3]，字平齋許見所藏秦漢印即《兩罍軒秦漢印譜》[4] 渾古樸茂，心竊儀之，每一奏刀，若與神會，自謂進於道矣。然以贈人，或不免訾議 [5]，則藝之不易工也如此。昔有眣眇倡 [6] 者覺世上人皆多卻一目。寧但昌獨 [7] 之與羊棗 [8] 乎！欲盡棄所學而不忍。因擇舊作數冊，姑以自娛。淮南子 [9] 曰，『不愛江漢之珠，而愛己之鉤』。高誘 [10] 注云，『江漢雖有美珠，不為己有，姑不愛。鉤可以得魚，故愛之』，大雅弘達庶幾諒余。光緒十五年己丑二月。苦鐵自記。」蓋《缶廬印存》已於與余相識之二十年前所集，並鈐一二近作於冊尾耳。

　　楊見山峴 [11] 題《缶廬印存》云，「昌碩製印，亦古拙，亦奇肆，其奇肆，正其古拙之至也。方其睨 [12] 印躑躅 [13] 時，凡古來□ [14] 細金石之有文字者，彷彿到眼，然後奏刀秦然 [15]，神味直接秦漢印璽。而又似鏡、鑑、瓴、鏑 [16] 焉，宜獨樹一幟矣，展玩再三，老眼為之一明。並題一詩如左，『吳君刓 [17] 印如刓泥，鈍刀硬入隨意治。文字活活粲朱白，長短肥瘦妃古配字則差。當時手刀未渠下，几案有似風雷噫。李斯 [18] 程邈 [19] 走不迭，秦漢面目合一簁 [20]。刓成不肯輕贈人，贈者貴者於褊敷彲 [21]。一客婾睍 [22] 忽失笑，君之所貴無寧欺。闤人好色好美色，夫差失霸無先施 [23]。世間誰個齊王駃 [24]，後宮乃以無鹽纚 [25]。但將高興恣揮斥，一節不媚全節痕 [26]。明日照鏡行自羞，如瘢在額禍到頯 [27]。強媸代妍豈乏術，祁連山上饒燕支 [28]。君言茲道久不振，文、何 [29] 餘焰日月隨。欲挽於古失不足，千氣萬力呻吟呎 [30]。炫賣屢被貧鬼責，變計早蓄微客規。速就京兆乞眉樣，朝來學畫湔 [31] 雙胇 [32]。橫看不是側愈謬，媸已入骨無由醫。亂頭粩 [33] 服且任我，聊勝十指懸巨椎。蕪園花繁秋亦喧，雨中老柿風中葵。孰巧孰拙我不筮，得錢徑醉眠蒼苔。倉石以所作印見視。且述客謔，輒賦長句張之。」

　　希哲 [34] 又云，「治印亦如作畫，常隨風氣為轉移，有莫之然而然者。缶廬印派雖極盛一時，然末流所極，必致流入獷悍惡俗不堪，學者病之。以故缶

盧逝世,此派漸漸消謝,物極必反,亦理固然也。於是治印家欲棄此弊,乃以精工古雅,號召一時。而三代以來,迄於秦漢六朝,印學之真意大白於世。一時學者,多精心結構。一意摹擬古璽,秦漢印及封泥,以至宋、元、浙、皖各派,古雅而不入於粗豪,精工而不流於纖柔,去古人之意而不遠,實為印學之真能復古者。當世若王福盫禔 [35]、童心安大年 [36]、趙叔孺時棡 [37] 皆此派中之代表者,間或摹擬各派,亦精湛可玩,無江湖惡劣結習。此外若方介堪岩 [38] 之擬漢玉印,唐醉石源鄴 [39] 之擬浙派,福盫、叔孺之擬宋元朱文寒案,叔孺並以摹殳文 [40] 印稱,皆能從秀雅中求之,力矯近世獷悍積弊,實是印學之一大好現象,不過皆是從已過之印學中討生活。欲求如趙撝叔、吳缶盧之自創一派,自成一家,尚未能有其人耳。」

《香港中興報》1936 年 4 月 1 日

【注釋】

[1] 《缶盧印存》4 卷,吳昌碩刻並輯。有自序。係早期之作,光緒十五年(1889)成書。每頁一印,有拓款。開本高 29.5 釐米,寬 13.5 釐米。

[2] 昌碩,即吳昌碩。詳見《附錄 蔡守與時人交遊考》。

[3] 退樓老人,即吳雲。詳見《附錄 蔡守與古人交流考》。

[4] 《兩罍軒秦漢印譜》,吳雲編輯收藏的秦漢印印譜,現無存。

[5] 訾議,訾 zǐ。亦作「訿議」。非議。漢桓寬《鹽鐵論·詔聖》,「督師不知白黑而善聞言(音),儒者不知治世而善訾議。」

[6] 昵眇倡,和獨眼的娼妓相好。昵 nì,親熱;親近。眇 miǎo,一目失明。倡,古代表演歌舞雜戲的藝人。《晏子春秋·問下四》,「今君左為倡,右為優,讒人在前,諛人在後。」又作娼妓解,《新唐書·張延賞傳》,「(李晟)及還,以成都倡自隨,延賞遣吏奪取,故晟銜之。」

[7] 昌歜,為「昌歜 chù」之誤,菖蒲根的醃製品,又稱昌菹。昌,通「菖」,古以饗他國之來使,以示優禮。

[8] 羊棗,果名。君遷子之國,長橢圓形,初生色黃,熟則黑,似羊矢,俗稱「羊矢棗」。「昌歜羊棗」,據傳周文王嗜昌歜,春秋魯曾點嗜羊棗。後以指人所偏好之物。

[9] 《淮南子》,漢劉安及門客集體編寫的一部哲學著作,屬於雜家作品。

[10] 高誘,詳見《附錄 蔡守與古人交流考》。

[11] 楊見山，即楊峴。詳見《附錄　蔡守與古人交流考》。

[12] 睨 nì，視。《左傳‧哀公十三年》，「旨酒一盛兮，余與褐之父睨之。」杜預注，「睨，視也。」

[13] 躑 zhì 躕 chú，當為「躑躅 zhú」，徘徊不進貌。《樂府詩集‧雜曲歌辭十三‧焦仲卿妻》，「躑躅青驄馬，流蘇金鏤鞍。」躕，徘徊不進貌。《楚辭‧王逸〈九思‧逢尤〉》，「世既卓兮遠眇眇，握佩玖兮中路躕。」注，「懷寶不舒，悵仿偟也。」

[14] □，原文字模糊不清。

[15] 眒 xū 然，恍然大悟的樣子。龔自珍《夜坐》詩，「萬一禪關眒然破，美人如玉劍如虹。」

[16] 鏡、鑒、瓿、鏑，鏡，銅鏡；鑒，銅鑒，像盆子的青銅容器；瓿、鏑，當為「瓿、瓵」，磚。《爾雅‧釋宮》，「瓿瓵謂之甓。」以上各種東西，古人常常會鑄上或刻上文字，稱作金文或磚文，文字古樸典雅。

[17] 刓 wān，雕鏤，鑿刻。唐李賀《楊生青花紫石硯歌》，「傭刓抱水含滿唇，暗灑萇弘冷血痕。」王琦匯解，「刓，刻也。」

[18] 李斯，詳見《附錄　蔡守與古人交流考》。

[19] 程邈，詳見《附錄　蔡守與時人交遊考》。

[20] 筬 shāi，篩子，一種竹絲或金屬絲等編製成的器具。《急就篇》卷三，「筬箄箕帚筐篋簍。」唐李洞《喜鸞公自蜀歸》詩，「掃石月盈箒，濾泉花滿筬。」

[21] 贈者貴者於犏 bān 敷螭 chī，「贈者貴者於」第二個「者」字衍。「犏敷」，「犏」不作單字用，「敷」字誤，當做「犏斑」「犏斕」，文采鮮明貌。清姚鼐《偕陳渭仁吳子見朱引恬南濱遊攝山》詩之一，「九月寒初未擬還，江南草樹正犏斑。」螭，即螭，傳說中的一種蛟龍，無角。

[22] 媮 tōu 覘 chān，「媮」，一解作「鄙薄，輕視」。《左傳‧襄公三十年》，「晉未可媮也……其朝多君子，其庸可媮乎！」杜預注，「媮，薄也。」覘，觀看；觀察。南朝梁江淹《丹砂可學賦》，「覘炫耀而可見，聽沇寥而有餘。」

[23] 先施，即西施。詳見《附錄　蔡守與古人交流考》。

[24] 騃 ái，愚；呆。《漢書‧息夫躬傳》，「左將軍公孫祿，司隸鮑宣皆有直項之名，內實騃不曉政事。」顏師古注，「騃，愚也。」

[25] 無鹽纆，即鍾離春。詳見《附錄　蔡守與古人交流考》。

[26] 痕 zhī，同「胝」，繭巴。《廣韻‧脂韻》「胝，皮厚也。痕，同上。」《集韻‧脂韻》，「胝，《說文》『腄也。』一曰繭也。或作痕。」

[27] 頄 kuí，顴骨。《玉篇·頁部》，「頄，面頰也。」明方以智《東西均·道藝》，「一語及學，則頄為之赤。」

[28] 燕支，山名。唐李白《王昭君》詩之一，「燕支長寒雪作花，蛾眉憔悴沒胡沙。」王琦注引《元和郡縣志》，「燕支山，一名刪丹山，在丹州刪丹縣南五十里。東西百餘里，南北二十里，水草茂美，與祁連同。」

[29] 文、何，文彭與何震。

[30] 吚 xí，歎息。唐蘇源明《元包經傳·少陽》，「扤且勞，耗而勞，上之，下之吚。」李江注，「吚，歎也。吚，許梨切。」

[31] 湔 jiān，洗滌。北周庾信《溫湯碑》，「灑胃湔腸，興羸起瘠。」

[32] 眵 chī，指眼睛。元劉塤《隱居通議·詩歌四》，「秋堂風露聲吾伊，青鐙一點昏兩眵。」

[33] 觕 cū，粗淺。《公羊傳·莊公十年》，「觕者曰侵，精者曰伐。」何休注，「觕，粗也。將兵至竟，以過侵責之，服則引兵而去，用意尚粗。」

[34] 希哲，即王光烈，見前。

[35] 王福盦，即王褆。詳見《附錄 蔡守與時人交遊考》。

[36] 童心安，即童大年。詳見《附錄 蔡守與時人交遊考》。

[37] 趙叔儒，趙時棡。詳見《附錄 蔡守與時人交遊考》。

[38] 方介堪，詳見《附錄 蔡守與時人交遊考》。

[39] 唐醉石，詳見《附錄 蔡守與時人交遊考》。

[40] 殳 shū 文，秦書八體之一。古代刻於兵器或觚形物體上的文字。漢許慎《〈說文解字〉敘》，「秦書有八體……七曰殳書。」

　　石荒 [1] 又云，「會稽趙之謙 [2] 與吳熙載 [3] 同時，其印初出於鄧 [4]，後乃擴大範圍，舉權量、詔版、泉布、鐙鑒之文，無不取法融會而貫通之。標高揭己，未嘗不立志矯時。奈筆力稍弱，弗能突過鄧頑伯、吳讓之。江南江北，鼎足而已。若其淵思朗抱，發於詞翰，涉筆奏刀，皆成雅趣。在藝苑印林中，可以岸岸 [5] 獨步矣。

　　趙之謙論印並稱丁敬身 [6]、鄧頑伯、巴慰祖 [7]、黃小松 [8]，足以見其著眼之大，浙派盛行後，殆無人知有皖派。或且以鄧琰為皖派矣，之謙獨賞會之，拾墜鉤沉，使不泯沒，以矯正浙派末流之失。其書《吳讓之印稿》云，『浙宗自家次閒之琛 [9] 後，流為習尚，雖極醜惡，猶得眾好。』知其憤浙派之深也。錢叔蓋松 [10] 遣其子式 [11] 從之謙學印，其不薄之謙可知，松己印參用皖

派法者，殆從之謙言耶。

吳俊卿 [12] 成名後四十年間，瀛海內外，靡然向風，三尺童子，皆知安吉吳氏，略解奏刀，即相傚仿，覽其形而不能通其意，覩 [13] 其異而不能要乎同，汶汶泯泯 [14]，幾人能得其真傳乎？俊卿弟子遍海內外。惟陳衡恪師曾 [15]、王賢個簃 [16]、錢厓瘦鐵 [17] 數人而已寒案，學俊卿者，當以徐新周 [18] 為入室弟子，其外尚有鄧糞翁 [19]，亦得其神趣，見後錄。鄞縣趙叔孺 [20] 主張平正，不苟同時俗好尚，取之謙靜潤隱俊之筆，以匡救時流之獷悍，意至隆也。趙氏摹擬周秦漢晉外，特善圓朱文，刻畫之精，可謂前無古人。寒案，石荒此論，推許叔孺太重，叔孺只能為漢之攵文 [21]（俗呼雲文），圓朱印之工雅實遠弗逮王福盦 [22] 之萬一，韻致瀟灑，自闢蹊徑，印豈一端而已耶。」

石荒又云，「文 [23]、何 [24] 已邈，丁敬身、巴慰祖雖已出，未著名，印學凋敝，薪火中熄。顧刻者菜紅，如蓬從風，竟巧鬥妍，毫無理意。其姓氏具見汪啟淑 [25]《續印人傳》[26]，其作風亦具見汪啟淑所輯之《飛鴻堂印譜》[27]。世人詬誶徐三庚 [28] 之印。謂其婀娜纖巧，無當大雅。實則三庚尤有真氣。若飛鴻堂一派，直匠人耳，名為師文、何，文、何之糟粕無存。金罍山人三庚外號白文學浙派，朱文學頑伯、撝叔，白文益纖弱，朱文不嫌纖弱，時有心得之處。吾人終日玩弄爛銅破鐵，偶見金罍一二印，如吳帶當風，姍姍盡致，亦覺新奇可喜。」

《香港中興報》1936 年 4 月 2 日

【注釋】

[1] 石荒，即沙孟海。詳見《附錄　蔡守與時人交遊考》。

[2] 趙之謙，詳見《附錄　蔡守與古人交流考》。

[3] 吳熙載，詳見《附錄　蔡守與古人交流考》。

[4] 鄧頑伯，即鄧石如，詳見《附錄　蔡守與古人交流考》。

[5] 岸岸，高傲。明劉基《郁離子·公孫無人》，「小人之未得志也，尾尾焉；一朝而得志也，岸岸焉。尾尾以求之，岸岸以居之。」

[6] 丁敬身，即丁敬。詳見《附錄　蔡守與古人交流考》。

[7] 巴慰祖，詳見《附錄　蔡守與古人交流考》。

[8] 黃小松，即黃易。詳見《附錄　蔡守與古人交流考》。

[9] 趙之琛，詳見《附錄　蔡守與古人交流考》。

[10] 錢叔蓋，即錢松。

[11] 錢式，詳見《附錄　蔡守與古人交流考》。

[12] 吳俊卿，即吳昌碩。詳見《附錄　蔡守與古人交流考》。

[13] 覩 dǔ，同「睹」。看見；察看。《易·乾》，「聖人作而萬物覩。」

[14] 汶汶泯泯，汶汶 mén，不明貌。漢劉向《新序·節士》，「汶汶嘿嘿，以是為非，以清為濁。」泯泯，植字誤，當為「泯泯」，紛亂貌；昏亂貌。《呂氏春秋·慎大》，「眾庶泯泯，皆有遠志，莫敢直言，其生若驚。」

[15] 陳衡恪，詳見《附錄　蔡守與時人交遊考》。

[16] 王賢，即王個簃。詳見《附錄　蔡守與時人交遊考》。

[17] 錢厓，詳見《附錄　蔡守與時人交遊考》。

[18] 徐新周，詳見《附錄　蔡守與時人交遊考》。

[19] 鄧糞翁，即鄧散木。詳見《附錄　蔡守與時人交遊考》。

[20] 趙叔孺，即趙時棡。詳見《附錄　蔡守與時人交遊考》。

[21] 癸文，見前。

[22] 王福盦，即王禔。詳見《附錄　蔡守與時人交遊考》。

[23] 文，文彭。詳見《附錄　蔡守與古人交流考》。

[24] 何，即何震，詳見《附錄　蔡守與古人交流考》。

[25] 汪啟淑，詳見《附錄　蔡守與古人交流考》。

[26] 《續印人傳》8 卷，清汪啟淑著。輯錄周亮工《印人傳》以外篆刻家 129 人，附有名無傳者 61 人。

[27] 《飛鴻堂印譜》，見前。

[28] 徐三庚，詳見《附錄　蔡守與古人交流考》。

　　寒案，右石荒 [1] 所稱金罍 [2] 如是，余不敢贊同。三庚初來吾粵時，所作白文浙派，尚不失漢印風趣，但當時同客五羊印人，並有符梓琴翁 [3]、黃穆甫士陵 [4]。三庚自知摹印奏刀皆弗能及符 [3]、黃 [4] 二人之氣力雄厚，特變頑伯 [5] 朱文而纖柔婀娜之態以媚俗人，自以為能獨樹一幟，故後來所做竟至醜劣不堪入目，但其種毒於五羊印人已不尠 [6]。迄今三十餘年，市上印匠，所謂鄧派之印，莫不是三庚之餘毒也。

　　吾粵之印匠多中徐三庚之毒，尚係一隅。至若中吳倉碩 [7] 之毒者則遍海內。中徐毒則纖柔，中吳毒則獷悍，皆印學之大弊也。然以上所述，皆指印匠而言耳。至於印人中如費龍丁硯 [8]、經頤公亨頤 [9]、楊千里天驥 [10]、沙孟海

石荒、陳達夫兼善 [11]、王個簃賢 [12] 諸子皆曾學昌碩，而各能自成面目。如鄧糞翁 [13] 則學吳氏而無其粗豪之氣習，亦與陳師曾衡恪 [14] 相若。顧未若徐新周 [15] 之學吳，無論工細粗豪，都能畢肖，故稱入室弟子。且吳六十後，凡有求印者，亦必言明，只可自己摹印而囑徐新周奏刀，徐定能會其意，吳氏只捉刀署印款，而每字已定筆金十兩。余倩新周治印約數百紐，多半乃昌碩篆而徐新周奏刀者。但徐新周早年能刻至工至小之印，且余與鄧爾雅 [16] 早年凡遇有難配字之印，多倩徐新周、楊千里二人篆刻，蓋徐、楊二人篆印，無論如何難配之字，亦必能安穩。千里尤善借邊，借邊以能自然為妙。爾雅每借邊則不安，但千里則必自然也。龍丁亦曉作浙派，但不見佳，治印則以晚周小璽為至妙，其巨印學昌碩者，則稍粗豪瓦 [17]，唯作篆書，則與昌碩酷肖，且秀硬在王個簃、陳師曾、王一亭 [18] 之上。經亨頤則行書與墨竹，皆學昌碩，印則隨意為之，絕不刻意求似昌碩，而刻成則往往得昌碩意趣，蓋頤公奏刀絕妙。達夫嘗云學印曾師葉葉舟 [19]，數年無成，且覺平常，後與經頤公同事，一見其奏刀，遂能略會。故達夫治巨印，每似頤公。沙石荒雖學昌碩治印，但能得頑伯神髓，故無昌碩獷悍之惡習，其草更得力於黃石齋 [20]，故古茂實在昌碩之上。

　　鄧糞翁自云，「治印初泥於趙撝叔 [21]、徐三庚轉側取媚。後覺得範圍太狹，遂學頑伯之放縱，卻又嫌太野。中間又兼習西泠各家，並攻秦漢，旁及昌碩，都感著未能深造。後得蕭蛻公 [22] 作介，徑師事海虞趙石農古泥 [23]，隨傳石農衣鉢。」蓋石農治印，能於皖浙各派外另闢一新畦徑。然石農得力處全在封泥，渾厚蒼勁，為缶廬所不可及。缶廬只攻石鼓，石農旁及秦漢碣，博覽旁證，無所不通。有其師自有其徒，老友易哭庵順鼎 [24] 之子君左 [25] 謂糞翁治印，上溯及范秦鑄漢，中集西泠完白，下兼苦鐵昌碩、石農之大成，既能為漢白文，秦朱文小璽，有鄧懷寧頑伯之放縱恣肆，又有趙悲盦之剛勁柔媚，而仍不自滿意，且對各家亦不滿意。他嫌西泠各家太無氣韻，嫌鄧石如太野，嫌吳苦鐵太偏側，嫌秦漢印章尚板滯，今正欲取各家之長而除去各家之短，所以他的治印前途，真是不可限量。

《香港中興報》1936 年 4 月 3 日

【注釋】

　　[1] 石荒，即沙孟海。詳見《附錄　蔡守與時人交遊考》。

[2] 金罍，即徐三庚。詳見《附錄 蔡守與古人交流考》。

[3] 符梓琴，即符翁。詳見《附錄 蔡守與時人交遊考》。

[4] 黃穆甫，即黃士陵。詳見《附錄 蔡守與時人交遊考》。

[5] 頑伯，即鄧石如。詳見《附錄 蔡守與古人交流考》。

[6] 尟 xiǎn，同「鮮」。

[7] 吳倉碩，即吳昌碩。詳見《附錄 蔡守與時人交遊考》。

[8] 費龍丁，即費硯。詳見《附錄 蔡守與時人交遊考》。

[9] 經頤公，即經亨頤。詳見《附錄 蔡守與時人交遊考》。

[10] 楊千里，即楊天驥。詳見《附錄 蔡守與時人交遊考》。

[11] 陳達夫，即陳兼善。詳見《附錄 蔡守與時人交遊考》。

[12] 王個簃，詳見《附錄 蔡守與時人交遊考》。

[13] 鄧糞翁，即鄧散木。詳見《附錄 蔡守與時人交遊考》。

[14] 陳師曾，即陳衡恪。詳見《附錄 蔡守與時人交遊考》。

[15] 徐新周，詳見《附錄 蔡守與時人交遊考》。

[16] 鄧爾雅，詳見《附錄 蔡守與時人交遊考》。

[17] 粗豪瓦，無解。

[18] 王一亭，即王震。詳見《附錄 蔡守與時人交遊考》。

[19] 葉葉舟，即葉為銘。詳見《附錄 蔡守與時人交遊考》。

[20] 黃石齋，即黃道周。詳見《附錄 蔡守與古人交流考》。

[21] 趙撝叔，即趙之謙。詳見《附錄 蔡守與古人交流考》。

[22] 蕭蛻，詳見《附錄 蔡守與時人交遊考》。

[23] 趙石農，即趙石。詳見《附錄 蔡守與時人交遊考》。

[24] 易哭庵，即易順鼎。詳見《附錄 蔡守與時人交遊考》。

[25] 易君左，詳見《附錄 蔡守與時人交遊考》。

今觀糞翁 [1] 之印胎息尚是苦鐵 [2]，但無其粗惡之氣。群友馮康侯 [3] 亦云學苦鐵者，如糞翁尚庶幾似沙孟海 [4]。但北平當世盛稱齊白石 [5]、楊仲子 [6]，是真無目者也。試看齊、楊二人之印，唯有得苦鐵獷悍惡習。苦鐵之學漢印，則齊、楊夢想不到也。北平印人當推壽石工 [7] 名璽，又號珏庵、宋君方 [7] 夫婦為最佳。壽宋 [7] 伉儷宛媲梁千秋、韓細閣 [8]。□穀庵 [9] 善治巨印，而君方善治小印，各極其妙也。

四部書中，莫若論印之書之無聊，彼此剽襲，本無價值，往往有同一段文

字，各書己見，且數典忘祖，不著稱引痕跡，其陋如此。而其論制度，談小學，管窺蠡測，舛謬更甚；如論奏刀，尤多荒謬之語。要之刻印之章法不異作畫。固不能不求其勻稱，然亦不可妄為增減筆劃；或將小篆大篆即鐘鼎文等相□ [10] 配，要須知寫條幅然，字畫多者不宜妄為減少，字畫少者亦不可妄為增多。順其自然，任其或疏或密，自成姿致。吾人試一觀古璽中之疏密錯落，可悟其理。若後世之填篆即九疊文，不論筆劃疏密，一律折疊不合六書，不謔字法，可鄙之至。在漢印中，唯穿帶印即兩面印能得此趣。趙撝叔 [11] 善用之，遂開千古之秘。至於一印之中，篆貴一致，漢篆小篆大篆，各從其體，不可混變。混則如百衲衣，不相稱矣。刀法之說，吾人瀏覽所得，見古人璽印只有鑄、刻、鑿三種。鑄不用刀，可以不論。若刻若鑿，則刀法尚矣。鑿用刀專取中鋒，刻則或單刀，或雙刀。中鋒則正入，偏鋒則或一側單入，或兩側雙入，不過如此而已，無他巧也。印人與印匠之別則全在落刀耳。印人如刻朱文，落刀從墨之兩邊貼實字畫一刀沖過，落完字然後將空處刜去；刻白文印，落刀則從墨之兩面一刀沖過，然後將字畫中間刜去。印匠則反是，如刻朱文印落刀於空白處漸漸刷入字畫之邊，所謂刷刀，必無氣勢可言，一望而知其為印匠之賤工。故初學奏刀時，雖不能準，亦必須依印人落刀法，否則終身不能改。

《香港中興報》1936 年 4 月 4 日

【注釋】

> [1] 糞翁，即鄧散木。詳見《附錄　蔡守與時人交遊考》。
>
> [2] 苦鐵，即吳昌碩。詳見《附錄　蔡守與時人交遊考》。
>
> [3] 馮康侯，詳見《附錄　蔡守與時人交遊考》。
>
> [4] 沙孟海，詳見《附錄　蔡守與時人交遊考》。
>
> [5] 齊白石，詳見《附錄　蔡守與時人交遊考》。
>
> [6] 楊仲子，詳見《附錄　蔡守與時人交遊考》。
>
> [7] 壽石工、宋君方夫婦，即壽璽夫婦。詳見《附錄　蔡守與時人交遊考》。
>
> [8] 梁千秋、韓鈿閣，即梁袠、韓鈿閣夫婦。詳見《附錄　蔡守與古人交流考》。
>
> [9] □穀庵，即趙懿子。詳見《附錄　蔡守與時人交遊考》。
>
> [10] □，原文模糊莫辨。
>
> [11] 趙撝叔，即趙之謙。詳見《附錄　蔡守與古人交流考》。

嘗有印匠胡某今廣州市上所稱許□□ [1] 齋，今姑隱其名，其父為余母舅沈古

宜 [2] 之老友，且為人極忠厚，亦知印匠為賤工。命其子來問印學，余先命改落刀之法，詎知其已先入為主，且少小從其師傅教以如此落刀，不能改易也。但廣州市印匠如項某，雖自命謂曉切刀，氣勢只會起鋸齒耳，何嘗真知浙派之切刀乎。印人今實只有沖刀、切刀、單刀三種。但小於豆之印，如李若柯 [3] 原名師實，後更名尹桑，宇璽齋，為吳縣人。流寓廣州，為黃穆甫之受業弟子云極小之印，安容沖刀、切刀？實只可點刀耳。前人論刀法至十三種之多，有所謂澀刀、遲刀、留刀、復刀、輕刀、埋刀、平刀、舞刀之種種，直是巧立名目，何嘗必須有此種刀法耶。

凡治印者，又名之為篆刻家，即因治印須與篆、刻兩者並重，能篆而不能刻，能刻而不能篆，均於篆刻名義不副。前之宋元派印家，多不精於篆書，故刻來有拼湊之弊，甚至板重無異於印匠。浙派刀法頗好，但其摹印喜妄為增多減少，往往多勃 [4] 於六書者，乃在平時不精習篆書所致。一般江湖者流，不諳此義，至以不篆能刻印匠賤工，亦往往以墨塗印面不摹印而刻之示其奇能，以致支離怪誕，貽笑方家。鄧頑伯 [5] 精於篆書，故其為印，有筆有墨；吳讓之 [6]、趙撝叔 [7] 亦然；吳缶廬 [8] 以石鼓文入印，其見長之處，亦在長於篆法，其刻印喜用鈍刀淺入，工夫較其作篆為淺，故古拙有餘，而精能不足也。即以吾人治印之經驗言之，亦以篆刻並重為是。欲治一石，先書寫以求其篆法章法然後奏刀，於奏刀時即其不合意者，隨刻隨改正之，然後其印始臻完善。倘不於刻時加以改正，僅就所篆得之筆墨，一絲不錯，則反板滯而無生氣。可知作篆、奏刀二事，工夫均須做到。彼不篆而妄行奏刀，固覺粗野。若只就篆得如何，而不能於奏刀加以改正，非江湖，即匠氣，均不得稱為篆刻家也。

《香港中興報》1936 年 4 月 5 日

【注釋】

[1] □□，原文空白。

[2] 沈古宜，蔡守母舅。詳見《附錄　蔡守與時人交遊考》。

[3] 李若柯，即李尹桑。詳見《附錄　蔡守與時人交遊考》。

[4] 勃，可通「悖」。乖戾，亂。《莊子·庚桑楚》，「徹志之勃，解心之謬，去德之累，達道之塞。」

[5] 鄧頑伯，即鄧琰。詳見《附錄　蔡守與時人交遊考》。

[6] 吳讓之，詳見《附錄　蔡守與古人交流考》。

[7] 趙撝叔，即趙之謙。詳見《附錄　蔡守與古人交流考》。

[8] 吳缶廬，即吳昌碩，詳見《附錄 蔡守與時人交遊考》。

文三橋 [1]、林鶴田 [2]、桂未谷 [3] 之邊款多用隸書，完白亦偶一為之。陳秋堂 [4]、吳讓之 [5] 亦間有隸書邊款。後楊龍石 [6] 並能聽刀之所之而成隸書，絕不著墨，亦有雅趣。趙撝叔 [7] 之隸書邊款如漢鑿銘、祀三公山，不好作波磔也。撝叔、缶廬 [8]、心安 [9]、達夫 [10]、孟海 [11] 亦皆能作篆書邊款，但亦各具面目也。前人云印有邊款不古，此語殊謬誤，所見六朝至宋元古銅印，固莫不有邊款，但皆鑿款，儼若漢器鑿銘。如陳壽卿 [12] 藏漢銅印中，如「萬石」二字長方印，印側有「延元三年」四字鑿款。又有嵌金吉祥語於印側者。又曩歲在袁寒雲 [13] 處見其藏漢馬相子母印，印側皆鑿有隸書「劉開」二字者，則漢印人亦有署邊款之例也。

印之邊款皆陰文者，撝叔有作陽文者，似始平公像，有格陽文，亦頗有古趣。老友如葉紉漁玉森 [14]、張諟齋景遜 [15]、壽石工璽 [16]、徐新周 [17]、李茗柯 [18]、易季復 [19]、馮康侯 [20]、沙孟海諸子，亦聞有作陽文篆隸邊款。

陳協之融 [21]、胡隨齋毅 [22]，邊款作行草，與筆書無異。鄧爾雅 [23] 之邊款則太弱，細畫淺刀，絕不易拓，拓出亦乏古意耳。如官允之禕 [24]、羅福頤 [25]、許守白 [26]、陳文靜 [27]、柳志君 [28]、葉葉舟 [29] 等，皆不刻邊款。楊千里 [30] 亦自謂邊款不佳，或僅「千里」二字隸小書字耳。

印石為治印之材料，只求其合於刻印之用，並不必其若何貴重也。吾人常用之品，如青田、壽山、昌化等，求其普通舊者，即可使用。原因新石之成分不密，質軟而不便奏刀故也。尤以昌化新出之雞血石，或多鐵砂竟不能入刀。但不知者，或以其為顏色好而受欺。且謂求人治印，非雞血、田黃之重石為不恭。亦如前人以為非絹、綾、蠟箋，求人書畫為不恭之意。詎知書畫家正不多寫絹、綾、蠟箋者，強作亦必不如意也。

《香港中興報》1936 年 4 月 6 日

【注釋】

[1] 文三橋，即文彭。詳見《附錄 蔡守與古人交流考》。

[2] 林鶴田，即林皋。詳見《附錄 蔡守與古人交流考》。

[3] 桂未谷，即桂馥。詳見《附錄 蔡守與古人交流考》。

[4] 陳秋堂，即陳豫鍾。詳見《附錄 蔡守與古人交流考》。

[5] 吳讓之，詳見《附錄 蔡守與古人交流考》。

［6］楊龍石，即楊澥。詳見《附錄　蔡守與古人交流考》。

［7］趙撝叔，即趙之謙。詳見《附錄　蔡守與古人交流考》。

［8］缶廬，即吳昌碩。詳見《附錄　蔡守與時人交遊考》。

［9］心安，即童大年。詳見《附錄　蔡守與時人交遊考》。

［10］達夫，即陳兼善。詳見《附錄　蔡守與時人交遊考》。

［11］孟海，即沙孟海。詳見《附錄　蔡守與時人交遊考》。

［12］陳壽卿，即陳介祺。詳見《附錄　蔡守與古人交流考》。

［13］袁寒雲，即袁克文。詳見《附錄　蔡守與時人交遊考》。

［14］葉葒漁，即葉玉森。詳見《附錄　蔡守與時人交遊考》。

［15］張諟齋，即張景遜。詳見《附錄　蔡守與時人交遊考》。

［16］壽石工，即壽璽。詳見《附錄　蔡守與時人交遊考》。

［17］徐新周，詳見《附錄　蔡守與時人交遊考》。

［18］李茗柯，即李尹桑。詳見《附錄　蔡守與時人交遊考》。

［19］易季復，即易憙。詳見《附錄　蔡守與時人交遊考》。

［20］馮康侯，詳見《附錄　蔡守與時人交遊考》。

［21］陳協之，即陳融。詳見《附錄　蔡守與時人交遊考》。

［22］胡隨齋，即胡毅生。詳見《附錄　蔡守與時人交遊考》。

［23］鄧爾雅，詳見《附錄　蔡守與時人交遊考》。

［24］官允之，即官禕。詳見《附錄　蔡守與時人交遊考》。

［25］羅福頤，詳見《附錄　蔡守與時人交遊考》。

［26］許守白，即許之衡。詳見《附錄　蔡守與時人交遊考》。

［27］陳文靜，無考。

［28］柳志君，無考。

［29］葉葉舟，即葉為銘。詳見《附錄　蔡守與時人交遊考》。

［30］楊千里，即楊天驥。詳見《附錄　蔡守與時人交遊考》。

　　刻印之邊款，無異畫家之署款，治印如何精法，非有邊款，不足以賡久遠。宋元派之邊款，是用刻碑法，先書丹，然後奏刀，大書深刻，既病石，復欠精雅，識者多所不取。何雪漁 ［1］ 雖有任刀作字者，然不常為。自丁敬身 ［2］ 始不書而刻，雖未能極工，但大輅椎輪，頗有足多者。在西泠八家中，所作邊款，小松 ［3］ 較敬身 ［2］ 稍工無幾。若山堂 ［4］ 之夭矯，如真卿 ［5］ 行書，叔蓋 ［6］ 之純樸，如鍾繇 ［7］ 小楷。其曼生 ［8］ 以雄健勝，次閒 ［9］ 以瘦雋稱，皆獨有

面目。而以陳秋堂 [10] 為最精美，今觀其邊款，一點一畫，無不安置妥貼，密行細字，直一縮形之小楷帖，其精細處，幾為筆寫所不到，信是鬼斧神工也。若徐三庚 [11]、王福庵 [12] 亦善為之，鄧頑伯 [13] 尚著墨不著墨各半，吳讓之 [14] 獨能任刀以作草書，特開一派，與其所書，同一意趣，縱橫宛轉，莫不如意，真絕技也，此種幾成絕唱。吳 [15] 後只朱半亭 [16]、周醉儂 [17] 尚能為之，他人則未敢嘗試也。趙撝叔 [18] 以北碑作邊款，亦自成一體。趙後則黃穆甫 [19]、李若柯 [20] 尚得其刀法。易大廠 [21] 原名廷熹，字季復亦頗似之。印友中之通款，徐新周 [22] 則絕似缶廬，陳達夫 [23] 則似經亨頤 [24]，費龍丁 [25]、沙孟海 [26] 則學缶廬各有獨到處。但楊千里 [27] 治印絕佳而邊款則轉遜其妻湯今頎 [28]。壽石工 [29] 之邊款亦不如其妻宋君方 [30] 之峻拔。室人月色 [31] 喜作瘦金書，但邊款則古拙似晉碑，或似冬心 [32] 小楷。可見用刀與用筆不同也。

《香港中興報》1936 年 4 月 7 日

【注釋】

[1] 何雪漁，即何震。詳見《附錄　蔡守與古人交流考》。

[2] 丁敬身，即丁敬。詳見《附錄　蔡守與古人交流考》。

[3] 小松，即黃易。詳見《附錄　蔡守與古人交流考》。

[4] 山堂，即蔣仁。詳見《附錄　蔡守與古人交流考》。

[5] 真卿，即顏真卿。詳見《附錄　蔡守與古人交流考》。

[6] 叔蓋，即錢松。詳見《附錄　蔡守與古人交流考》。

[7] 鍾繇，詳見《附錄　蔡守與古人交流考》。

[8] 曼生，即陳鴻壽。詳見《附錄　蔡守與古人交流考》。

[9] 次閒，即趙之琛。詳見《附錄　蔡守與時人交遊考》。

[10] 陳秋堂，即陳豫鍾。詳見《附錄　蔡守與時人交遊考》。

[11] 徐三庚，詳見《附錄　蔡守與時人交遊考》。

[12] 王福庵，即王褆。詳見《附錄　蔡守與時人交遊考》。

[13] 鄧頑伯，即鄧琰。詳見《附錄　蔡守與時人交遊考》。

[14] 吳讓之，詳見《附錄　蔡守與古人交流考》。

[15] 吳，即吳昌碩。詳見《附錄　蔡守與時人交遊考》。

[16] 朱半亭，即朱士林。詳見《附錄　蔡守與古人交流考》。

［17］周醉儂，無考。

［18］趙撝叔，即趙之謙。詳見《附錄　蔡守與古人交流考》。

［19］黃穆甫，即黃士陵。詳見《附錄　蔡守與時人交遊考》。

［20］李若柯，即李尹桑。詳見《附錄　蔡守與時人交遊考》。

［21］易大廠，即易熹。詳見《附錄　蔡守與時人交遊考》。

［22］徐新周，詳見《附錄　蔡守與時人交遊考》。

［23］陳達夫，即陳兼善。詳見《附錄　蔡守與時人交遊考》。

［24］經亨頤，詳見《附錄　蔡守與時人交遊考》。

［25］費龍丁，詳見《附錄　蔡守與時人交遊考》。

［26］沙孟海，詳見《附錄　蔡守與時人交遊考》。

［27］楊千里，即楊天驥。詳見《附錄　蔡守與時人交遊考》。

［28］湯今頑，楊天驥妻。詳見《附錄　蔡守與時人交遊考》。

［29］壽石工，即壽鉨。詳見《附錄　蔡守與時人交遊考》。

［30］宋君方，詳見《附錄　蔡守與時人交遊考》。

［31］月色，即談月色。詳見《附錄　蔡守與時人交遊考》。

［32］冬心，即金農。詳見《附錄　蔡守與古人交流考》。

　　篆刻亦然，如室人月色 [1] 即不喜刻雞血、田黃也，謂雞血、田黃難得凍石。雞血新者多砂，田黃則人多誤以山黃充之。山黃質脆，亦不易奏刀。奏刀如意，誠以凍石為第一，白芙蓉次之。但今舊之凍石、芙蓉皆貴於翠玉，且不易得。奚似尋常青田、壽山、昌化之稍舊者為愈。至若今之一般之玩印者，在青田必求凍石，在壽山必求田黃、田白，在昌化必雞血。甚至田黃之石過兩重以外者，其最佳者貴至數千百金，意以印石與珠寶鑽石等，實為篆刻家不取。而且刻貴重之印材，尤不如常石之便。何則，常石人不重視，吾人所作之篆，反可藉是而得常存，所謂物以不材而能終其天年也。若田黃、雞血，人得之者，每以鐫自己名字為榮，以致愈磨愈短，不但印石因此致遭大劫，而吾人所篆刻之字，反因此易於被人磨去，寧不可歎。昔年余嘗見陳真如銘樞 [2] 竟欲以陳曼生 [3] 所篆刻之田黃印石，請馮康侯 [4] 磨去改刻其名字，後因余與林直勉 [5] 力言之，才克保存。余自用印，每以常石為之，以刻時不甚愛，故得任便奏刀，往往能得佳印，若佳石則刻時反以矜持而不佳。余藏名人刻印，亦多是常石，想亦是上述之原因。昔文 [6]、何 [7] 刻印後，即將石以火煆之，亦即斯故。

　　印人之重視印泥，亦如書家之寶墨，畫家之寶顏色。因有佳印，若無佳印泥鈐之，則往往失印之神也。古人治印者，每兼能造印泥，故論印之書，往往附製印泥者。今之印人，多購用造成者，以致造印泥之法日以失卻。余雖嘗試為之，其成績總不如人。朋輩中如黃律師文寬 [8] 亦研求多年，且用科學研朱煉油，顧終未能成就。以吾所知，印泥之精，三十年前，以福建之漳州魏氏麗華齋 [9] 為佳，且價亦不太昂，最貴者每兩十六元。但聞魏氏老人逝世後，麗華齋之招牌已賣與他人，故近十數年來，麗華齋之印泥，大不如前也。其瑞文齋所製者，似較價廉而可用。西泠印社所製尚未能及也。上海夏自怡 [10] 所製印泥各種，由四元一兩而至百元一兩，色雖佳而不沁油，唯不黏印耳。此一外尚有泥皇 [11] 一種，既不黏印亦不沁油，用於摺扇上印後即自乾，然價太貴，非吾人所能盡用也。北平吳迪生 [12] 自作小冊詳述製法，以為得自清大內之秘傳，其實亦不見佳。吳南愚 [13] 之印泥用後易黑，張志魚 [14] 製者亦黏印。總之印泥以不沁油，不黏印，不失印神，著紙鮮明，久而不黑，鈐於墨搨本上，其朱能掩黑，色亦實而不浮，為印泥之二德。近日摯友黃仲琴 [15] 所貽之印泥，為漳州黃則唐 [16] 所製者，有此三德，而價尤廉。其最貴者，每兩僅四元耳。

《香港中興報》1936 年 4 月 9 日

【注釋】

[1] 月色，即談月色。詳見《附錄　蔡守與時人交遊考》。

[2] 陳真如，即陳銘樞。詳見《附錄　蔡守與時人交遊考》。

[3] 陳曼生，即陳鴻壽。詳見《附錄　蔡守與古人交流考》。

[4] 馮康侯，詳見《附錄　蔡守與時人交遊考》。

[5] 林直勉，詳見《附錄　蔡守與時人交遊考》。

[6] 文，即文彭。詳見《附錄　蔡守與古人交流考》。

[7] 何，即何震。詳見《附錄　蔡守與古人交流考》。

[8] 黃文寬，詳見《附錄　蔡守與時人交遊考》。

[9] 麗華齋，創設於康熙十二年（1673），專營八寶印泥。八寶印泥是該店老闆漳州魏長安創製。使用名貴材料製作，具有香氣撲鼻、色久不退、冬不凝固、夏不透油，不怕火燒水浸特點，極受達官顯貴和文人墨客青睞。

[10] 夏自怡，即夏宜滋，詳見《附錄　蔡守與時人交遊考》。

[11] 泥皇，近人夏宜滋創製的一種印泥品牌。在古傳之八寶印泥基礎上再加上藕絲，
　　　使印泥年久而色益鮮。

[12] 吳迪生，即吳炎。詳見《附錄　蔡守與時人交遊考》。

[13] 吳南愚，即吳嶽。詳見《附錄　蔡守與時人交遊考》。

[14] 張志魚，詳見《附錄　蔡守與時人交遊考》。

[15] 黃仲琴，即黃嵩年。詳見《附錄　蔡守與時人交遊考》。

[16] 黃則唐，詳見《附錄　蔡守與時人交遊考》。

　　周密 [1]《癸辛雜記》[2] 云，「古人押字，謂之花押印。是用名字稍花之。
如韋陟 [3] 五朵云是也。又載宋十五帝御押。茲移摹之。」見《癸辛雜記》惜原
印不得而見耳。「押蓋古人畫諾之遺，六朝人有鳳尾書 [4]，亦曰花書。後人以
之入印，至宋時花押印已風行。

　　河北博物院出版之《鉅鹿宋器叢錄‧第一編‧瓷器題字》，為大興李詳耆
[5]，南皮張厚璜 [6] 同輯。其器題識後多有畫押，或無題記而只押畫者。李詳
耆云「署押」。此習尤為當時所通行。故鉅鹿出土之各器中，凡題識者，率多
署押。形雖各殊，然皆由「亞」字變化而來，蓋仍沿三代鼎彝銘式之亞形。可
知畫押之押，即亞之假音字也。後人不審，都謂是元時押用蒙古字者，誤也。
石荒 [7] 亦云「元時花押印則參以蒙古文蓋彼時所謂圖書，或以蒙古文代押，或
上蒙古文而下押，皆有之」，此亦印章之別格也。

　　花押印類多長方，朱文。有僅一花押者，有上刻楷書之姓，下作花押者。
亦有只一楷書姓，而作方印，或圓，或八角，或六角，形式不一，玉押有大至
五寸者，或為宋元帝皇之押歟，至小之玉押，亦有小於豆者，唯白文者罕見。
老友黃賓虹 [8] 嘗以橢圓白文「張」字小押寄贈，因內子張姓也。金鷺 [9] 歲
客薊門於海王村即俗呼廠肆，得白文「沙」字押後以把似孟海，孟海喜甚，得謂
未曾有也。

　　花押印材亦至夥，銅玉之外，更有車渠、象齒、犀角、琉璃、陶瓦、雲母
[10]、紫檀、烏梅等。昔年發掘大刀山，嘗拾得一犀角之白文「張」字押，即
以持贈畫友張谷雛 [11]。

《香港中興報》1936 年 4 月 10 日

【注釋】

　　[1] 周密，詳見《附錄　蔡守與古人交流考》。

[2]《癸辛雜記》，應為《癸辛雜識》，周密著。前集一卷、後集一卷、續集二卷、別
集二卷，共四集六卷，凡四百八十一條，是宋代同類筆記中卷帙較多的一種。
多載當朝史事傳聞、杏林軼事、民俗風情，是研究宋代文化史的珍貴索引。

[3] 韋陟，詳見《附錄　蔡守與古人交流考》。

[4] 鳳尾書，南北朝時有鳳尾書，又名花書，即所謂花押。唐代花押，一般只草書
其名。「唐人初未有押字，但草書其名，以為私記，故號花書。」（《戒庵老人漫
筆》卷六）。

[5] 李詳耆，詳見《附錄　蔡守與時人交遊考》。

[6] 張厚璜，詳見《附錄　蔡守與時人交遊考》。

[7] 石荒，即沙孟海。詳見《附錄　蔡守與時人交遊考》。

[8] 黃賓虹，詳見《附錄　蔡守與時人交遊考》。

[9] 金罍，即徐三庚。詳見《附錄　蔡守與古人交流考》。

[10] 雲母，雲母是雲母族礦物的統稱，是鉀、鋁、鎂、鐵、鋰等金屬的鋁矽酸鹽，
都是層狀結構，單斜晶系。晶體呈假六方片狀或板狀，偶見柱狀。層狀解理非
常完全，有玻璃光澤，薄片具有彈性。「偶見柱狀」，作印材不知是否這種？近
已無人識。

[11] 張谷雛，詳見《附錄　蔡守與時人交遊考》。

賓虹 [1] 云「上古由圖畫象形進而成為文字，有古籀篆隸之遞變，觀於鐘
鼎款識，碑碣鐫刻，可知書畫原始合一，日久漸分，馬跡蛛絲，尚易尋獲。古
印文字，至為淆雜，今據圖畫象形之印，品類尤多。以體言之，一名肖形印；
以用言之，又曰蠟封印。其實古代常用於封泥，後因趨便易，用為封蠟，初不
限於圖畫與文字之別，而圖畫象形之印，當以肖形定名為確。肖形諸印，有龍、
鳳、虎、兕、犬、馬以及人物魚鳥，飛潛動靜，各各不同，莫不渾厚沉雄，精
神煥發，與周金鏤彩、漢石刻畫相類。雖其時代，未可斷言，而要有三代流傳
最古之物。陳簠齋 [2] 與王廉生懿榮 [3] 書云『圓肖形印，非夏即商』，是可取
以為信。昔人龍書、虎書之說必待傅會於古神聖以實之，抑已誣矣。至於殳書、
鳥篆 [4]，字體勻稱，筆法整齊，古印之中，尤所習見。意其文字，已屬西漢
而後。僅可謂為繆篆 [5] 之殊體，而非三代圖畫象形之文字可知也。自敘藏印
亦云『茲崇邃古，畫為字源。三代肖形，列諸冊首』寒案，余則簡稱之曰畫璽。」

王希哲 [6] 云，「肖形印又謂之蠟封，前人輯古印譜多以附諸文字印之後。
自賓虹集印，則競以之冠於各璽印。敘云『茲崇邃古，畫為字源。三代肖形，

列諸冊首」，意以文字原於象形，遂以此先之也。其原肖形印，雖有三代之物。而漢及六朝下至於宋元，亦多有之，不盡為三代物也寒案，希哲此言誠是，但畫璽形狀，亦可一望而知其為三代或秦漢六朝宋元也。用以封蠟，亦取其美觀而已，非以代文字也。且此種非僅中土有之，新疆流沙一帶，出此印甚多，雞形、犬形最多，且有作男女交媾狀者，更不知其作何用處。且印底凹處亦有花紋，用蠟印出，方肖真形。其印名為臘封之意歟。以印泥印之，只見平面之形，不能辨其所肖何物者。」

《香港中興報》1936 年 4 月 15 日

【注釋】

[1] 賓虹，即黃賓虹。詳見《附錄 蔡守與時人交遊考》。

[2] 陳簠齋，即陳介祺。詳見《附錄 蔡守與古人交流考》。

[3] 王廉生；即王懿榮。詳見《附錄 蔡守與時人交遊考》。

[4] 鳥篆，鳥蟲書，亦稱「蟲書」。篆書中的花體。春秋戰國時就有這種字體，大都鑄或刻在兵器和鐘鏄上。往往用動物的雛形組成筆劃，似書似畫，饒有情趣。許慎《說文解字・敘》記「秦書八體，四曰蟲書」。

[5] 繆 miù 篆，六體書之一，用以摹刻印章。也稱摹印篆。《漢書・藝文志》，「六體者，古文，奇字，篆書，隸書，繆篆，蟲書。」顏師古注，「繆篆，謂其文屈曲纏繞，所以摹印章也。」清桂馥將漢魏印文統稱為「繆篆」，並類編其文為《繆篆分韻》。

[6] 王希哲，即王光烈。詳見《附錄 蔡守與時人交遊考》。

老友黃賓虹 [1] 評定肖形璽有三代物，當時搜藏璽印者爭為狂臚 [2]，故比年行世之古印譜，亦多肖形璽印，唯巨者與玉者尤為罕得，雖近日新疆出土者不尟，但真仍貴。聞有玉質作一男二女之交媾形者，其紐亦如之，圓形直徑可一寸有二分，畫雖半凹，但鈐出亦可見一偉丈夫御二女，神態不爽，索直八千金，竟為有力者購得。

老友簡琴石經綸，近號琴齋 [3] 能製印，奏刀挺拔，近日尤喜摹肖形印，並搜集各家印譜之肖形印，約得千餘紐，欲影印行世。但有形印如半凹雕刻之畫像，用印泥鈐之只如邊畫見後詳，不見其凹處之雕刻花紋也。社友葉海谷大濤 [4] 素喜藏璽印，曾斥鉅資採購不鮮，致書北平買得肖形璽二百餘紐，合余所藏百餘紐，更欲藏印朋儕假之，都五百紐。每紐先以印泥鈐之，得其邊畫，再以攝

影術,將其凹處花紋攝出,及將其紐上花紋亦攝出,於時每璽分為泥鈐邊畫,凹處花紋,紐上花紋。有此三圖,則全璽如見,影印行世,攸助 [5] 印學不鮮,似較於簡氏只鈐邊畫遠甚。案,邊畫者乃今西洋畫家用墨塗成,如壁間之影,名為邊畫。但東坡嘗於月夜,見自己之影在壁上,戲取墨填之。詰朝有友過訪,望見壁上所墨填成之影,認為東坡之肖像。可知邊畫,古已有之,不獨此也。古之彝器所鑄,石之雕刻,亦何嘗無此邊畫乎。

印人不常刻肖形印,唯仿漢印之龍虎者時有之,然亦不易得漢人古懋之氣味。近見鄧爾雅 [6] 為陳伯任樾 [7] 摹漢白文龍虎印數方,殊乏古意。顧簡琴石摹肖形璽,古樸淵懿,直可亂真。余以己卯生,月色 [8] 以辛卯生,皆屬兔,琴石為刻兔形方圓兩璽極古拙,況肖形璽中兔形不多觀者。

《香港中興報》1936 年 5 月 5 日

【注釋】

[1] 黃賓虹,詳見《附錄 蔡守與時人交遊考》。

[2] 狂臚,「臚」,一解作陳述;傳告。《漢書・禮樂志》,「泛泛滇滇從高斿,殷勤此路臚所求。」顏師古注引應劭曰,「臚,陳也。言所以殷勤此路,乃欲陳所求也。」「狂臚」,瘋狂傳說。

[3] 簡琴石,即簡經綸。詳見《附錄 蔡守與時人交遊考》。

[4] 葉海谷,即葉大濤。詳見《附錄 蔡守與時人交遊考》。

[5] 攸 cī 助,幫助。唐杜牧《唐故歙州刺史邢君墓誌銘》,「日夕聞漁思攸助并州,鉅細合宜。」

[6] 鄧爾雅,詳見《附錄 蔡守與時人交遊考》。

[7] 陳伯任,即陳樾。詳見《附錄 蔡守與時人交遊考》。

[8] 月色,即談月色。詳見《附錄 蔡守與時人交遊考》。

福山王漢章 [1]《古董錄》[2] 云,「近見梁玉書 [3] 所得新疆出土之古印三紐,皆係花紋印,蓋漢代蠟封也。第一紐斜方形,係一白文虎形,花紋姿勢,佼矯可愛。第二紐圓形,輪廓作聯珠形,中作白文舞女,長袖翻反,下有小犬一,旁有一白痕,係已泐花紋,不可辨識矣案此,亦因見印泥鈐本,不見其原印凹處之花紋耳。第三紐橢圓形,中作白文兩人糾互臂股,蓋一段秘戲也,疏落可見,恐係厭勝用者。漢人崇巫蠱,新疆在敦煌、張掖之間,正西域三十六國戊巳分屯之地,意者兵家制勝之所託歟。先兄漢輔亦有小方漢印,作白文秘戲之形,

無此清晳，今亦不知何往矣。梁君三印俱佳，惜只見打本，又烏從得而摩挲審定乎。其紐作何狀，惜亦未詳。」

寒案，漢章所言，亦以未見其紐為憾，且未見凹處花紋，故第二紐謂已泐，實因印泥所鈐不見其凹處花紋耳，非泐也。余所見肖形之秘戲畫者，其紐亦必作男女媾精之狀，與印之花紋同也。因此肖形印譜，不可不依海穀 [4] 之意。一印須有三圖也。

上海廣倉學窘出版之《藝術叢編》[5]，曾影印陳簠齋 [6] 介祺，字壽卿，濰縣人所藏漢畫像磚數種，中有一磚題識「黃孃能御兩大陰子」小隸書八字，其畫作一偉丈人挺勢仰臥，雙足垂下，一婦人細腰豐臀，胸乳菽髮，雲鬢高聳，與仰臥之男子對面，蹲跨其腰間，以私就其身根，又一偉丈人挺勢立其後，執身根送入，與於潛易穭園 [7] 所藏肖形印之秘戲正同。可見古時竟有此奇媱 [8] 之婦人，但范之於磚，鑄之於璽，則莫知其用意耳。

廣州市立美術學校出版《美術》第三期，影印畫璽八事。古畫璽八，銅質，皆鼻紐，肖形虎、兕、犀、鹿之屬；有作騎馬者，長袖蹁躚，神態栩栩；又王姓者一事，合文字肖形而一之，氣息渾穆，圖寫簡妙，遠出漢晉龍虎辟邪諸印，亦藏璽印者未之見也。自來三代圖繢 [9] 歷歲綿回，罕逾星鳳，求諸器物，只清宮所藏晚周獵壺等一二事，捨此以外，絕無聞見。畫璽精微，運心方寸，羅鑄神物，舞人飾車，文禽異獸，罔不備有。其關係文藝，纂深且要，因與鐘鼎彝群相典重。抑昧昧吾徒夢想二十年前繢 [9] 事，於斯觀止，亦天幸也。

《香港中興報》1936 年 5 月 6 日

【注釋】

[1] 王漢章，即王崇煥。詳見《附錄　蔡守與時人交遊考》。

[2]《古董錄》，王漢章著，刊於民國二十三年（1934）《河北第一博物院畫報》第五十七期。

[3] 梁玉書，詳見《附錄　蔡守與時人交遊考》。

[4] 海谷，即葉大濤。詳見《附錄　蔡守與時人交遊考》。

[5]《藝術叢編》，又名《廣倉學窘叢書乙類》。上海倉聖明智大學刊行，1916 年創刊，雙月刊，共出二十四期（冊），鄒安主編。該刊「以發明國粹，動人觀念。使人知保存古物，多識古字，多明古禮制、古工藝為宗旨」，主要刊載金石、書

法、繪畫、篆刻等藝術類典籍圖錄，收錄著述共十五種。《藝術叢編》原刊印數較少，為今日一般學者所不易見。所收著作由羅振玉、鄒安等名家編撰，多為流傳不廣的圖書資料，附載的學人、名流照片，也多不見於他處，極其珍貴。2015 年上海書店出版社依循原刊版式，按大十六開精裝，分裝六冊，影印出版。

[6] 陳簠齋，即陳介祺。詳見《附錄　蔡守與古人交流考》。

[7] 易稺園，即易忠籙。詳見《附錄　蔡守與時人交遊考》。

[8] 媱 yáo，逍遙遊樂。《方言》第十，「媱，遊也。江沅之間謂戲為媱。」錢繹箋疏，「《廣雅》，媱，惕遊放戲也。……案，媱之言逍遙也。」

[9] 繢 huì，繪畫。《周禮·考工記·畫繢》，「畫繢之事，雜五色。」唐柳宗元《永州龍興寺修淨土院記》，「今刺史馮公作大門以表其位，余遂周延四阿，環以廊廡，繢二大士之像。」

賓虹 [1] 既嗜畫璽，所集《賓虹草堂藏古璽印》[2] 以畫璽三十有七紐為冠冊端，中多異製，有如古劍鋣縘 [3] 之花紋者，有如胎生四首八足之獸者，有雙鳳抱雛者，有雙龍互交者，有人與獸交者，有熊與人鬥者；有三葉楓形，中藏一鸞者；有銀錠形，中藏一人騎虎者；有形如猴形而掌甚巨者，有雙首之鳥者，有冠兜牟 [4] 而執巨斧者；有八角長方形，中藏一男二女之秘戲者；有二人對抱一樹而坐者，有猴而牽鹿者；有中坐一人，頂上一個巨甕，兩旁立二衛士者；有一羊雙角彎垂大如身者；有曲形，其短方一「王」字，長方一虎立者，以上皆三代畫璽之不習見者。其漢畫印有「天帝制鬼之印」白文有邊有格，一面畫印，中作重屋形，其上層兩旁雙亭，樓中有窗戶，樓下兩楹，中每藏文禽各一，為漢畫印之罕見也。又有「吳非子」白文有邊印，一面畫印，作雙梟接吻狀。又有一印右方「王賞」二字，左方一孔雀，亦為難得也。

賓虹昔年入蜀，雖云看山，亦欲訪印，往返旅食耗萬金，得巴王兩巨印，亦肖形而兼文字者。二璽皆白文有邊圓形，與陳簠齋 [5] 手拓《古印集》[6] 壓卷之圓璽略同是譜為神州國光社影印。首有篆書題「光緒辛巳秋，□ [7] 齋所拓二行」，冊端有「簠齋吉金文字」白文長方印，「簠齋」大篆朱文長方印，「平生有三代文字之好」朱文白印，「海濱病史」白文方印。賓虹跋云「巴媱文無尾。《說文》巴之篆文已與尾混。實應是兩物象形，蓋即□ [8] 也，或臀之古字，謂似巴蛇後人改耳」。「賓虹入蜀記」朱文長方印。又跋「鮑扶九 [9] 釋為蜀之最古字，從目從勹。謝天量亦云『蜀古多魚之國』，魚梟象形之字或如此」。「賓虹入蜀

記」朱文長方印。

　　南潯周夢坡慶雲輯《金玉印痕》[10] 十一巨冊，中多贗品。但所收肖形璽印三十餘紐，皆真而精者，有圓印白文有邊，一犬神態絕妙；有橫方印，一獸如世稱為麒麟者；有圓印而一小鳥立羊背上者；有橢圓印，一刺蝟與鳥鬥者；有橫方印，一人與二虎鬥者；有方印，一人雙手執盾者；有橫方印，兩奇獸相對坐者；有方印，一人坐持鏡照，一女子跽 [11] 於膝下者。其餘漢以後之朱文畫印，有一人捧球而奔者，神態如生；又一朱文無邊之印，一兔立而文身者，亦皆譜錄中所罕覯也。

《香港中興報》1936 年 5 月 7 日

【注釋】

[1] 賓虹，即黃賓虹。詳見《附錄　蔡守與時人交遊考》。

[2]《賓虹草堂藏古璽印》，即《竹北簃古印存》8 卷，黃賓虹藏輯。輯者自序。每頁一印，書口印「濱虹草堂藏古璽印」。開本高 19.7 釐米，寬 10.5 釐米。

[3] 蒯 kuǎi 緱 gōu，用草繩纏結劍柄。《史記·孟嘗君列傳》：「馮先生甚貧，猶有一劍耳，又蒯緱。」裴駰集解：「言其劍把無物可裝，以小繩纏之也。」

[4] 兜牟，亦作「兜鍪」。古代戰士戴的頭盔。秦漢以前稱胄，後叫兜鍪。《東觀漢記·馬武傳》，「（武）身被兜鍪鎧甲，持戟奔擊。」

[5] 陳簠齋，即陳介祺。詳見《附錄　蔡守與古人交流考》。

[6]《古印集》，應為《簠齋古印集》8 卷，清陳介祺輯所藏秦印、巨印、肖形印、官私印、吉祥印等。隸書扉頁，輯者自序，並經許瀚、吳式芬、何紹基審定。道光二十七年（1847）成書。每頁一至四印，選擇極精。開本高 30 釐米，寬 18 釐米。

[7] □，原文空白。

[8] □，原文字模糊莫辨。

[9] 鮑扶九，即鮑鼎。詳見《附錄　蔡守與時人交遊考》。

[10]《金玉印痕》，《夢坡室金玉印痕》七卷，收印 441 方，半框高 18.5 釐米，寬 15 釐米。民國十三年（1924），周慶雲輯家藏金玉印鈐拓成書。

[11] 跽 jì，兩膝著地，上身挺直。《莊子·人間世》，「擎跽曲拳，人臣之禮也。」王先謙集解引宣穎曰，「擎，執笏。跽，長跪。曲拳，鞠躬。」

　　潛江易均室 [1] 與其夫人萬靈蕤 [2] 同輯漢陽周氏石言齋藏印為《古印

甄》[3] 六卷，其中畫印十有七紐，一橫方巨印，一熊神態古拙可愛；又一長
方印，上下兩駝相顛倒者；又一小方印，一人對雙燭；又一方印，一人立而牽
馬；又一圓印，一文禽而六雛；又一十字形印，中一侏儒肥而矮，古拙無匹；
一天然印，一男一女並坐石上者；一小天然印，右一「王」字，左一虎形；一
小圓印，三小鳥極精神，亦非譜錄中恒見。

潍縣陳壽卿介祺 [4]《十鐘山房印舉》[5]，肖形印約二百五十紐，皆精湛絕
倫。一方印，中作一馬車，車上坐二人，車幰 [6] 與輪，俱精絕；其方印中一
大樹，二人或相背坐，或相對坐，或無樹而二人皆持扇者，共十餘紐；一人坐
而持鏡照，女子跪於前者亦數紐；人騎虎、騎羊、騎鹿者亦數紐；一巨獸食人
者亦數紐；一老人一手執戈一手執鬼者亦數紐；一人左手執盾右手持刀者亦數
紐；一男二女一女二男之秘戲者亦數紐；雙兔對立者亦數紐；一鳳凰而八雛者；
一人跽於兩鳳之前者；守宮銜蠍子者，莫不精妙。其單刀之鶴形十餘紐，尤為
得未曾有也。

余所藏之肖形印以天然小印而一女仙跨鳳者，為最精湛。又有一朱文雙
邊，上一「守」字，下一鴛鴦，雖字畫似係漢以後物，但精妙絕倫，且為余名，
曩歲客薊門時，於海王村尊古閣數十金得來。

漢之朱雀、玄武、青龍、白虎印，雖習見，但亦有特別精細者，如龍有鱗，
虎有斑，鳥有羽，龜有甲，魚雁之印亦習見，亦有工細無匹者。朱文長印如某
萬、巨某其螭虎邊亦有不可思議者。然漢之肖形印，頗多朱文。白文者亦無凹處
之花紋，亦方多而圓少，即其肖形亦一望其氣息，即可斷其為漢，而非三代物
也。

《香港中興報》1936 年 5 月 8 日

【注釋】

[1] 易均室，即易忠籙。詳見《附錄　蔡守與時人交遊考》。

[2] 萬靈蕤，詳見《附錄　蔡守與時人交遊考》。

[3]《古印甄》，即《古印甄初集》6 卷，1932 年易忠籙輯漢陽周氏石言齋藏印。開
　　本高 16.5 釐米，寬 11 釐米。

[4] 陳介祺，詳見《附錄　蔡守與古人交流考》。

[5]《十鐘山房印舉》，清陳介祺輯。同治十一年（1872）編者將自藏璽印並匯輯吳
　　雲、吳式芬、吳大澂、李佐賢、鮑康等藏印鈐拓而成，初稿共十部，每部五十

冊。每頁一至四印。開本高 26 釐米，寬 16.9 釐米。光緒九年（1883）重編，每部增至一百九十四冊。因舉類分列各種印式，故名「印舉」。每頁一印，集印逾萬，所選精審。開本高 21 釐米，寬 13.2 釐米。通行的有 1922 年商務印書館涵芬樓影印本，分訂十二冊。

[6] 幰 xiǎn，車帷。晉潘岳《籍田賦》，「微風生於輕幰兮，纖埃起於朱輪。」

漢之朱文肖形秘戲者不多覯，曩歲客首善，與袁寒雲 [1] 訪愛新覺羅氏崇娘格格 [2]，見所佩一白玉小印，畫作一偉丈夫兀坐露勢，一婦女跪而銜之，紐亦如是，玉質如築脂，沁作櫻桃紅，真驚心動魄之品，迄今二十餘載，思之猶如在目也。

印學須旁通各種金石，治印字必宗古璽及秦印固矣。然僅於印中求印，就印論印，終是拘泥而弗能弘肆。前人限於時代，所見不廣，故作印至極不過精能而止，若求其博大，自非多參以其他金石文字，不能窮其妙也。晚近以來，地不愛寶，出土之古物日多，凡前人之未見者，吾人多見之，若不旁搜博採，寧不可惜。茲將可為篆刻文字之旁參者。略舉如左：

一、甲骨文

甲骨文，一名為書契文，係刻於龜甲獸骨或鳥骨者，自清光緒間始發現，為殷代貞卜文字，筆劃細健純出刀刻，於茲可悟用刀之法，且其文字最古，不亞於鐘鼎銘識。記載考釋此種文字之書，除羅叔言 [3]《殷墟書契》[4] 前後編外，不下十餘種，皆可取為參考。故友葉葓漁 [5] 玉森治印必用甲骨文。近日馮康侯 [6] 彊亦喜為之。但胡隋齋 [7] 毅、陳協之 [8] 融皆不喜此，此亦印人各有所好不同也。

二、鐘鼎文

鐘鼎文字，自薛尚功 [9] 作《鐘鼎款識》[10]，阮元 [11] 繼之。製為專書者，不可更數。然取其最近而最精者，自以愙齋 [12]《集古錄》[13]、《簠齋集古錄》[14]，羅叔言《殷文存》[15]，鄒適廬 [16]《周金文存》[17]，容希白 [18]《秦漢金文錄》[19] 較為完備。若取其便於考查，則吳清卿之《說文古籀補》[20]，丁佛言 [21] 之《說文古籀補補》[22]，容希白之《金文編》[23]，皆為必備之書。最近羅叔言 [3] 所著之《貞松堂集古遺文》[24] 於近出土各器，多有考釋，亦不可不觀也。

三、泉鏡文

古刀花圜 [25] 法及古鏡文字以之入印，頗為適宜。此例自趙撝叔 [26] 開之，遂為治印家所不廢。古刀布文字，可用作古璽；古鏡文字，可用作秦漢印，以文字甚相類也。關於此種書籍，其最近最精者，以羅叔言之《古鏡圖錄》[27]、《簠齋藏鏡》[28] 皆可備覽。至古泉布文字，最近無佳者可取，仍以李竹朋 [29] 之《古泉匯》[30] 尚不失為此中善本也。

《香港中興報》1936 年 5 月 9 日

【注釋】

[1] 袁寒雲，即袁克文。詳見《附錄 蔡守與時人交遊考》。

[2] 愛新覺羅氏崇娘格格，詳見《附錄 蔡守與時人交遊考》。

[3] 羅叔言，即羅振玉。詳見《附錄 蔡守與時人交遊考》。

[4] 《殷墟書契》，羅振玉編。甲骨文匯編，前編八卷。清末羅氏獲觀劉鶚所藏龜甲，始從事搜集，先後得數萬片，擇其精善者 2229 片，自加墨拓，至 1913 年纂為前編行世；其骨質脆弱，不能拓墨者，別為攝影，1914 年纂為《殷墟書契菁華》一卷。《殷墟書契後編》二卷，拓錄前編所未備者 1104 片，1916 年出版，並輯入《廣倉學宭叢書》，為研習甲骨書法者提供了第一手資料。1933 年重印單行，並將續得的甲骨拓錄二千餘片，輯為《殷墟書契續編》六卷。

[5] 葉葓漁，詳見《附錄 蔡守與時人交遊考》。

[6] 馮康侯，詳見《附錄 蔡守與時人交遊考》。

[7] 胡隋齋，即胡毅。詳見《附錄 蔡守與時人交遊考》。

[8] 陳協之，即陳融。詳見《附錄 蔡守與時人交遊考》。

[9] 薛尚功，南宋人，生卒年不詳，字用敏，錢塘人。善古篆，尤好鐘鼎書，編次《鐘鼎彝器款識》，又稱《歷代鐘鼎彝器款識法帖》，20 卷，紹興十四年（1144）成書。因將銅器銘文摹刻於石，故稱法帖。摹錄商周至秦漢銅器銘文 489 件，石或玉質的器物銘 15 件。臨摹古器物之銘辭，逐加箋釋，大抵以《考古》《博古》二圖為主。後世考釋金文之書，多仿其體例。偶有不當之處，如將有鳥蟲書的春秋戰國時代器物誤作夏器，但摹錄了宋代出土的大部分銅器，是研究瞭解宋代金文著錄的重要參考書之一。

[10]《鐘鼎款識》，非薛尚功編，蔡守此記有誤。此書為南宋王厚之輯。現代學者容庚題識曰，王厚之，字順伯，號復齋，浙江諸暨人。宋乾道二年（1166）進士，

歷官淮南通判，改江東提刑，直寶文閣致仕。博雅好言，蓄石刻千計。著有《復齊碑錄》，所引共 432 種。又有《石鼓音釋》。

[11] 阮元，詳見《附錄　蔡守與古人交流考》。

[12] 愙齋，即吳大澂。詳見《附錄　蔡守與古人交流考》。

[13]《集古錄》28 冊，清吳大澂編。凡屬商周彝器，無論原器或拓本，搜求不遺餘力，又集得同時金石家陳介祺、王懿榮、沈樹鏞藏拓，皆一一手自釋文，集成巨帙，編為，28 卷，卷首均繫以子目，凡 1144 器，每器必自書隸書作標題，擬付石印，公諸同好，事未竟而愙齋歸道山。民國五年（1916），其子吳本善奉遺稿請王同愈整理成書，後由商務印書館印行。次年秋書印成，又請羅振玉作序。吳大澂多有考釋文字，考訂極精，為研究商周青銅器的重要典籍。1918 年涵芬樓影印本。著錄金文拓本 1144 器，計商周器 1048，秦器 19，漢器 76，晉器 1，但有的器、蓋分列為二，又有重出和漏目者，實收數為 1026。是著名的考古著作。後有鮑鼎著《愙齋集古錄校勘記》可參閱。

[14]《簠齋集古錄》，不詳。

[15]《殷文存》2 卷，羅振玉編。1917 年珂羅版，編入《廣倉學宭叢書》之中。收錄了商代青銅器 755 件之銘文拓片，無釋文。書前有編者自序和器銘目錄。

[16] 鄒適廬，即鄒安。詳見《附錄　蔡守與時人交遊考》。

[17]《周金文存》6 卷，鄒安編。是書乃鄒安三十年來哀輯殷、周金文拓本，分類編次而成，內收樂器 86、烹飪器 284、食器 449、水器 134、酒器 264、兵器 232、用器 96，共計 1545 件。目錄下記器物的銘文字數及藏家姓名，每卷附說明。編入《廣倉學宭叢書》之中。羅迦陵夫人先後撥款萬金印成。前刊羅迦陵、王佩諍序，末刊鄒安、姬覺彌跋。原裝 11 厚冊，保存完好。

[18] 容希白，即容庚。詳見《附錄　蔡守與時人交遊考》。

[19]《秦漢金文錄》8 卷，容庚編。1931 年刊印。所錄以秦漢器為主，附收新莽及魏晉器，共 749 件。其中，秦金文錄，包括權器 14，量 16，詔版 21，兵符 2，凡 83 件，另附錄 3 件。漢金文錄，卷一，鼎 111 件；卷二，鐘 54 件；卷三，權度量 28 件；卷四，雜器 127 件；卷五，洗 154 件；卷六，鉤 35 件，卷七，補遺 37 件。每卷後有銘文釋文。凡例內列出所借用拓本之各藏家的書目。另附秦漢金文未收器目。

[20]《說文古籀補》14 卷，清吳大澂著。末有補遺及附錄。主要是用金文補許慎《說文解字》一書之缺，擇其可識者 3500 餘字，分別部次按許慎原書排列，沒有的

字放在各部之末,疑字與不可識者列入附錄。字為作者所摹寫,寫得精緻,基本不失形。除錄彝器外,還兼收璽、陶、錢幣等文。考釋中有所發明。為考證大篆類書之開端。

[21] 丁佛言,即丁世嶧。詳見《附錄 蔡守與時人交遊考》。

[22] 《說文古籀補補》14 卷,丁佛言著。1924 年上海商務印書館石印本,紙本,線裝四冊。

[23] 《金文編》,容庚編。對歷代出土的 3000 多件商周青銅器的銘文拓本或影印本進行臨摹而成。編排次序以《說文解字》分部排比,《說文》所無之字,有形聲可識者,附於各部之末。每字上面注篆文和編排字碼。中國科學院考古研究所編輯,1959 年科學出版社在 1925 年、1939 年兩版的基礎上加以增訂和校訂再版。1985 年,中華書局出版了由張振林、馬國權摹補版。新版《金文編》引用器目 3902 件,共收金文單字 2420 字、重文 19357 字,在附錄有不可識者 1352 字、重文 1132 字。

[24] 《貞松堂集古遺文》16 卷,羅振玉著,羅福頤助編。銅器銘文書。內容較龐雜,上至三代,下迄宋元,除摹有禮樂器、兵器的銘文,還摹錄不少鉛、銀等器物上的文字。銘文有釋文,有的還記有器物收藏者姓名和器銘的說明與考證。卷前各有按器類編排的總目和每類器物的分目。

[25] 圜 yuán,錢幣。

[26] 趙撝叔,即趙之謙。詳見《附錄 蔡守與古人交流考》。

[27] 《古鏡圖錄》,上中下三卷附補遺,羅振玉撰集,民國五年(1916)影印出版。共收銅鏡拓片近百幅。所收銅鏡亦不止羅氏一家,還有徐乃昌等人的收藏。羅振玉謂,「刻畫之精巧,文字之瑰奇,辭旨之溫雅,一器而三善備焉者,莫鏡若也。」

[28] 《簠齋藏鏡》,清劉鶚編。同治四年(1865),劉鶚將所藏陳介祺藏鏡拓本影印出版《簠齋藏鏡》,全書 108 鏡。2008 年北京榮寶齋出版黃苗子藏《簠齋藏鏡》(黃苗子自署),僅得 12 鏡。此《簠齋藏鏡》非彼《簠齋藏鏡》也。

[29] 李竹朋,即李佐賢。詳見《附錄 蔡守與古人交流考》。

[30] 《古泉匯》64 卷,《續泉匯》15 卷,《補遺》二卷,17 冊,清李佐賢編。輯錄東周至明代錢幣 6000 餘品,錢範 75 個,對春秋戰國時繁多的刀幣、布幣首次加以考校分類,每品各圖其形,著錄農民軍及地方割據勢力的錢幣,在古錢學研究中堪稱創舉。清同治三年(1864)至光緒元年(1875)利津李氏石泉書屋刻

本，1 夾 16 冊，開本高 24.1 釐米，寬 14.5 釐米。

四、古陶文

古陶器製作甚樸，皆是三代文字，其時代似較鐘鼎文字為在前，其文多為製器人名及主祭人里氏，亦有上古璽印，以資辨別者，其文字簡而意遠。劉鐵雲 [1] 之《鐵雲藏陶》[2] 附於《鐵雲藏龜》[3] 之後，吳石潛 [4] 之《古陶存》[5] 皆可購作參考。友人賓虹 [6] 有古璽與古陶關係論。

五、古刻石及漢碑額

欲治印，必先習大小篆，以能寫篆書，書後始能刻印，此定例也。古刻以石鼓為第一，為由籀入篆之途徑。小篆以李斯 [7] 琅琊石刻，泰山二十九字為佳。漢三闕、吳天發神讖、國山碑字體方健，亦多可取。此外若漢碑額，鄧完白 [8] 取以治印，遂為一代大宗。近出土二袁碑，小篆尤與完白酷似。其餘若祀三公碑，好大王碑，其方正古雅，治印人亦不可忽也。

六、古磚瓦文

古磚及瓦當文字古意盎然，其瓦當文之屈詰處，尤便於作天然印。磚文佳者如《廣倉專錄》[9]；瓦當文佳者，羅瓦 [10]《秦漢瓦當文字》[11] 皆可資為摹擬也。侯官何敘父遂 [12] 收藏近出土之瓦當至夥，尤多奇品。馮康侯 [13] 與余皆有其全份拓本，惜未影印行世耳。

七、封泥

封泥之於刻印，較其他金石文字，尤為接近，以其係用璽印鈐成者，不過由白文變成朱文，陽文變成陰文而已，其用時如今之封信火漆然。其拓出以後，朱文特別味厚。其周遭或出或進，不圓不方。擬作朱文邊闌，益饒古趣。當世封泥著作以羅叔言 [14]《齊魯封泥》[15] 印製為精，而以吳幼潛 [16]《封泥彙編》[17] 為最備也。

右舉七種直接間接與治印有密切關係，融會而貫通之，必有遠過於古人者。若夫守一先生之言，閉戶自封，相安鄙陋，竊為今之治篆刻者所不取也。

若柯 [18] 與余皆喜集朋輩鈐拓璽印脫 [19]，裝裱成冊，略記於後。

《香港中興報》1936 年 5 月 10 日

【注釋】

[1] 劉鐵雲，即劉鶚。詳見《附錄　蔡守與時人交遊考》。

[2]《鐵雲藏陶》，清劉鶚著，光緒三十年（1904）抱殘守缺齋版。該書是其所藏古
文字陶片的拓片集。對研究三代以上古篆文字有重要參考價值。

[3]《鐵雲藏龜》，清劉鶚著，光緒二十九年（1903），劉鶚從他所收藏的 5000 餘片
甲骨中精選 1058 片，編成《鐵雲藏龜》六冊。由抱殘守缺齋石印出版，原刊
本有羅振玉序、吳昌綬序和劉鶚自序。自序中，劉鶚記述了發現龜骨獸骨文字
以及王懿榮收甲骨的過程，還記述了文字從古籀到隸書的發展過程，第一個提
出了甲骨文是「殷人刀筆文字」，這對於甲骨文的認識具有非常重大的意義。
該書將甲骨文由只供少數學者觀賞摩挲的「古董」變為廣大學者研究的資料，
在甲骨學史上具有不可磨滅的開創之功。其後，羅振玉從劉氏贈送未曾著錄的
甲骨中精選數十板，為之影印，定名為《鐵雲藏龜之餘》。

[4] 吳石潛，即吳隱。詳見《附錄　蔡守與時人交遊考》。

[5]《古陶存》，吳隱編。開本寬大，拓製精良。前有楊守敬題名，吳昌碩撰序，末
有吳涵跋。收錄古陶 80 件，為研究古陶的重要資料，流傳無多。另輯有出版
《三代古陶存》兩冊，宣統二年（1910），黃山壽題書楣，吳隱自序，第一冊收
錄古陶拓片 24 枚，第二冊收錄封泥拓片 25 枚。

[6] 賓虹，即黃賓虹。詳見《附錄　蔡守與時人交遊考》。

[7] 李斯，見前。

[8] 鄧完白，即鄧琰，見前。

[9]《廣倉專錄》，鄒安編。收錄文字磚 115 品，從漢魏到北宋、從南到北的品種都
有。

[10] 羅瓦，應為羅振玉。詳見《附錄　蔡守與時人交遊考》。

[11]《秦漢瓦當文字》5 卷二冊，民國羅振玉編。收錄瓦當 148 種 319 品，第一次錄
入了花紋瓦當和秦漢以後的瓦當。

[12] 何敘父，即何遂。詳見《附錄　蔡守與時人交遊考》。

[13] 馮康侯，詳見《附錄　蔡守與時人交遊考》。

[14] 羅叔言，即羅振玉。詳見《附錄　蔡守與時人交遊考》。

[15]《齊魯封泥》，即《齊魯封泥集存》一卷。羅振玉輯，王國維序，輯者自作附記。
1913 年成書。漢代官私印封泥譜錄。集漢官印封泥 21 方，漢諸侯王屬官印封
泥 55 方，漢列侯屬官印封泥 39 方，郡縣官印封泥 271 方，無考各印封泥 3 方，
新莽官印封泥 6 方，私印封泥 54 方，全書共匯輯 449 方。

[16] 吳幼潛，即吳熊。詳見《附錄　蔡守與時人交遊考》。

[17]《封泥彙編》1 卷，吳熊輯。1931 年上海西泠印社影印出版，是漢代官私印封泥
　　譜錄。收集古鈐 12 方，漢官印 108 方，漢諸侯王璽印 3 方，漢王國官印 96 方，
　　漢侯國官印 32 方，漢州部官印 1 方，漢郡國官印 141 方，漢縣邑道官印 390
　　方，漢縣邑道無官名印 48 方，漢鄉亭印 67 方，漢晉蠻夷印 2 方，新莽官印 57
　　方，漢私印 161 方，全書輯錄 1115 方。

[18] 若柯，無考。

[19] 印蛻，又稱「印蛻」，亦稱「印花」「印模」。指印章刻成後所鈐蓋的印樣。先以
　　刷子除淨粉屑，然後在印面上蘸勻印泥，蓋在紙上。鈐蓋印樣時，下面墊紙厚
　　薄宜適當，以免失真。

　　厲王 [1] 璽，方形上有凸起略如「健盒之璽」，白文有邊，文曰「厲王之
鈢」。跋云「《春秋》[2] 僖十五年，《經》[3]『齊師曹師伐厲』。杜 [4] 注『厲，
楚與國隨縣北有厲鄉』，即此王。或以厲為謚，非是。」「鄒安 [5]」，白文方
印。

　　「囧之計鈢」，圓形白文。跋云，「見吳氏《說文古籀補》[6] 所引。已未
冬日。黃賓虹 [7] 讓與。」「景叔 [5]」，朱文方印。

　　「蔑都之鈢」，白文巨璽。跋云，「兄有喜，弟未賀。弟實不知。弟前失鈢，
兄亦不弔，其以此耶。今弟又得此大璽，是兄不可以不賀我，未卜如何。然弟
當作畫補賀兄，又不知兄意如何耳。拓皂鑒定，並博一笑。黃質 [7]。」「賓虹」，
白文方印。「鬻及借人為不孝，君子猶譏非達觀。曾經我目即我有，一池春水
甚相干。呵護由來有鬼神，吉金貞石斷難貧。但期眼福如天大，囫董何須問主
人。賓虹得巨璽。頗惜舊所失者。詩以慰之。萬歲 [8]。」「萬歲」，白文方印。
「古來失火以書賀，得印相傳兆得官。吾人本非富四海，得失存心未達觀。三
千六百眼功德，只求日日見奇觚。座中共賞逢完白，兩字分明釋『蔑都』守
[9]。」「寒瓊 [9]」，朱文長方印。

　　「司馬」二字玉印，司字反文，白文。「許爾修印」，白文玉印，白玉紅暈，
鼻紐。「劍石」白文玉印，亭紐。「長樂」，白文玉印，白玉紅沁，壇紐。「平西
將軍」白文玉印，覆斗紐。「已未七月拓寄寒瓊道兄審定。質 [7]。」「賓虹」，
朱文長方印。

　　「壽」，朱文玉印，羊紐。「千西大富」，白文迴文玉印，龜紐。簠齋 [10]
有「千西萬歲」印，考西印秋 [11] 也。褚德彝 [12] 跋。「里堂」「張駱印信」，
白文玉印。龜紐，黃玉璃沁。「玄芫」，白文玉印，綠玉，瓦紐。「二印寄似寒

瓊道兄雅玩。黃質。」「樸存 [7]」，白文方印。

《香港中興報》1936 年 5 月 11 日

【注釋】

[1] 厲王，厲王「乃暴虐之君王（天子、諸侯王等）」的惡諡，歷史上較出名的有周厲王姬胡（？～前 828），晉長沙厲王司馬乂（276～304），前秦厲王苻生（335～357））。作為諡號，是死後所得，不可能有印璽，鄒安考證為是。

[2] 《春秋》，古時列國記史的書多叫春秋。孔子以魯國春秋而刪定成經書的《春秋》。《春秋經》以編年體記魯隱公元年到魯哀公十四年，共十二公，242 年間，以魯為中心的各國史事。敘事簡要精粹，是中國最早的編年史書。

[3] 《經》，即《春秋經》，見前。

[4] 杜，即杜預。詳見《附錄 蔡守與古人交流考》。

[5] 鄒安，景叔，詳見《附錄 蔡守與時人交遊考》。

[6] 《說文古籀補》，見前。

[7] 黃賓虹，黃質，質，樸存，詳見《附錄 蔡守與時人交遊考》。

[8] 萬歲，即鄧爾雅。詳見《附錄 蔡守與時人交遊考》。

[9] 守，寒瓊，即蔡守，本文作者。

[10] 簠齋，即陳介祺。詳見《附錄 蔡守與古人交流考》。

[11] 西印秋，無考。

[12] 褚德彝，詳見《附錄 蔡守與時人交遊考》。

共和大璽「十四年十一月平紹」，朱文，銀印橋紐。跋云，「此朱文銀璽，向藏吳縣潘氏攀古樓 [1]，係光緒十五年陝西西安出土，灘縣人得之，其時陳壽卿 [2] 已殤，不能歸萬印樓。去歲冬盡，吳中市賈攜此來購，因為余有。余定為共和大璽。即希哲夫 [3] 道兄審定。質 [4] 上。」「賓虹 [4]」。「考周厲王 [5] 失位，唯共和有十四年。不繫以王，更為可據。特末二字或釋為『平紹』未安耳。吳清卿 [6] 云『古訊字，從系從日』，亦未合。」「樸存 [4]」，朱文長方印。「今年十四年，今月十一月。萬歲祝共和，千西際 [7]，視檮杌 [8]。乙丑十一月十七日，為民國十五年元旦。展觀並題。」「萬歲 [9]」，朱文方印。

「『左博鈢』，朱文銀璽，鼻紐。『粟』，白文有邊，銀璽，龜紐。此是否『粟』字，希教之。『齋灶正□』，白文，銀璽，瓦紐。『張偃』，白文有邊，銀印，鼻紐。漢高外孫，魯元公主之子。可見西漢文字，尚有周秦遺意也。此四印係近

日所得，先拓寄呈審定。成帙即覓寄。宣古愚 [10]（哲），亦酷好大璽，不收漢印。有『陽□之璽』，銀質，甚精美。質。」「黃質」，白文方印。

「新邦□璽」，白文有邊，銀質，鼻紐。跋云，「此璽距壽州城三十里某鄉出土，考為古有莘 [11] 之地，文曰『新邦』，正與古幣合，當是商器，邊身青翠，作水銀古。」「黃質」，白文方印。

「□邦關□之璽」，白文有邊，鼻紐。跋云，「此璽紅綠甚厚且堅。製作中有大竅。龐芝閣 [12] 亦得一紐，與此文同，奇哉。」「黃質」，白文方印。

「票軍庫丞」，白文橋紐。跋，「得官印，此職為瞿木夫 [13]《吳平齋諸印考》[14] 中所未及。」「黃質」，白文方印。

「鍵盒之璽」，白文銅質，紅綠遍體。萬印樓 [15] 舊藏。陳壽卿考釋如此。

「東郭京璽」，白文有邊，橋紐。

「右□王璽」，金質，鼻紐，白文有邊甚高。此當係古蠟封之類，而不適於印泥。第二字從西從周從臼，疑調字而非。又類右賢王，賢字相差太遠。

跋云，「此三璽任立凡 [16] 預所藏，立凡與趙撝叔 [17] 交遊甚密，當時吳窓齋 [18]、平齋 [19] 皆欲得之而未果。今落賈人手，索值二千四百元。頃聞龐芝閣願出重價云。此余前所欲力致之以入印譜中者，而以太昂不能有。拓此呈教為幸。黃質。」「賓虹」，白文方印。

《香港中興報》1936 年 5 月 12 日

【注釋】

[1] 潘氏攀古樓，樓主潘祖蔭。詳見《附錄　蔡守與古人交流考》。

[2] 陳壽卿，即陳介祺。詳見《附錄　蔡守與古人交流考》。

[3] 哲夫，即蔡守。詳見《附錄　蔡守與時人交遊考》。

[4] 質，樸存，賓虹，即黃賓虹。詳見《附錄　蔡守與時人交遊考》。

[5] 周厲王，詳見《附錄　蔡守與古人交遊考》。

[6] 吳清卿，即吳大澂。詳見《附錄　蔡守與古人交流考》。

[7] 眎 shì，通「示」。出示。《漢書·趙充國傳》，「至春省甲士卒，循河湟漕穀至臨羌，以眎羌虜。」顏師古注，「眎，亦示字。」。

[8] 檮 tāo 杌 wù，傳說中的凶獸名。《神異經·西荒經》，「西方荒中有獸焉，其狀如虎而犬毛，長二尺，人面虎足，豬口牙，尾長一丈八尺，攪亂荒中，名檮杌，一名傲狠，一名難訓。」一說上古時期的惡人「四凶」之一。或謂即鯀。《左

傳・文公十八年》，「舜臣堯，賓於四門，流四凶族渾敦、窮奇、檮杌、饕餮，投諸四裔，以禦螭魅。」又，「顓頊氏有不才子，不可教訓，不知話言，告之則頑，捨之則嚚，傲很明德，以亂天常，天下之民謂之檮杌。」杜預注，「謂鯀。」

[9] 萬歲，即鄧爾雅。詳見《附錄　蔡守與時人交遊考》。

[10] 宣古愚，即宣哲。詳見《附錄　蔡守與時人交遊考》。

[11] 有莘 shēn，亦作「有㜪」「有侁」。古國名。有，詞頭。姒姓，夏禹之後。周文王妃太姒為有莘之女。故址在今陝西省合陽縣東南。

[12] 龐芝閣，即龐澤鑾。詳見《附錄　蔡守與時人交遊考》。

[13] 瞿木夫，即瞿中溶。詳見《附錄　蔡守與古人交流考》。

[14] 《吳平齋諸印考》，吳大澂序，瞿中溶編。

[15] 萬印樓，陳介祺藏書樓名。

[16] 任立凡，即任預。詳見《附錄　蔡守與時人交遊考》。

[17] 趙撝叔，即趙之謙。詳見《附錄　蔡守與古人交流考》。

[18] 吳愙齋，即吳大澂。詳見《附錄　蔡守與古人交流考》。

[19] 平齋，即吳雲。詳見《附錄　蔡守與時人交遊考》。

「黃嘉印」，白文有邊。跋云，「邑子程心之況 [1] 釋為黃嘉。嘉作加，當是古文原體，請教以為何如。此璽四邊凸起，亦與蠟封相類。僕得此，擬易斯名。寒瓊 [2] 聲郋 [3] 鑒甄 [4]。黃山黃嘉 [5]。」「賓虹 [5]」，白文方印。

「上□ [6] 邑大夫之璽」，白文有邊。「陽□之璽」，白文巨璽有邊。「左璽」，白文有邊。「周□□璽」，白文。「周史」，白文有邊。「春君」，朱文左行，「肖遠」，朱文，擷華齋 [7] 舊物。「敬」，白文有邊，黑漆古最精。「黃子高」，白文，疑子印。「巨野亭侯」，白文，此與吳石潛 [8] 印譜中同，是否可疑為贗品。跋云，「左小璽皆近時所得，其色澤之精美，在敝篋尚不多覯，唯文字尚未有盡識者。希兄為我釋之。」「樸居士 [5]」，朱文方印。

「巴西將軍之印」，白文巨。跋，「未詳時代及為何人所用。」「晉率善羌仟長」，白文有邊巨印。跋，「蠻夷印如此大者，亦為各家印譜所罕見。上兩印皆購自汲修齋 [9] 中，製作皆不甚精。而將軍印的係當□塗金，四邊惜為傖父 [10] 磨過，文尚可耳。」

「安夷將軍章」，白文。跋，「印文已為顧氏 [11]《印藪》所載，模形較小。為一為二，今不得而知之。當時乃撫付梓者。」

「宋齒之印」，白文。「宋櫃私印」，白文，櫃或即矩字原文。「射禹之印」，

白文。「劉因白記」，白文，龜紐極精。「羊信」，白文有邊有格，橫方印，瓏紐精絕。「此羊信印，與下十一紐三代璽同時所得。」「質 [5]」，白文有邊印。

「孟慶」，白文。跋，「慶雲又作卿雲。未卜即孟卿否。果爾即與孫卿印當並重之」。「賓虹」，白文方印。

「萬房」，白文。跋，「房從尹，或防或房，未知孰是。銅色作瓜皮綠，又如翡翠。橋紐亦精。」「賓虹 [5]。」

「戊」，白文有邊。「□辯」，白文有邊，文與商器相似。「加□ [6]」，白文有邊。「徐紹」，白文有邊，徐從邑。「壽□ [6]」，白文有邊。「徐識」，白文有邊，徐亦從邑。「吾丘衰」，白文有邊。「左得」，白文有邊。「公孫行」，白文有邊有格。跋，「以上十一印，青綠斑駁，多水銀浸者，皆為三代璽，已無可疑。」「質」，白文有邊方印。

「吝□」，白文有邊，壇紐，右疑吝字，左從豆，當是姓名印。「周嬪」，白文有邊，壇紐。黃 [5] 跋，「周增口作日，名字非寶非貨。」「質」，白文印。寒案，「名字從寶從女，當是嬪字。」「□封」，朱文。黃跋，「鼻紐，製作古樸，定非元押。鄙見亦為周秦小璽。以其文字近籀古也。」

「狡惠」，白文。黃跋，「壇紐，狡姓較少，漢有佼強。狡狡 [12] 或古地也。左一字似惠又似二文」。

「千秋」，朱文。黃跋，「此印鄧秋枚 [13] 處曾有其一，文全同，特較磨滅。古璽中常有『釬』作『鉨』字用，是否？」寒案「此為千秋二字，陳壽卿 [14] 等印譜亦多有之。千字反文，秋從昃耳，非『釬』字，亦非借作『鉨』字也。」

「敬上」，朱文。黃跋，「此文疑是『對上』二字。」寒案，「此為『敬上』二字，古印譜中習見。賓虹竟疑為對上，何也？」

《香港中興報》1936 年 5 月 23 日

【注釋】

[1] 程心之，詳見《附錄 蔡守與時人交遊考》。

[2] 寒瓊，寒，即蔡守。

[3] 聲䣊 dǎng，「䣊」同「黨」。《隸釋·漢玄儒先生婁壽碑》，「鄉䣊州鄰。」「聲黨」，唐宋時稱擅長歌唱者。唐沈亞之《歌者葉記》，「而轂下聲家聞其能，咸興會唱。次至葉，當引弄，及舉音，則弦工吹師皆失執自廢。既罷，聲黨相謂約慎語，無令人得聞知。」

[4] 鑒甄，鑒定甄別。

[5] 黃嘉，賓虹，樸居士，質，黃，即黃賓虹。詳見《附錄　蔡守與時人交遊考》。

[6] □，原字模糊不辨。

[7] 擷華齋，清末文玩店鋪，餘不詳。

[8] 吳石潛，即吳隱。詳見《附錄　蔡守與時人交遊考》。

[9] 汲修齋，在上海的古玩鋪，老闆程冰泉，實力雄厚，經營書畫古玩，多有精品
　　珍品。如董然、巨然、王冕、趙昌、趙孟頫等畫作，曾花 4 萬元進貨 2 件瓷器，
　　吸引了大批名流巨賈顧客。

[10] 傖父，即杜亞泉。詳見《附錄　蔡守與時人交遊考》。

[11] 顧氏，即顧從德。詳見《附錄　蔡守與古人交流考》。

[12] 狡狡 jiǎo，原意是指少壯的狗，《說文・犬部》，「狡，少犬也。」引申義多解，
　　均無地名。

[13] 鄧秋枚，即鄧實。詳見《附錄　蔡守與時人交遊考》。

[14] 陳壽卿，即陳介祺。詳見《附錄　蔡守與古人交流考》。

　　「齊卿」，朱文。黃 [1] 注「當『齊卿』二字。」「貸□ [2]」，朱文。黃注，「此當係秦印，文字不可識。」寒 [3] 案，「右似是貸字。」

　　「李戍」，白文。「何奉」，白文。黃注，「此二印印文似磨滅，製作類於蠟封，銅色亦甚古，此碻 [4] 是刻印。李字之左當是『戍』字否？何字左當是『奉』字否？僕愛其姿趣橫溢，不忍捨去也。」寒案，「賓虹 [1] 謂此二印乃刻者，誠然，古姓名鑒印不多，固可貴也。」

　　「開陽唯印」，白文。黃注，「吳昌碩 [5] 諸人皆云『唯』係漢魏時官 [6]，考金石家正無述及之者，以此印觀之，實與官印甚近。粵垣多方聞之士，必能定之矣。」寒案，「『唯』為官，以印證印誠是，但惜未得確證耳。」

　　「臣熱已」，白文，此是兩面印一面已磨滅。黃注，「五羊古印有所見否？收藏之家何如？」「賓虹」，白文方印。

　　「彭澤令印」，白文官印。「明州太守」，白文。黃注「此是唐開元時印」。「立義丞印」白文，「軍曲侯之印」白文鑒印，龜紐。

　　「軍𨐈戎□」，白文鑒印。黃注，「此印與前『守軍戎印』製作同，文與急就印合。」

　　「安武君」，朱文。黃注，「此疑後人偽造，然各家譜錄中，只見『安武君』白文印耳。」

「王偏」「王胡齊」「范遂」「臣遂」「安文」「臣文」「丁尊」「臣尊」「趙芯」，一面虎形。「紀赤目」「臣赤目」「尹高」「日吉」「朱成」「臣成」「王利之印」「長富」「孫倫」「臣倫」「呂從印」「臣從」「潘王孫」「潘道人」「尹□印」「日利」「封兄」「臣兄」，黃注，「右十四紐私印均係兩面穿帶也。」「質」，白文印。寒案，「賓虹此穿帶印 [7] 十四紐皆精。其『臣安』『臣尊』『尹高』『日吉』『臣倫』『臣從』皆一朱一白印。『潘道人』朱文，『王利之印』『長富』乃橫長印。」

《香港中興報》1936 年 5 月 24 日

【注釋】

[1] 黃，賓虹，即黃賓虹。詳見《附錄 蔡守與時人交遊考》。

[2] □，原文缺字。

[3] 寒，即蔡守。

[4] 碻 què，確實。況周頤《蕙風詞話》卷二，「春夏之交，近水樓臺，碻有此景。」

[5] 吳昌碩，詳見《附錄 蔡守與時人交遊考》。

[6] 「唯」係漢魏時官，《中國歷代官制大詞典》無此記載。

[7] 穿帶印，私印的一種。印體左右有孔，可以穿帶，故名。印的上下兩面都刻有印文，大都一面刻姓名，一面刻字號。故又稱「兩面印」，盛行於漢代。

「敦德尹曲後侯」，白文。「千人督印」，白文。「部曲督印」，白文。「東萊候印」，白文。黃 [1] 注，「右官印五紐皆新得自汲修齋 [2]。」「質。」

「張通」，白文。「孫恭私印」，白文。「徵林私印」，白文。「尹思」，白文有邊。「長孫應」，白文。「紀克印」，白文。「方譚私印」，白文。黃注，「兩印同文異範。」「華里□ [3]」，朱文。「藟朝印信」，白文。「王成仁」，白文。「郢敝之印」，白文。「張晶」，白文。「昜岑私印」，白文。寒 [4] 案，「昜」或印褐姓歟。「公孫凌印」，白文。「郭昭」，白文。「于丘平印」，白文。「李佩私印」，白文。「長樂」，白文玉印。「楊弘之印」，白文。「宋政私印」，白文。「許賢私印」，白文。黃注，「右各私印亦新得者。印泥不佳，精彩似亦稍減。內有數印係舊藏粵中，粵中今有友人藏印亦乞示知。有印脫 [5] 可睹更妙也。」「賓虹 [1]」，白文方印。

「文刼拴都計砥左」，白文有邊。黃跋，「壇紐，銅色紅綠古澤，稽各印譜無之。首一字疑『文』字，第四字古璽中常見，或釋『都』，當是從邑，四五

兩字未詳，第七字「左」字無疑，但第二、三、六皆從左旁，何左旁字之多耶。此璽得之怡園 [6]，初以舊翻治，滌之則古澤出矣，質亦精純。」「賓虹散人」，白文方印。

「守軍□□ [3] 戎」，白文。黃注，「此印吳石潛 [7]《印選》[8] 中亦有一紐，範與此稍異，想係觀自得齋 [9] 舊物，第二、四兩字未識，鼻紐，銅包古質無疑。此長樂齋 [10] 售與余者。現余有官印三百卅二紐矣。」「賓虹」，朱文方印。

「崔封」，白文有邊有格長方小印。黃注，「可定為秦楚之際封璽，否亦當在漢初也。」

《香港中興報》1936 年 5 月 25 日

【注釋】

[1] 黃，質，賓虹，即黃賓虹。詳見《附錄　蔡守與時人交遊考》。

[2] 汲修齋，見前。

[3] □，原文字空白。

[4] 寒，即蔡守。

[5] 印脫，又稱「印蛻」，亦稱「印花」「印模」。指印章刻成後所鈐蓋的印樣。先以刷子除淨粉屑，然後在印面上蘸勻印泥，蓋在紙上。鈐蓋印樣時，下面墊紙厚薄宜適當，以免失真。

[6] 怡園，即顧文彬。詳見《附錄　蔡守與古人交流考》。

[7] 吳石潛，詳見《附錄　蔡守與時人交遊考》。

[8]《印選》，應為《遯庵秦漢印選》，初、二、三、四集，24 冊，清宣統三年西泠出版，吳石潛編。

[9] 觀自得齋，即徐士愷。詳見《附錄　蔡守與時人交遊考》。

[10] 長樂齋，無考。

「臧可」，朱文。黃 [1] 注「此等文似籀非籀，似隸非隸，秦歟漢歟，殊不可識。」「王朝之印」，白文。黃注「右三印皆趙月川 [2] 物，余擇其尤者，將以增入譜中。」「賓虹 [1]」，白文方印。

「呂□ [3] 之印」，白文。「李□」，白文小印。黃注，「此二印當係周秦時物。」「徐信私印」，白文。「郭延之印」「郭中翁」，白文穿帶印。「信安」，白文。「光裕後印」，白文。「高帶之印」，白文。「杜□ [3]」，朱文。黃跋，「昔者

宣尼 [4] 策衛 [5]，先定書名。曾湘鄉 [6] 籌軍備，復諄諄於小學籀篆。我輩丁此時危，藉此解嘲，恐亦難逃呵譴，一笑。」「樸居士 [1]。」寒 [7] 案，「賓虹 [1] 此跋十二年前。世變益亟，吾人手無斧柯借瑣耗奇苟全性命，亦良苦矣。」

宋「萬戶之印」，朱文九疊篆 [8]，「印紐之右有鑿款『壬辰年閏』正書四字，紐左有『九月一日』正書四字」。跋，「此印與《清儀閣古器物文字》[9] 所載『萬戶之印』為同年造，當宋紹定五年，張叔未 [10] 氏以為元世祖中統前紀年，誤矣。」「昭陽作噩」「律中南呂」，「易忠籙記於滄浪一舸」。「天均 [11]」，白文有邊方印。「靈菆 [12] 傳古」，朱文長方印。

金「副統贊字之印」，朱文九疊篆，「印紐之右有鑿款『正大五年五月』正書六字，紐之左有『恒□公府造』正書五字」。跋，「都統始於唐，副統始於南宋，此印有款曰『正大』，知屬金哀宗時物，而印文中設官，正史無徵，殆龔定庵 [13] 所稱官印不史者，至足珍也。寒瓊 [7] 道丈審定。癸酉中秋。均室易忠籙。」「易」，朱文方印。

明「督標援剿副總兵關防」，長方朱文九疊篆，印紐之右有鑿「督標援剿副總兵關防」正書九字，紐之左有「萬曆四年九月□日禮部造」，正書十一字，紐之上橫刻「永字三千一百□□號」正書九字，昔年廣州北郊出土，為骨董作 [14] 李朋亭 [15] 得，聞以重值售與黃某。

《香港中興報》1936 年 5 月 26 日

【注釋】

[1] 黃，賓虹，樸居士，即黃賓虹。詳見《附錄　蔡守與時人交遊考》。

[2] 趙月川，收藏家，餘不詳。

[3] □，原文缺字。

[4] 宣尼，即孔子。詳見《附錄　蔡守與古人交流考》。

[5] 衛，衛國，周朝的諸侯國，首都朝歌，第一代國君為周文王第九子康叔封。衛國立國前後共計 907 年，傳 41 君，是生存時間最長的周代諸侯國，也是眾多姬姓諸侯國中最後滅亡的國家。衛國疆域大致位於黃河以北的河南鶴壁、安陽、濮陽，河北邯鄲和邢臺一部分，山東聊城西部、菏澤北部一帶，先後建都於楚丘、帝丘、野王。衛武公時一度強盛，周平王東遷時，衛武公曾出兵幫助平戎。公元前 254 年，被魏國覆滅，衛國領地已成為魏國的一個封君之地。公元前 241 年，秦取衛國的濮陽等地。公元前 239 年，衛元君被迫遷往野王縣，衛國名存

實亡。公元前 209 年，衛君角被秦二世廢為庶人，衛國徹底滅亡。孔子在衛國遊學 10 年。

[6] 曾湘鄉，即曾國藩。詳見《附錄 蔡守與古人交流考》。

[7] 寒，寒瓊，即蔡守，見前。

[8] 九疊篆，摹刻印章用的篆字別體。始見於宋代。筆劃折疊均勻，填滿印面。折疊多寡，根據筆劃繁簡而定，有多至十疊以上者。九為數之終，「九疊」，形容其折疊之多。九疊篆官印，都作朱文，盛行於宋元間。

[9] 《清儀閣古器物文字》，應為《清儀閣古器物文》十卷，清張廷濟撰。

[10] 張叔未，即張廷濟。詳見《附錄 蔡守與古人交流考》。

[11] 天均，即易忠籙，詳見《附錄 蔡守與時人交遊考》。

[12] 靈蕤，即萬靈蕤。

[13] 龔定庵，即龔自珍。詳見《附錄 蔡守與古人交流考》。

[14] 骨董作，借指收藏、買賣或鑒賞古玩的人。明徐渭《跋書卷尾》之一，「董丈某，老骨董也，高直收之，詎墮誤賞？」

[15] 李朋亭，詳見《附錄 蔡守與古人交流考》。

清「廣東潮州鎮標左營左哨外委千總鈐記」，長方正書朱文。「廣東揭陽縣青嶼汛官印，哲夫 [1] 先生鑒定。黃仲琴 [2] 振寄。」「中琴 [2]」，朱文長方印。

宋「岳飛」，朱文方印。銅質，跋，「岳武穆銅印，右『賈宜人印』一方，舊藏武進李申耆 [3] 先生家，先生銘之曰『力恢復，拂主意。貫丹心，視姓氏』，今藏如如項氏 [4]。陳邦福 [5]。」「墨籍」，白文方印。

又「岳飛」二字，朱文長方印。跋，「岳武穆銅印，道州何氏雙琥齋 [6] 藏。劉三 [7]。」「鎦」，朱文元印。

「屠英之印」，玉質，芟書朱文方印。跋，「采石磯出土玉印一，屠英無考，疑六朝人。寒瓊 [1] 社長賞鑒。涐漁 [8]。」「玉森 [8]」，朱文方印。「中冷 [8]」，白文方印。「紅漁 [8]」，朱文方印。

「石家侍兒」，白文方印，金質，連環紐。跋，「『金谷遺佩』小篆四字，南陵徐隨庵 [9] 藏此印，謂不翅 [10] 龔定庵 [11] 之獲飛燕玉印也。寒瓊、月色 [12] 雙玩。戊辰冬。易忠籙 [13]」「均室 [13]」，朱文長方印。「靈蕤 [14] 傳古」，朱文長方印。

「桃花潭水」，朱文橢圓印，款在頂「問葉篆」草書三字。跋，「塞上獲此即用夏自怡 [15] 逸品印泥鈐之，色質均不見較他種為佳，據云必年久而後其妙

方知也。哲夫鑒家，光烈 [16]。」「希哲 [16]」，白文方印。

　　「為知己用」，白文長方印。款，「『隆慶四年夏四月有八日篆於藏經閣中。文壽承 [17]』，行書四行。黃仲琴寄乞寒瓊審定。」「嵩園 [2]」，白文長方印。

　　「黃道周印」，白文。「石齋 [18]」，朱文大篆。跋，「右二印乃在漳浦縣忠端 [18] 講學之東皋書院故址一老婦手中所得，當非偽品，以婦為公遺族也。幸鑒定之。寒瓊社長。黃仲琴頓首，八月廿五日。」

《香港中興報》1936 年 5 月 27 日

【注釋】

[1] 哲夫，寒瓊，即蔡守。

[2] 黃仲琴，中琴，嵩園，即黃嵩年。詳見《附錄　蔡守與時人交遊考》。

[3] 李申耆，即李兆洛。詳見《附錄　蔡守與古人交流考》。

[4] 如如項氏，如如，佛教語。謂諸法皆平等不二的法性理體。如，理的異名。隋慧遠《大乘義章》卷三，「諸法體同，故名為如……彼此皆如，故曰如如。」唐慧能《壇經・行由品》，「萬境自如如，如如之心，即是真實。」如如項氏，未知是誰。

[5] 陳邦福，詳見《附錄　蔡守與時人交遊考》。

[6] 何氏雙琥齋，何紹基無此齋號，不知是誰。

[7] 劉三，即劉宗龢。詳見《附錄　蔡守與時人交遊考》。

[8] 葓漁，玉森，中冷，紅漁，即葉玉森。詳見《附錄　蔡守與時人交遊考》。

[9] 徐隨庵，即徐乃昌。詳見《附錄　蔡守與時人交遊考》。

[10] 不翅，翅，通「啻」。但；僅；止。《孟子・告子下》，「取色之重者與禮之輕者而比之，奚翅色重？」朱熹集注，「翅，與『啻』同。」

[11] 龔定庵，即龔自珍。詳見《附錄　蔡守與古人交流考》。

[12] 寒瓊、月色，即蔡守與談月色夫婦。

[13] 易忠籙，即易均室，詳見《附錄　蔡守與時人交遊考》。

[14] 靈菽，即萬靈菽，詳見《附錄　蔡守與時人交遊考》。

[15] 夏自怡，詳見《附錄　蔡守與時人交遊考》。

[16] 光烈，希哲，即王光烈。詳見《附錄　蔡守與時人交遊考》。

[17] 文壽承，即文彭。詳見《附錄　蔡守與時人交遊考》。

[18] 石齋，忠端，即黃道周。詳見《附錄　蔡守與古人交流考》。

「發新詩以慰情」，白文有邊方印。款，「蓋自隸書省便，形體變而多失先民製作本意，後世書家，特用新奇姿致為工，古□ [1] 淪喪，矩矮□□，每念千古，悄然長歎。丙寅仲秋八日。雪漁何震 [2]。」行書十一行，刻印側之四面。

「且擁圖書臥白雲」，朱文大篆。款，「趙松雪 [3] 嘗詢錢舜舉 [4]，何為士大夫畫。舜舉曰『隸法耳，隸者以異於描，所為寫畫，須令八法相通』。而鐫印名鐵筆，須有筆意。雕鏤 [5] 者豈可同日而語耶。嘉靖壬辰八月既望，吳郡雅宜山人 [6] 篆於吟香閣。」隸書十一行，刻於印側四面。右二印一為何雪漁署，一為王寵者，皆南通徐貫恂 [7] 藏。

「『李太白春夜宴桃李園記印』，印高八分，寬六分，[8] 朱文十行，目力不能察。以顯微鏡觀之，字畫不減省，切刀甚勁。布白分行，工而古茂。與吾粵梁星堂 [9] 所刻多字小印，字皆減筆，絕無古意，迥然不同。極舊青田凍石，古澤如玉，四面邊款多漫漶，僅可見耳。款『幽賞樂只，詠歌志只。惠連寶籙篆。康樂□其批，洵乎大塊之文章。爰取太白之序行書五行，在印側之左。□ [10]力劻鼎。與公孫大娘劍舞齊觀。有以售者。輒秘如火齊 [11] 難，不輕許人。刻者姓名，亦不使人知。四明□□士藏珍草書六行，在印側之右。斯章奇絕，超妙入神。□頭龍篆，純粹以精。映圖照史，為席上珍。戊子秋篆隸書四行，在印側之前』。篆取古雅，而刀法遒勁，無半點塵俗氣。檗園工 [12] 志行書四行，在印側之後。乃周亮工舊藏也。寒瓊社長審定。袁克文 [13] 寒雲 [13]。」「豹岑 [13]」，朱文方印。

「外子抱存 [13] 囑拓是印，用程氏四坡居士自製墨，烏潤可嘉，是墨為燕庭 [14] 祖父舊藏，正面『上壽白二十』，隸書五字，『新安程氏』朱文方印，『槐清書屋』白文方印，背面『王父昔與同人曾有此制，光緒紀元，月坡三十有三，午坡三十有二，霞坡三十有九，桂坡二十有六，適符成數，敢云繩武。聊紹前模。『四坡』朱文小印，正書三行。側面『光緒乙亥四坡居士自製墨』，正書一行。墨範精湛，上嵌小珠一顆。墨形長方形甚薄，計重二錢三分。比來佳墨罕得，順筆志之。劉姌 [15]。」寒案，「袁寒雲公子之夫人，為劉喜海之孫女。工書。曾以楹貼贈余內子傾城 [16]。」

「朱草詩林 [17]」，朱文大印。款，「戊戌冬仲，山陰董洵 [18] 過兩峰 [19]先生朱草詩林中，為泐此石並識。」隸書橫刻印側之四面。此田黃凍之巨印，紐亦精雅，為番禺胡氏隋齋 [20] 所藏。

　　「黃質 [21] 之印」，白文方印。「黃質 [21] 私印」，白文小印。「黃樸丞 [21] 氏」，白文方印。「黃質樸丞 [20] 父長壽印信」，白文方印。「臣質 [21] 信印」，白文有邊方印。「樸丞 [21] 眼福」，白文方印。「樸臣 [21] 詩畫」，白文有邊方印。「樸丞翰墨」，朱文大篆方印。「樸臣」，白文長方印。跋，「武進趙仲穆 [22] 寓居西冷以篆刻名於時。甲午春夏間，曾為余鎪印十方。惜於是年十月歸道山，不可得矣！尚有扁方表字印未檢出。樸存 [21]。」「賓虹散人 [21]」，白文方印。

《香港中興報》1936 年 5 月 28 日

【注釋】

　[1]　□，原文字模糊莫辨。

　[2]　何震，詳見《附錄　蔡守與古人交流考》。

　[3]　趙松雪，即趙孟頫。詳見《附錄　蔡守與古人交流考》。

　[4]　錢舜舉，即錢選。詳見《附錄　蔡守與古人交流考》。

　[5]　鎪 sōu，鏤刻。《文選·嵇康〈琴賦〉》，「鎪會裛廁，朗密調均。」李善注，「鎪會，謂鎪鏤其縫會也。」

　[6]　雅宜山人，即王寵。詳見《附錄　蔡守與古人交流考》。

　[7]　徐貫恂，即徐鋆。詳見《附錄　蔡守與時人交遊考》。

　[8]　下疑脫字。

　[9]　梁星堂，梁垣光。詳見《附錄　蔡守與時人交遊考》。

　[10]　□，原文缺字。

　[11]　火齊，即火齊珠，《文選·張衡〈西京賦〉》，「翡翠火齊，絡以美玉。」李善注，「火齊，玫瑰珠也。」《梁書·諸夷傳·中天竺國》，「火齊狀如雲母，色如紫金，有光耀。別之，則薄如蟬翼；積之，則如紗縠之重沓也。」

　[12]　櫟園工，即周亮工。詳見《附錄　蔡守與古人交流考》。

　[13]　袁克文，寒雲，豹岑，抱存，即袁克文。詳見《附錄　蔡守與時人交遊考》。

　[14]　燕庭，即劉喜海。詳見《附錄　蔡守與古人交流考》。

　[15]　劉姍，詳見《附錄　蔡守與時人交遊考》。

　[16]　傾城，張傾城，蔡守妻。詳見《附錄　蔡守與時人交遊考》。

　[17]　朱草詩林，羅聘自名居宅名。

　[18]　董洵，詳見《附錄　蔡守與古人交流考》。

　[19]　兩峰，即羅聘，詳見《附錄　蔡守與古人交流考》。

[20] 胡氏隨齋，即胡毅。詳見《附錄 蔡守與時人交遊考》。

[21] 黃質、黃樸丞、黃質樸丞、質、樸丞、樸臣、樸存、賓虹散人，皆黃賓虹。詳見《附錄 蔡守與時人交遊考》。

[22] 趙仲穆，詳見《附錄 蔡守與古人交流考》。

「武進趙仲穆 [1] 又字牧父 [1]，用切刀，仿漢白文私印精絕。余曩地遊學黃歇浦。著書被議。避地西子湖上，嘗與魏錫五 [2] 魏鹹 [3]，鐵三之弟在梅花碑舊書攤，以賤值得其印稿十二冊，皆摹漢白文私印，真可以亂《古銅印譜》，精裝昕夕 [4] 把玩，不忍釋手。印款亦有署『牧父』二字者，但字體與奏刀與黃士陵 [5] 迥異。十年前嘗有人以數印來售，謂是黃士陵者，有友在座云是偽作。但余心知其非黃牧父，實趙牧父也，因與論價購之。友人笑余贋買鼎。俟其人去，余遂以告友，同為欣賞。方知有趙牧父，用切刀仿漢印，實勝於黃士陵遠甚。案甲午為光緒二十年，迄今四十有稔。賓虹 [6] 作畫必用『黃質 [6] 之印』與『黃質私印』兩白文小印，印石雖為青田凍石，數十年來，已用至印角皆圓，文字亦如古印矣。守 [7]。」「哲夫 [7]。」

「楊士弘，白文有邊。「高情遠致」，白文方印。右二印乃明朝之銀晶 [8] 者。「樸丞 [6]」，白文長方印。

「乙切吉羊」，朱文有格。「得全于酒」，三白一朱方印。「于」，字朱文。右二印為元之燈光凍石。「質 [6]」，白文方印。

「臣質」，白文有邊方印。「臣質私印」，白文方印。「樸居士 [6]」，白文方印。「黃樸丞 [6] 詩書畫印」，白文長方印。跋，「邑子鄭問山沛 [9] 精篆刻，嘗摹黃山名勝成印譜，後專醫學，活人不鮮，不復製印。此四印其弱冠時作，余迄今珍之。寒瓊 [7] 道長清鑒。潭上質 [6] 志。」「黃質私印」，白文方印。寒 [7] 案，「此印非趙牧父作者，沖刀而拙，或賓虹昔年自刻者歟。守記。」

「朱瑞 [10] 印信」，白文有邊巨印。印款，「予遇梅花碑在杭州城內骨董肆。見有舊燈光凍石二方，手澤瑩潤可喜。以巨值購得。適中華民國元年國慶節，刻此以奉介公 [10] 永用。王葆貞 [11] 並志草書四行。」

「介人 [10]」，朱文方印。印款，「劍一人敵，項羽輟學，矧雕蟲小技乎哉。壯夫不為有以夫。余年十三，日手頑石，與同學規仿浙派，尋以目疾，相戒勿作。客窗無俚，偶一遊刃，手眼全疏，安得少時之恢恢有餘地耶。漱岩 [11] 刊後志草書六行。」

《香港中興報》1936 年 5 月 29 日

【注釋】

[1] 趙仲穆，趙牧父，即趙穆。詳見《附錄　蔡守與古人交流考》。

[2] 魏錫五，無考。

[3] 魏馘xu，鐵三之弟。詳見《附錄　蔡守與時人交遊考》。

[4] 昕 xīn 夕，朝暮。謂終日。宋沈括《賀年啟》，「祈頌之誠，昕夕於是。」

[5] 黃士陵，即黃牧甫。詳見《附錄　蔡守與古人交流考》。

[6] 賓虹、黃質、樸丞、質、臣質、樸居士、黃樸丞、潭上質，即黃賓虹。詳見《附
　　錄　蔡守與時人交遊考》。

[7] 守、哲夫、寒，即蔡守。

[8] 銀晶，水晶的一種。

[9] 鄭問山，即鄭沛。詳見《附錄　蔡守與時人交遊考》。

[10] 朱瑞、介公、介人，即朱瑞。詳見《附錄　蔡守與時人交遊考》。

[11] 王葆貞、漱岩，即王葆楨。詳見《附錄　蔡守與時人交遊考》。

　　少年好友黃岩王葆楨 [1]，字漱岩，工詩，精鐵筆，嘗為篆刻梅根石巨印「傾城 [2] 粉本」朱文大篆；又為刻「傾城夫婿為花寫照」八字朱文方印，旋別去，聲問久闕。迨王枚伯舟瑤 [3] 聘余返粵為兩廣優級師範學堂教授，知枚伯與漱岩同族，遊學巴黎未歸。迄今垂三十年，未知尚存否。今夕錄此，為之黯然。守 [4]。

　　「『在辛』，朱文橢圓印，燈光凍石。『李氏八松庵印』，朱文小篆，白果青田石。『東卿金石』，白文方印，煤精 [5] 瑩澤如玉。『夢樓』，朱文方印，田黃石，鈿閣紐。『曲園』，朱文方印，昌化雞血石。右五印為茗柯 [6] 公舊藏。拓寄寒瓊 [4] 道丈定。張景遜諟齋 [7]。」「張大」，白文有邊印。張大將軍諟齋，為惠言之從孫。日本士官生，曾為師長，武人而耆 [8] 金石者，亦如李印泉根源 [9]、何敘父遂 [10]，今不得意，蟄居當塗城中孝廉巷茗柯舊宅，能詩畫，亦工鐵筆。與易均室 [11]、蘇碩人 [12] 友善，並工摹吉金全形。用焦筆學樊噲公 [13]、邊頤公 [14]。守記。

　　「于學忠印」，白文方印。「字曰孝侯」，朱文方印，印側刻雙觀世音像，款曰，「歲在民國廿年七月十五日，信士弟子張景遜，敬為孝侯大將軍造雙觀世音像二區，仰願軍旅平安家門吉祥，永充供養者。」款字朱文有棋格，仿始平公造像，古茂得六朝人意，造像亦淵古莊嚴。近年鄧爾雅 [15] 自詡能於印側刻造像，但未逮諟齋遠甚遠甚。

「蔡愷」，白文方印。「別字樂樵」，朱文方印。「小癡」，朱文葫蘆小印。「仿南宮」，朱文橢圓小印。「側身天地更懷古」，白文長方印。「評書讀畫軒」，白文方印。「蒼鼠奮髯飲松腴」，朱文小篆方印。右七印均白芙蓉凍石精瑩絕倫，為族人樂樵自刻。樂樵並工山水，比日里人以巨直求之不多覯也。

《香港中興報》1936 年 5 月 30 日

【注釋】

[1] 王葆楨，詳見《附錄　蔡守與時人交遊考》。

[2] 傾城，即張傾城。詳見《附錄　蔡守與時人交遊考》。

[3] 王枚伯，即王舟瑤。詳見《附錄　蔡守與時人交遊考》。

[4] 守、寒瓊，即蔡守。

[5] 煤精，稱煤玉。具有明亮的瀝青和金屬光澤。黑色、緻密，韌性大。有兩種，一種是高級煤，主要成分是炭，比一般煤輕。另一種是石化得很徹底的，主要成分不是炭，密度比較大，比煤重，可用於製作工藝美術品，雕刻加工後光澤更漂亮。

[6] 茗柯，即張惠言。詳見《附錄　蔡守與古人交流考》。

[7] 張景遜、諟齋，詳見《附錄　蔡守與時人交遊考》。

[8] 耆 shì，愛好。後作「嗜」。《孟子・告子上》，「口之於味也，有同耆也。」

[9] 李印泉，即李根源。詳見《附錄　蔡守與時人交遊考》。

[10] 何敘父，即何遂。詳見《附錄　蔡守與時人交遊考》。

[11] 易均室，即易忠籙。詳見《附錄　蔡守與時人交遊考》。

[12] 蘇碩人，即蘇澗寬。詳見《附錄　蔡守與時人交遊考》。

[13] 樊噲公，即樊圻。詳見《附錄　蔡守與古人交流考》。

[14] 邊頤公，即邊壽民。詳見《附錄　蔡守與古人交流考》。

[15] 鄧爾雅，詳見《附錄　蔡守與時人交遊考》。

「人之砥錫」，朱文方印。「和平」，朱文大篆方印。跋，「永嘉萬雋選季海 [1] 二印不減原刻，惜比日佞佛不治印，然鄂中知崇黟山黃牧父 [2] 自萬君始。易忠籙 [3]。」「均室 [3]」，白文有邊印。

鎮平黃穀生釗 [4]《集拓古印》[5] 一冊，各有詩題之。

「漢壽亭侯關羽之印」，白文玉質，案《蜀志》「建安己亥，川人獻玉一顆，中有並環。漢中王命上下鐫曰『漢壽亭侯關羽之印』，遣益州司馬費詩 [6] 齎

至荊州，賜前將軍為佩章，假節鉞督九郡。印今藏西湖侯祠中，上刻清高宗御製詩。」

「黃綾包裹朱盤捧，御書信印神為竦。拂拭初看鸞鳳驚，襲藏久並球刀重。英英八字鐫篆文，司馬齎賜前將軍。當時假鉞督九郡，想見虎視空襄樊。如虹浩氣互神物，洞庭鄱陽先後出印後為吳將徐盛[7]得之黃龍。己酉盛鄱陽湖舟覆，失之。迄明萬曆丁巳，鄱陽湖晝夜放光，漁人獲得是寶。有司進於朝。越二歲丁巳，神宗命翰林董其昌[8]，齎至西湖侯祠中。洞庭事見《雲谷雜記》[9]。片玉仍齎明聖湖，水伯波臣助齋祓。我摹此印三歎息，漢家玉璽虛傳國。洛陽宮井龍蟠泥，望氣孫郎收五色。永安宮中誰侍側，張嘉所獻亦旋失《蜀志先主傳》『襄陽男子張嘉獻玉璽』。何如此印不污賊，千載漁人還網得。摩挲重寶感英靈，鐫翠長留聖墨馨。鄂王私印誰藏得，不共祠官配鼎銘岳鄂王有玉印，大徑寸。白文刻『岳飛私印』四字。太湖漁人網得之，後為吳郡孫氏所有，佩之可已瘧。見《淮海英靈集‧江昱詩》[10]。釗[4]敬題。」「穀生[4]」，白文有邊方印。

《香港中興報》1936 年 6 月 3 日

【注釋】

[1] 萬雋選，詳見《附錄　蔡守與時人交遊考》。

[2] 黃牧父，即黃牧甫。詳見《附錄　蔡守與時人交遊考》。

[3] 易忠籙、均室，詳見《附錄　蔡守與時人交遊考》。

[4] 黃穀生、釗、穀生，即黃釗。詳見《附錄　蔡守與古人交流考》。

[5] 《集拓古印》，清黃釗著，現無考。

[6] 費詩，詳見《附錄　蔡守與古人交流考》。

[7] 徐盛，詳見《附錄　蔡守與古人交流考》。

[8] 董其昌，詳見《附錄　蔡守與古人交流考》。

[9] 《雲谷雜記》4 卷，宋張淏撰，已佚，後人從《永樂大典》中輯出。

[10]《淮海英靈集》22 卷，清阮元輯。嘉慶三年小琅嬛仙館刻本。

「真卿」，朱文銅印，黃[1]題，「顏魯公名印歌魯與[2]方伯官陝右時所得，橫流安定賴綱紐，諸葛大名同不朽文忠與諸葛忠武同里。太師老仗蘇武節，不在區區印懸肘。銅章二字誰所為，小篆鬱律蟠蛟螭。物以人重非玩好，是真是贗毋見疑。禮泉長安服官始，鳳棲原上秋風起。隴西決獄頌平反，仍是琅琊舊孫子。碧暈斕斒[3]土花紫，摩挲故物猶傳璽。當時若效司農筮，濺血還能擲朱

泚 [4]。君不見，江東文士延蕭存 [5] 陸士修 [6]，清河僧智海 [7] 亦同書局。韻海於今有《鏡原》[8]，字畫依舊存干祿。流傳此印想鈐朱，當日名臣本大儒。文章氣節隱同見，彝鼎圖書亦自娛。黃釗 [1]。」「鐵香 [1]」，朱文小篆方印。

「慈聖御筆」，朱文玉印。寒 [9] 案，「漢陽葉東卿志詵 [10] 樞部家藏，印徑二寸有八分，寬二寸有一分，厚一寸有五分，背鐫十三字，八分書。字徑二分。曰『宋仁宗曹皇后之御寶』，項元汴 [11] 藏。側又有『慈聖御筆』四字。印為美玉琢成，惜毀於火，璺□ [12] 無色耳。」

「精珍華玉鐫菊刀，王母貼下鈐紅膏。當時御寶作何用，得毋啟宴傳蟠桃。朱礬香麝漬玉版，翔鸞舞勢回丹臺。三元八會仿真誥，龍鳳隱約同刓雕。記膺冊寶受尊號，符天媲昊聞歌謠。璇宮丁丁海籌報，慶壽益顯曹門高。神孫勤政況誠孝，慈愛天至憐其勞。有時御筆下溫詔，成用此寶從恩褒。泥紅脂白庋翠匣，螭盤斗覆加黃條。流傳八百有餘載，偶然昆玉遭焚椒。嘉禾後裔獲崇教，厚載之福非同曹寒案『明宣宗恭讓皇后牙章，篆書『厚載崇教之寶』。舊為嘉禾曹氏 [13] 所藏。君不見，蓮花柳葉篆競描，聖母當日言青苗。釗 [1] 敬題」。「鎮平黃氏 [1]」白文印。

「鐵儂」朱文鐵印，寒案，「穀生 [1] 有詩並見《讀白華草堂詩卷四》，題曰『蔣稻翁以舊藏鐵印章見貽賦謝』。注云『印方廣七分，高五分。環紐黝漆。其面中篆『鐵儂』二字」。

《香港中興報》1936 年 6 月 4 日

【注釋】

[1] 黃鐵香，穀生，即黃釗，詳見《附錄 蔡守與古人交流考》。

[2] 魯與，無考。

[3] 斒 lán 斑 bān，色彩錯雜鮮明貌。唐韓翃《少年行》，「千點斒斑噴玉驄，青絲結尾繡纏駿。」

[4] 朱泚 cǐ，詳見《附錄 蔡守與古人交流考》。

[5] 蕭存，詳見《附錄 蔡守與古人交流考》。

[6] 陸士修，詳見《附錄 蔡守與古人交流考》。

[7] 清河僧智海，詳見《附錄 蔡守與古人交流考》。

[8] 《鏡原》，即《韻海鏡源》是成書於唐代的一部重要著作，由顏真卿主持編撰，是一部集文字與音韻之大成的巨著，既是類書，也是一部韻書、字書。該書首

創類書按韻編排之體例，為後世韻府類書之鼻祖。但此書到宋代逐漸湮沒，直至佚失。

[9] 寒，即蔡守。

[10] 葉東卿，即葉志詵 shēn。詳見《附錄　蔡守與古人交流考》。

[11] 項元汴，詳見《附錄　蔡守與古人交流考》。

[12] 璺 wèn□，璺，「璺拆」，裂紋。《書·洪範》「用靜吉，用作凶。」唐孔穎達疏，「灼龜為兆，其璺拆形狀有五種。」□原文異體字。

[13] 嘉禾曹氏，無考。

「我生本吳儂，稍長始旋粵。於名寓吉金，於字取秀鐵。自惟南方強，冶鍛主剛克。誰知頑乎頑，孰問屈不屈。行年五十四，剛腸漫縈結。聞歌悵懊儂，輒被柔情熨。狂者顧如是，狷者當不屑。丈人獨好我，道義等膠漆。元金久藏櫝，質完字不滅。歡然脫手贈，云此為我設。當時鑄錯人，只許自怡悅。豈知兩字刓，巧合一人掇。儂今似苗官，受印謹齋祓。鎮水伏蛟龍，行山制㺄魃。再拜謝丈人，頑鈍守儂拙。」

「鐵儂 [1] 詩本」，白文錫印，方徑五分，印高一寸有一分，瓦紐，印側有鑿款小楷，「穀生 [1] 先生屬刻。潮陽高忠業 [2] 篆。」寒 [3] 案，「《苜蓿集》 [4] 卷五，『雨中至榕瓢書堂設餅小酌即事詩，教成劖匠孰銘勳。』注云，『潮陽人高忠業，刻欖核作羅漢最精工。近畫堂教之刻錫器，絕佳』。」

傳世錫印甚鮮，穀生耆茗飲，既於宜興定造琴樣砂壺，復造琴樣砂胎鈐有「鐵儂」小印。命高忠業製錫壺，刻銘甚佳。又嘗見張谷雛 [5] 藏錫茶葉瓶一事，蟠蝂 [6] 如簇蠡 [7]，底有「紫翹」橢圓印，知為穀生妾之遺物。想亦高氏所作也。

「紫荃紫翹同校理」，朱文小篆長方印，印款「蔡花亨泰篆」。寒案，「《苜蓿集》卷七『春正餉橘甚富且甘美異常，成二詩示紫荃紫翹兩姬』，知紫荃、紫翹為穀生之妾也。又案，『《牡丹榮辱志》[8]，花亨泰閏三月』。當是蔡氏之女而生於閏三月者，想亦鎮平人。吾家女兒有能篆刻者，容檢縣志考之。」

「種龍養鳳之窠歡餘為詩密記」，朱文長方印。寒案，「《苜蓿集》卷七『有解組後攜二姬當是紫荃、紫翹移榻種龍養鳳之窠，簹翠周遮，鳴蟬四合，疏星入櫺，涼雲著兒，是小安樂行窩也，得消夏詩十四首』。印文『書歡餘為詩』，真閨房之樂有甚於畫眉者，此老之風情可想也。此印亦花亨泰篆刻，如是猗妮 [9] 之印文，又出於女子所刓 [10]，益令人神往。既曰歡餘，又曰密記。其詩定多

豔妮之語也。」

《香港中興報》1936 年 6 月 6 日

【注釋】

　[1]　鐵儂、穀生，即黃釗。詳見《附錄　蔡守與古人交流考》。

　[2]　高忠業，詳見《附錄　蔡守與時人交遊考》。

　[3]　寒，即蔡守。

　[4]　《芑蒢集》8 卷，清黃釗著，道光二十八年（1848）刻本，此書僅北京圖書館、
　　　　南京圖書館、復旦大學、杭州大學等七家公藏。收入《續四庫全書》1516 冊。

　[5]　張谷雛，詳見《附錄　蔡守與時人交遊考》。

　[6]　蟪斒 bān，「斒」同「斑」，蟪斒，像鱔魚般的花紋。

　[7]　簇蠡 lí，簇，量詞。唐白居易《題盧秘書夏日新栽竹》詩，「幾聲清淅瀝，一簇
　　　　綠檀欒。」蠡，蟲蛀木，引申為器物經久磨損要斷的樣子。《孟子‧盡心下》，
　　　　「以追蠡。」趙岐注，「追，鐘紐也。鐘紐如蟲蠡而欲絕。」

　[8]　《牡丹榮辱志》1 卷，宋丘璿撰。對牡丹花進行品題賞鑒之著作。丘璿（《詩話
　　　　總龜》作丘琇），字道源，黟縣人。宋仁宗天聖五年（1027）進士，景祐間為句
　　　　容縣令，官至殿中丞。讀《易》悟「損」「益」二卦，能通數，知未來興廢，嘗
　　　　語家人曰，「吾壽終九九」，後果八十一卒於池州。著有《天乙遁甲賦》《觀時感
　　　　事詩》各一卷，文集十五卷，已佚。《新安志》卷八、弘治《徽州府志》卷八均
　　　　有傳。

　[9]　猗 yì 妮，當為「猗狔」，亦作「猗柅」「猗抳」。猶婀娜。柔美貌。《文選‧宋玉
　　　　高唐賦》，「東西施翼，猗狔豐沛。」李善注，「猗狔，柔弱下垂貌。」

　[10]　刓 wān，一解作「雕鏤，鑿刻」。唐李賀《楊生青花紫石硯歌》，「傭刓抱水含滿
　　　　唇，暗灑萇弘冷血痕。」

　　　「銀蒜掌箋」，朱文小篆方印，亦花亨泰篆。案，「鐵儂 [1]《消夏詩》第
八首注，『銀蒜小婢名』，婢亦有此佳印，其清豔福可羨之至。又案《消夏詩》
第十首云，『珊瑚屑膩水晶瑩，小印如冰翠琢成。認去頭銜為私喚，蓮花內翰
竺清卿。』其印籔 [2] 中俊物亦可想也。」

　　　「寶武」，白文銅印。「誓掃刑餘事不縣，天心知己厭炎劉。衣冠慘到都亭
市，組綬空還槐里侯。地下愁霾傷國老，人間氣短哭清流。剩留繡錯游手印，
一例童謠賣不休。廷濟 [3] 題。」「叔未 [3]」，朱文印。

－289－

「劉耽」，六面印，印見《十鍾山房印舉》[4]。張叔未題詩注云，「甲辰元旦為濰縣陳壽卿 [5] 中書介祺作。」

「史晨饗廟碑，碑在謁廟後。劉耽姓名留，部史仇誧友。里道周補完，牆垣加塗黝。又還民斂錢，給麥償所取。如此尊聖心，縣吏名豈朽。君今得此印，六面連綏紐。質文兩精好，定出漢人手。或云印六面，漢後式始有。或云同姓名，典午書可敂 [6]。眾說非不核，而我曰否否。審印在審文，屢驗自可剖。六面文多垂，體則相沿舊寒 [7] 案，漢六面印頗多。叔未所言甚是甚。此刻甚規矩，一面文乃偶。若在魏晉後，文必無此厚。君近聖人居，金絲聆曲阜。珍重忽得此，魯殿比趨走。此亦君家緣，莫云輕付受。信是漢京遺，他說可勿狃 [8]。遙遙二千年，文字光瓊久。應知吉金吉，特為壽卿壽。廷濟。」「張叔未」，朱文方印。

《香港中興報》1936 年 6 月 7 日

【注釋】

[1] 鐵儂，即黃釗。詳見《附錄　蔡守與古人交流考》。

[2] 籢 lián，同「奩」。古代婦女梳妝用的鏡匣。《說文・竹部》，「籢，鏡籢也。王筠句讀，『《三蒼》，盛鏡器名也。謂方底者，今香匲、棊匲皆是也。」

[3] 廷濟，叔未，即張廷濟。詳見《附錄　蔡守與古人交流考》。

[4] 《十鍾山房印舉》，陳介祺輯。同治十一年（1872），編者將自藏璽印並匯輯吳雲、吳式芬、吳大澂、李佐賢、鮑康等藏印鈐拓而成，初稿共十部，每部 50 冊。每頁一至四印。開本高 26 釐米，寬 16.9 釐米。光緒九年（1883）重編，每部增至 194 冊。因舉類分列各種印式，故名「印舉」。每頁一印，集印逾萬，所選精審。開本高 21 釐米，寬 13.2 釐米。通行的有 1922 年商務印書館涵芬樓影印本，分訂 12 冊。

[5] 陳壽卿，即陳介祺。詳見《附錄　蔡守與古人交遊考》。

[6] 敂 kòu，「叩」的古字。敲擊。叩問。《說文・支部》，「敂，擊也。」

[7] 寒，即蔡守。

[8] 狃 niǔ，迷惑。《宋史・寇準傳》，「是時，契丹內寇，縱遊騎掠深祁間，小不利輒引去，徜徉無鬥意。準曰，『是狃我也。請練師命將，簡驍銳據要害以備之。』」

張叔未 [1] 印脫集冊二頁，高四寸又八分，寬二寸又一分，余曩歲以重值得於海王村，以後印脫集冊則以此兩頁為度。

「乙工肖物」，朱文大篆方印，邊款「滋亭 [2]」。「梅花共歲寒齋」，白文方印瓦紐，邊款「己丑五月尹滋亭用吉金鑄造」，跋刻印邊四周，以嘉慶丁卯竹田 [3] 題名。計此印乃道光九年作，距今百年也，庚午守 [4] 記。「內方外圓」，泉文亦瓦紐，此印曩歲以贈親家尹笛叟 [5]，笛叟為其玄孫也。案，尹右 [2]，字青喬，號滋亭，工書畫，為郭樂郊適 [6] 之外甥，工篆刻，當時名流如謝蘭生 [7]、伊秉綬 [8]、張廷濟 [1]、趙魏 [9] 皆求其治印。又曾訪張叔未家，故有竹田題名《清儀閣詩集》[10]。笛叟為其玄孫，曾到桂林在余祖父所設蔡順昌學為商，故嘗學詩於余先大夫勵庵公。其長女翩鴻亦工纘事，婦余姪賢煒，固有親家之誼。日前見饒平陳氏韻古樓 [11] 藏青喬與里甫合作畫，里甫之女嫁余叔祖春騮公錦泉，亦為親家也。

青喬寫水墨蕉石，里甫補枯樹，小立軸，紙色不黑，洵精品也，其用印亦自刻者。

款「乙丑十月五日里甫添枯樹數筆，時年七十」。「謝蘭生 [7]」，白文方印。

「甲子端陽節畫於無所可用齋，與何露孫 [12] 戲賞之。青喬時年七十三矣。」「尹右之印」，白文方印。「青喬狂筆」，白文方印。「乙工肖物」，朱文方印。

「推仔樓」，朱文橢圓印，印款「玄公」二字隸書。案，婦玄恭莊自名其樓曰「推仔樓」，取「才子佳人」四字合抱云。兩印脫曩歲劉陸靈素 [13] 夫人所贈。謂係吳江柳安如棄疾，字亞子 [14] 家藏者。

「心亭亭」，朱白文方印，款，「春騮太史囑篆。冒瑝娘學奏刀。」案，《蔡邕傳》情志泊兮心亭亭，先太史公取此榜亭，但冒瑝娘待考。案，冒姓為如皋右姓 [15]，曾摹以問鶴亭丈，亦謂未知。余仿鶴丈意，命室人補刻之。

《香港中興報》1936 年 6 月 8 日

【注釋】

[1] 張叔未，即張廷濟。詳見《附錄　蔡守與古人交流考》。

[2] 滋亭、尹右，即尹滋亭。詳見《附錄　蔡守與古人交流考》。

[3] 竹田，無考。

[4] 守，即蔡守。

[5] 尹笛叟，即尹燨。詳見《附錄　蔡守與時人交遊考》。

[6] 郭樂郊，即郭適。詳見《附錄　蔡守與古人交流考》。

[7] 謝蘭生，詳見《附錄　蔡守與古人交流考》。

[8] 伊秉綬，詳見《附錄　蔡守與古人交流考》。

[9] 趙魏，詳見《附錄　蔡守與古人交流考》。

[10]《清儀閣詩集》，清張廷濟著。

[11] 陳氏韻古樓，澄海陳梅湖家是一戶大藏家，收藏有大量古籍和書畫，汕頭市博物館收藏的明末方以智《臨褚河南虞永興行書冊》正是陳家舊藏之一，上面有陳家收藏印「韻古樓」和「饒平陳氏韻古樓藏」。

[12] 何露孫，無考。

[13] 劉陸靈素，即陸靈素。詳見《附錄　蔡守與時人交遊考》。

[14] 柳安如，即柳亞子。詳見《附錄　蔡守與時人交遊考》。

[15] 右姓，豪族大姓。《後漢書・郭伋傳》，「強宗右姓，各擁眾保營，莫肯先附。」李賢注，「右姓，猶高姓也。」

「校茶苑」，朱文小篆長方牙印，亦珥娘篆。先太史公固耆 [1] 茗飲，嘗與潘伍二氏延宜興名手，來粵製砂壺，並手書「校茶苑」額，市寓亦重刻之。

「寒巢」，朱文小篆橢圓牙印，瓦紐，有螭甚工，款「鈿閣」小篆二字在印右。昔年袁寒雲 [2] 以重值登來，出示把玩不釋手，倩愛新覺羅雨娘 [3] 摹刻未工。寒雲即以持贈，後失於黃歇浦，今囑室人重摹之，雖勝於雨娘，顧未能如之工耳。

「望古寓望」，朱白文方印，款，「玄公」，知亦婦氏物。案，《國語》畺疆有寓望。注，「寓望」，今之亭也，拓本得於杭州梅花碑冷攤。

「我本廣西城裏女」，朱文小篆方印，款，「何桂枝句。子惠作。」昔年得於粵市，以贈張心瓊光蕙 [4]。案，徐氏《甡甡簃詩匯》[5] 第一百八十五卷，何桂枝，桂林人，幼失怙恃，其母族鬻於潯梧將軍門下客。客揚州人，居為奇貨，得多金，以歸浙人某給諫為妾，不一年卒，其悲命詩既自哀，亦以哀楊之俗。

「毛袞 [6] 之印」，朱文牙章，款「補仲 [6] 公子命篆，婢左玄女謹學」，隸書二行，甚精。案，補仲為毛晉 [7] 第三子，極愛整潔，地灑掃無纖塵，筆床茗具，位置精嚴，明窗淨几，命美婢日揩摩數四始就座。入其家者，不亂涕唾，媲於倪迂 [8] 清秘閣。其美婢更有能治印者，其風致可想。又毛子晉 [7] 刻書，楷書本多出其妾談氏綠手寫，人少知者，信筆錄於此。可見補仲 [6] 亦

有父風也。

「麝本多忌，沉實易和」，白文長方牙章，款，「《宋書》語。靜娥。」案，《宋書·范曄傳》。沈，沉香也，言沉香勝於麝香，借喻人品。守 [9] 記。

「錢端正裝」，正書長方牙章。案，黃丕烈 [10]《蕘圃藏宋刊圖書見聞志跋》後有「命工錢端正重裝」一行七字，知錢氏為靪 [11] 書工人耳。亦有用印記。

「倪檀波演那」，朱文小篆方印，款，「瑟人公子正篆。清姑。」案，倪檀，梵書兒也。波演那，周圍廊舍院也，見《西域記》[12]。龔定庵 [13] 好佛典。此印未知何取義耳。寒瓊 [9] 志。

《香港中興報》1936 年 6 月 9 日

【注釋】

[1] 耆 shi，愛好。後作「嗜」。《孟子·告子上》，「口之於味也，有同耆也。」《漢書·于定國傳》，「少時耆酒多過失。」顏師古注，「耆，讀曰嗜。」

[2] 袁寒雲，即袁克文。詳見《附錄 蔡守與時人交遊考》。

[3] 愛新覺羅雨娘，詳見《附錄 蔡守與時人交遊考》。

[4] 張心瓊，即張光蕙。詳見《附錄 蔡守與時人交遊考》。

[5] 徐氏《𣇄晴簃詩匯》，為「晚晴」異體字。《晚晴簃詩匯》，民國徐世昌著。1929 年版。仿吳之振《宋詩鈔》、顧嗣立《元詩選》、錢謙益《列朝詩集》、朱彝尊《明詩綜》的規模，網羅全清的詩歌加以選錄。《凡例》中說：「不分異同，薈萃眾長，□尚神思，務屏偽體。自大名家外，要皆因詩存人，因人存詩，二例並用，而搜逸闡幽，尤所加意。」要求做到「一代之中，各家俱存；一家之中，各法俱在」。全帙詩人 6100 餘家，詩 27000 餘首，分為 200 卷。

[6] 毛裒、補仲，毛晉三子，庠生。

[7] 毛晉，詳見《附錄 蔡守與古人交流考》。

[8] 倪迂，即倪瓚。詳見《附錄 蔡守與古人交流考》。

[9] 守、寒瓊，即蔡守。

[10] 黃丕烈，詳見《附錄 蔡守與古人交流考》。

[11] 靪 dīng，補鞋底。也指衣襪等上的補綴處。《廣雅·釋詁八》，「靪，補也。」王念孫疏證，「《說文》，靪，補履下也。徐鍇傳云，今履底下以線為結，謂之釘底是也。案，靪之言相丁著也，今俗語猶云補丁矣。」

[12]《西域記》，即《大唐西域記》，唐玄奘著。

[13] 龔定庵，即龔自珍。詳見《附錄　蔡守與古人交流考》。

「舊時月色亭」，朱文橢圓牙印，極舊色如蒸栗，但璺塈甚多，當是元明物。曹竹娥 [1] 寄贈室人，以其巧合。案，元邵亨貞 [2]《蟻術詞》有暗香一闋，題「舊時色月亭」，為吳中顧氏建云。

「水門初啟放船行」，白文牙印，款「老龜」。案，此為石濤 [3] 廣陵竹枝詞句。余昔年住廣州東水關橋河邊。曾買得鄧完白 [4] 篆書「舟人夜語覺潮生」橫額，以為得余水窗之意，裝池懸於窗上。又獲此印，亦合余居處也。時用以鈐書畫。

「綠透廳」，朱文長方印，款「馬仲仁 [5] 作」。案，薛能 [6] 句「一院春條綠透廳」，蓋取此以榜廳事。室人亦嘗詞牌名「月當廳」三字榜聽事。康侯 [7] 為作朱文小篆印，絕佳。

「月明樓」，朱文小篆方印，款「三橋作」，昔年以贈尹笛叟 [8]，以南唐後主 [9] 有「笛在月明樓」句，故以貽之。

繆藝風荃孫 [10] 嗜金石好藏書，嘗集刻古今人藏書齋館印文，摹為小箋，殊雅。臚列如左，宜稼堂，郁松年 [11]；藝芸精舍，汪士鍾 [12]；皕宋樓，陸心源 [13]；八千卷樓，丁丙 [14]；鐵琴銅劍樓，瞿良士 [15]；微波榭，孔繼涵 [16]；絳雲樓，錢謙益 [17]；士禮居，黃丕烈 [18]；汲古閣，毛晉 [19]；述古堂，錢曾 [20]；持靜齋，丁日昌 [21]；海源閣，楊以增 [22]；四經四史齋，仝前；桂坡館，安紹傑 [23]；萬卷堂，項篤壽 [24]；慎獨齋，劉洪 [25]；孝慈堂，王聞遠 [26]；寒瘦山房，鄧幫述 [27]；峭帆樓，趙學南 [28]；澹生堂，祁承爜 [29]；守山閣，錢熙祚 [30]；通志堂，納蘭容若 [31]；古陶軒，羅福成 [32]；夢碧簃，顧燮光 [33]；夢郼草堂，羅振玉 [34]；赫連泉館，仝前。獨笑齋，鄭業敩 [35]。

《香港中興報》1936 年 6 月 10 日

【注釋】

[1] 曹竹娥，無考。

[2] 邵亨貞，詳見《附錄　蔡守與古人交流考》。

[3] 石濤，即原濟。詳見《附錄　蔡守與古人交流考》。

[4] 鄧完白，即鄧琰。詳見《附錄　蔡守與古人交流考》。

[5] 馬仲仁，無考。

［6］薛能，詳見《附錄 蔡守與古人交流考》。

［7］康侯，即馮康侯。詳見《附錄 蔡守與時人交遊考》。

［8］尹笛叟，詳見《附錄 蔡守與時人交遊考》。

［9］南唐後主，詳見《附錄 蔡守與古人交流考》。

［10］繆藝風，即繆荃孫。詳見《附錄 蔡守與時人交遊考》。

［11］郁松年，詳見《附錄 蔡守與古人交流考》。

［12］汪士鍾，詳見《附錄 蔡守與古人交流考》。

［13］陸心源，詳見《附錄 蔡守與古人交流考》。

［14］丁丙，詳見《附錄 蔡守與古人交流考》。

［15］翟良士，即翟啟甲。詳見《附錄 蔡守與時人交遊考》。

［16］孔繼涵，詳見《附錄 蔡守與古人交流考》。

［17］錢謙益，詳見《附錄 蔡守與古人交流考》。

［18］黃丕烈，詳見《附錄 蔡守與古人交流考》。

［19］毛晉，詳見《附錄 蔡守與古人交流考》。

［20］錢曾，詳見《附錄 蔡守與古人交流考》。

［21］丁日昌，詳見《附錄 蔡守與古人交流考》。

［22］楊以增，詳見《附錄 蔡守與古人交流考》。

［23］安紹傑，即安國，詳見《附錄 蔡守與古人交流考》。

［24］項篤壽，詳見《附錄 蔡守與古人交流考》。

［25］劉洪，詳見《附錄 蔡守與古人交流考》。

［26］王聞遠，詳見《附錄 蔡守與古人交流考》。

［27］鄧幫述，詳見《附錄 蔡守與時人交遊考》。

［28］趙學南，即趙詒琛。詳見《附錄 蔡守與時人交遊考》。

［29］祁承爜，詳見《附錄 蔡守與時人交遊考》。

［30］錢熙祚，詳見《附錄 蔡守與古人交流考》。

［31］納蘭容若，即納蘭性德。詳見《附錄 蔡守與古人交流考》。

［32］羅福成，詳見《附錄 蔡守與時人交遊考》。

［33］顧燮光，詳見《附錄 蔡守與時人交遊考》。

［34］羅振玉，詳見《附錄 蔡守與時人交遊考》。

［35］鄭業斅，詳見《附錄 蔡守與時人交遊考》。

　　涉園，陶鑒泉 [1]；望堂，楊守敬 [2]；循園，范壽銘 [3]；寶鴨齋，徐樹

鈞 [4]；綴學堂，陳漢章 [5]；伏廬，陳漢弟 [6]；澂秋館，陳寶琛 [7]；清寧館，張可中 [8]；藝海樓，顧沅 [9]；瞻麓齋，龔心釗 [10]；觀堂，王國維 [11]；觀古閣，鮑康 [12]；奕載堂，瞿中溶 [13]；寶鋗齋，韓崇 [14]；續語堂，魏錫曾 [15]；香南精舍，覺羅崇恩 [16]；寶素室，達受 [17]；奇觚室，劉心源 [18]；嘉蔭簃，劉喜海 [19]；清愛堂，同上；拙存堂，蔣衡 [20]；攀古樓，潘祖蔭 [21]；潛研堂，錢大昕 [22]；十六長樂堂 [23]，楊浚 [24]；鐵函齋，楊賓 [25]；平安館，葉志銑 [26]；古墨齋，趙紹祖 [27]；竹崦庵，趙魏 [28]；陶齋，端方 [29]；懷米山房，曹載奎 [30]；小蓬萊閣，黃易 [31]；話蘭堂，馮緝 [32]；木庵，程振中 [33]。有萬熹齋，傅以禮 [34]；巽齋，費錫申 [35]；千甓亭，陸心源 [36]；八瓊室，陸增祥 [37]；藤花館，梁廷枏 [38]；芳堅館，郭尚先 [39]；郁華閣，盛昱 [40]；上匋室，高鴻裁 [41]；簠齋，陳介祺 [42]；十鐘山房，同上；惠綠軒，陳亦禧 [43]；求古精舍，陳經 [44]；百甓齋，陳瑛 [45]；從古堂，徐同柏 [46]；隨軒，徐渭仁 [47]；讀雪齋，孫汝梅 [48]；蘇齋，翁方綱 [49]；東洲草堂，何紹基 [50]；古銅爵書屋，宋世犖 [51]；積古齋，阮元 [52]；來齋，林侗 [53]；雙虞壺齋，吳式芬 [54]；慕陶軒，吳廷康 [55]；二百蘭亭齋，吳雲 [56]；雨罍，同上；筠清館，吳榮光 [57]；稽古齋，吳觀均 [58]；觀妙齋，李光映 [59]；石泉書屋，李佐賢 [60]；得壺山房，同上；懷瑌精舍，李宗蓮 [61]；愛吾鼎齋，李璋煜 [62]；十二硯齋，汪蛟門 [63]；又汪鋆 [64]；吉金齋，何昆玉 [65]；宜祿堂，朱士端 [66]；敬吾心室，朱善旂 [67]；開有益齋，朱緒曾 [68]；曝書亭，朱彝尊 [69]；半氈齋，江藩 [70]；愙齋，吳大澂 [71]；恒軒，同上；十六金符齋，同上；愛吾廬，吳世宜 [72]；師讓庵，丁松生 [73]；梅花草庵，丁彥臣 [74]；求是齋，丁紹基 [75]；杉林館，丁麟年 [76]；砥齋，王宏撰 [77]；話雨樓，王楠□ [78]；選青閣，王錫棨 [79]；天壤閣，王懿榮 [80]；翠墨園，同上；枕經堂，方朔 [81]；綴遺齋，方濬益 [82]；蒼潤齋，沈周 [83]；蒼潤軒，盛時泰 [84]；菉竹堂，葉盛 [85]；嘯堂，王俅 [86]；寫禮廎，王頌蔚 [87]；平津館，孫星衍 [88]；石經閣，馮登府 [89]；古泉山館，瞿中溶 [90]；退庵，梁章鉅 [91]；□朝閣，日本高田忠周 [92]；寶蘊樓，容賡白 [93]；浣花拜石軒，錢坫 [94]；漢石經堂，沈樹鏞 [95]；學古齋，董金南 [96]；行素草堂，朱記榮 [97]；百一廬，陳乃乾 [98]；唐風樓，羅振玉 [99]；叢書堂，吳寬 [100]；叢書樓，馬曰璐 [101]；玲瓏山館，同上；玉蘭堂，文徵明 [102]；鬱岡齋，王宇泰 [103]。

《香港中興報》1936 年 6 月 11 日

【注釋】

[1] 陶鑒泉，即陶瑢，詳見《附錄　蔡守與時人交遊考》。

[2] 楊守敬，詳見《附錄　蔡守與時人交遊考》。

[3] 范壽銘，詳見《附錄　蔡守與時人交遊考》。

[4] 徐樹鈞，詳見《附錄　蔡守與時人交遊考》。

[5] 陳漢章，詳見《附錄　蔡守與時人交遊考》。

[6] 陳漢弟，詳見《附錄　蔡守與時人交遊考》。

[7] 陳寶琛，詳見《附錄　蔡守與時人交遊考》。

[8] 張可中，詳見《附錄　蔡守與時人交遊考》。

[9] 顧沅，詳見《附錄　蔡守與古人交流考》。

[10] 龔心釗，詳見《附錄　蔡守與時人交遊考》。

[11] 王國維，詳見《附錄　蔡守與時人交遊考》。

[12] 鮑康，詳見《附錄　蔡守古人交流考》。

[13] 瞿中溶，即瞿木夫。詳見《附錄　蔡守與古人交流考》。

[14] 韓崇，詳見《附錄　蔡守與古人交流考》。

[15] 魏錫曾，詳見《附錄　蔡守與古人交流考》。

[16] 覺羅崇恩，詳見《附錄　蔡守與古人交流考》。

[17] 達受，詳見《附錄　蔡守與古人交流考》。

[18] 劉心源，詳見《附錄　蔡守與時人交遊考》。

[19] 劉喜海，詳見《附錄　蔡守與古人交流考》。

[20] 蔣衡，詳見《附錄　蔡守與古人交流考》。

[21] 潘祖蔭，詳見《附錄　蔡守與古人交流考》。

[22] 錢大昕，詳見《附錄　蔡守與古人交流考》。

[23] 十六長樂堂，楊浚，原文誤，據《室名別號索引》載，「十六長樂堂」為「清嘉定錢坫」堂號。錢坫，詳見《附錄　蔡守與古人交流考》。

[24] 楊浚，詳見《附錄　蔡守與古人交流考》。

[25] 楊賓，詳見《附錄　蔡守與古人交流考》。

[26] 葉志銑，詳見《附錄　蔡守與古人交流考》。

[27] 趙紹祖，詳見《附錄　蔡守與古人交流考》。

[28] 趙魏，詳見《附錄　蔡守與古人交流考》。

[29] 端方，即托忒克·端方，詳見《附錄　蔡守與時人交遊考》。

[30] 曹載奎，詳見《附錄　蔡守與古人交流考》。

[31] 黃易，詳見《附錄　蔡守與古人交流考》。

[32] 馮緒，據《室名別號索引》，「話蘭堂，清晉安馮緒」。馮緒，誤。馮緝，無考。

[33] 程振中，據《室名別號索引》，「木庵，清歙縣程振甲」。程振中，誤。應是程振甲，詳見《附錄　蔡守與古人交流考》。

[34] 傅以禮，詳見《附錄　蔡守與時人交遊考》。

[35] 費錫申，詳見《附錄　蔡守與古人交流考》。

[36] 陸心源，詳見《附錄　蔡守與古人交流考》。

[37] 陸增祥，詳見《附錄　蔡守與古人交流考》。

[38] 梁廷枏，詳見《附錄　蔡守與古人交流考》。

[39] 郭尚先，詳見《附錄　蔡守與古人交流考》。

[40] 盛昱，詳見《附錄　蔡守與時人交遊考》。

[41] 高鴻裁，詳見《附錄　蔡守與時人交遊考》。

[42] 陳介祺，詳見《附錄　蔡守與古人交流考》。

[43] 陳亦禧，無考。

[44] 陳經，詳見《附錄　蔡守與古人交流考》。

[45] 陳瑛，據《室名別號索引》，「百甓齋，清吳縣陳璜」。陳瑛，誤。陳璜有《百甓齋金石文字目錄》六卷傳世。

[46] 徐同柏，詳見《附錄　蔡守與古人交流考》。

[47] 徐渭仁，詳見《附錄　蔡守與古人交流考》。

[48] 孫汝梅，詳見《附錄　蔡守與古人交流考》。

[49] 翁方綱，詳見《附錄　蔡守與古人交流考》。

[50] 何紹基，詳見《附錄　蔡守與古人交流考》。

[51] 宋世犖 luò，詳見《附錄　蔡守與古人交流考》。

[52] 阮元，詳見《附錄　蔡守與古人交流考》。

[53] 林侗，詳見《附錄　蔡守與古人交流考》。

[54] 吳式芬，詳見《附錄　蔡守與古人交流考》。

[55] 吳廷康，詳見《附錄　蔡守與古人交流考》。

[56] 吳雲，詳見《附錄　蔡守與時人交遊考》。

[57] 吳榮光，詳見《附錄　蔡守與古人交流考》。

[58] 吳觀均，詳見《附錄　蔡守與古人交流考》。

[59] 李光映，即李光暎，詳見《附錄　蔡守與古人交流考》。

[60] 李佐賢，詳見《附錄　蔡守與古人交流考》。

[61] 李宗蓮，詳見《附錄　蔡守與古人交流考》。

[62] 李璋煜，詳見《附錄　蔡守與古人交流考》。

[63] 汪蛟門，即汪懋麟。詳見《附錄　蔡守與古人交流考》。

[64] 汪鋆，詳見《附錄　蔡守與古人交流考》。

[65] 何昆玉，詳見《附錄　蔡守與古人交流考》。

[66] 朱士端，詳見《附錄　蔡守與古人交流考》。

[67] 朱善旂，詳見《附錄　蔡守與古人交流考》。

[68] 朱緒曾，詳見《附錄　蔡守與古人交流考》。

[69] 朱彝尊，詳見《附錄　蔡守與古人交流考》。

[70] 江藩，詳見《附錄　蔡守與古人交流考》。

[71] 吳大澂，詳見《附錄　蔡守與古人交流考》。

[72] 吳世宜，詳見《附錄　蔡守與古人交流考》。

[73] 丁松生，即丁丙。詳見《附錄　蔡守與古人交流考》。

[74] 丁彥臣，詳見《附錄　蔡守與古人交流考》。

[75] 丁紹基，詳見《附錄　蔡守與古人交流考》。

[76] 丁麟年，詳見《附錄　蔡守與時人交遊考》。

[77] 王宏撰，詳見《附錄　蔡守與古人交流考》。

[78] 王楠□，詳見《附錄　蔡守與古人交流考》。

[79] 王錫棨，詳見《附錄　蔡守與古人交流考》。

[80] 王懿榮，詳見《附錄　蔡守與古人交流考》。

[81] 方朔，詳見《附錄　蔡守與古人交流考》。

[82] 方濬益，詳見《附錄　蔡守與古人交流考》。

[83] 沈周，詳見《附錄　蔡守與古人交流考》。

[84] 盛時泰，詳見《附錄　蔡守與古人交流考》。

[85] 葉盛，詳見《附錄　蔡守與古人交流考》。

[86] 王俅，詳見《附錄　蔡守與古人交流考》。

[87] 王頌蔚，詳見《附錄　蔡守與古人交流考》。

[88] 孫星衍，詳見《附錄　蔡守與古人交流考》。

[89] 馮登府，詳見《附錄　蔡守與古人交流考》。

[90] 瞿中溶，即瞿木夫。詳見《附錄　蔡守與古人交流考》。

[91] 梁章鉅，詳見《附錄　蔡守與古人交流考》。

[92] 高田忠周，詳見《附錄　蔡守與時人交遊考》。

[93] 容賡白，據《室名別號索引》，無「寶蘊樓　容賡白」條。容賡白，無考。容庚有《寶蘊樓彝器考》。

[94] 錢坫，詳見《附錄　蔡守與古人交流考》。

[95] 沈樹鏞，詳見《附錄　蔡守與古人交流考》。

[96] 董金南，詳見《附錄　蔡守與古人交流考》。

[97] 朱記榮，詳見《附錄　蔡守與時人交遊考》。

[98] 陳乃乾，詳見《附錄　蔡守與時人交遊考》。

[99] 羅振玉，詳見《附錄　蔡守與時人交遊考》。

[100] 吳寬，詳見《附錄　蔡守與古人交流考》。

[101] 馬曰璐，詳見《附錄　蔡守與古人交流考》。

[102] 文徵明，詳見《附錄　蔡守與古人交流考》。

[103] 王宇泰，即王肯堂，詳見《附錄　蔡守與古人交流考》。

野竹齋，沈辯之 [1]；七檜山房，楊夢羽 [2]；茶夢齋，姚舜諮 [3]；致爽閣，秦西岩 [4]；玄齋，同上；又玄齋，同上；玄覽中區，同上；小草齋，謝肇淛 [5]；竹深堂，錢謙益 [6]；樸學齋，葉石 [7]；倦圃，曹溶 [8]；傳是樓，徐乾學 [9]；潛采堂，朱彝尊 [10]；紅豆齋，惠棟 [11]；小山堂，趙功千 [12]；繡谷亭，吳尺鳧 [13]；拜經樓，吳騫 [14]；知不足齋，鮑廷博 [15]；振綺堂，汪美 [16]；池北書庫，王士禎 [17]；經訓堂，畢沅 [18]；雅雨堂，盧見曾 [19]；石研齋，秦恩復 [20]；紅榈書屋，孔繼涵 [21]；貸園，李文藻 [22]；讀書齋，顧修 [23]；惜陰軒，李錫齡 [24]；借月山房，張海鵬 [25]；連筠簃，楊林 [26]；別下齋，蔣光煦 [27]；小萬卷樓，錢名培 [28]；十萬卷樓，陸心源 [29]；滂喜齋，潘祖蔭 [30]；功順堂，同上；嘉惠堂，丁丙 [31]；式訓堂，章壽康 [32]；綠墅，馮龍官 [33]；綠茄楠館，樊增祥 [34]；共讀樓，索綽絡 [35]；雲海樓，閔爾昌 [36]；頭青齋，秦鎬 [37]；三斗銅齋，文鼎 [38]；山茶樓，錢謙益；味無味齋，朱堅 [39]。都數百印，巨者一二方，小者五方至十方，精雅絕倫。嘗贈一匣，不敢用之，迄今少見，或當時亦製箋無多也。

「待月池臺」，朱文小篆牙章，似是明代物。辛酉春間，友人所贈，時梨院尚未歸余，亦待闋鴛鴦之紀念也。案此四字乃取南唐後主 [40] 詞句。

「木當窗」，朱文長方印，款「三橋」。案，鄭符 [41] 詞「坐對當窗木」。友人黃晦聞節 [42]，號木根，取木晦於根之意，見是印甚喜，因即把似。

「水聲山色妝樓」，朱文小篆牙印，款「娥娥大家正篆。馬月嬌 [43] 持贈」。案，李珣 [44] 詞「水聲山色鎖妝樓」，印文取此。但馬月嬌未知是湘蘭否，因未聞湘蘭解篆刻也。

「曾宴桃源深洞」，白文方印，款「草公」，似是明人。案，此乃後唐莊宗 [45] 詞也。時老友吳彈赦恭亨 [46] 避地桃源縣，因以寄似。

「芭蕉窠」，朱文小篆長方印，無款，似明人刻。老友劉慎初學詢 [47] 隱居西湖丁家山下，饒水竹之勝，燕處芭蕉最密，遂以移贈。案，南唐後主詞「簾外芭蕉兩窠」，印文取此。

《香港中興報》1936 年 6 月 12 日

【注釋】

[1] 沈辯之，即沈與文，詳見《附錄　蔡守與古人交流考》。

[2] 楊夢羽，即楊儀，詳見《附錄　蔡守與古人交流考》。

[3] 姚舜諮，即姚諮，詳見《附錄　蔡守與古人交流考》。

[4] 秦西岩，有著作《故劍編》，餘無考。

[5] 謝肇淛 zhè，詳見《附錄　蔡守與古人交流考》。

[6] 錢謙益，詳見《附錄　蔡守與古人交流考》。

[7] 葉石，即葉樹廉，詳見《附錄　蔡守與古人交流考》。

[8] 曹溶，詳見《附錄　蔡守與古人交流考》。

[9] 徐乾學，詳見《附錄　蔡守與古人交流考》。

[10] 朱彝尊，詳見《附錄　蔡守與古人交流考》。

[11] 惠棟，詳見《附錄　蔡守與古人交流考》。

[12] 趙功千，即趙昱。詳見《附錄　蔡守與古人交流考》。

[13] 吳尺鳬 fú，即吳焯。詳見《附錄　蔡守與古人交流考》。

[14] 吳騫，詳見《附錄　蔡守與古人交流考》。

[15] 鮑廷博，詳見《附錄　蔡守與古人交流考》。

[16] 汪美，即汪憲。詳見《附錄　蔡守與古人交流考》。

[17] 王士禛，詳見《附錄　蔡守與古人交流考》。

[18] 畢沅，詳見《附錄　蔡守與古人交流考》。

［19］盧見曾，詳見《附錄　蔡守與古人交流考》。

［20］秦恩復，詳見《附錄　蔡守與古人交流考》。

［21］孔繼涵，詳見《附錄　蔡守與古人交流考》。

［22］李文藻，詳見《附錄　蔡守與古人交流考》。

［23］顧修，詳見《附錄　蔡守與古人交流考》。

［24］李錫齡，詳見《附錄　蔡守與古人交流考》。

［25］張海鵬，詳見《附錄　蔡守與古人交流考》。

［26］楊林，即楊尚文。詳見《附錄　蔡守與古人交流考》。

［27］蔣光煦，詳見《附錄　蔡守與古人交流考》。

［28］錢名培，無考。

［29］陸心源，詳見《附錄　蔡守與古人交流考》。

［30］潘祖蔭，詳見《附錄　蔡守與古人交流考》。

［31］丁丙，即丁松年。詳見《附錄　蔡守與古人交流考》。

［32］章壽康，詳見《附錄　蔡守與時人交遊考》。

［33］馮龍官，詳見《附錄　蔡守與古人交流考》。

［34］樊增祥，詳見《附錄　蔡守與時人交遊考》。

［35］索綽絡，即國英，詳見《附錄　蔡守與古人交流考》。

［36］関爾昌，詳見《附錄　蔡守與時人交遊考》。

［37］秦鎬，詳見《附錄　蔡守與古人交流考》。

［38］文鼎，詳見《附錄　蔡守與古人交流考》。

［39］朱堅，即朱臛。詳見《附錄　蔡守與古人交流考》。

［40］南唐後主，即李煜。詳見《附錄　蔡守與古人交流考》。

［41］鄭符，詳見《附錄　蔡守與古人交流考》。

［42］黃晦聞，即黃節。詳見《附錄　蔡守與時人交遊考》。

［43］馬月嬌，即馬守真，又稱馬湘蘭。詳見《附錄　蔡守與古人交流考》。

［44］李珣，詳見《附錄　蔡守與古人交流考》。

［45］後唐莊宗，即李存勖 xù，詳見《附錄　蔡守與古人交流考》。

［46］吳彈敕，即吳恭亨。詳見《附錄　蔡守與時人交遊考》。

［47］劉慎初，即劉學詢。詳見《附錄　蔡守與時人交遊考》。

「月鳴橋」，白文天然印，款「器翁 ［1］ 詞壇囑篆。清湘上人 ［2］《廣陵竹枝詞》［3］ 語。玄子蔡虛 ［4］ 鐵筆」，隸書四行，甚精湛。是印余少時二十錢得

於鄉間順德龍江大墟即光華街，逢三六九墟期冷攤，歸來小婢翠娥為洗滌磨治，乃明代之燈光凍也，晶瑩可貴，印身天然凹凸刻松石亦殊佳。考器翁，當為吾邑梁，字器甫，能畫，與石濤 [5] 友善。知為梁器甫遺物，尤令人珍玩，惜蔡玄子虛待考，諒亦為吾家先人，鐵筆如是高古，而名竟不傳，可歎。案「月鳴橋」在里第之東，通龍山沙富埠。石闌花紋仿古玉古錦，至為精雅，橋名隸書，相傳為陳獨漉 [6] 遺跡。聞器甫與李祈年稔 [7] 嘗寓吾鄉，或即主吾蔡氏之宅，而與月鳴橋相距匪遙，玄子為作是印。而器甫它去時，未嘗攜往，故流落鄉間耳。

「食氣者壽」，白文天然印，印脫甚舊，有馬月姑 [8] 拓印。案，此為楊老龜 [9] 印也，脫本罕見。

「五十歲留學生，念六年老副將」，「看羊少蘇武一年，探宿多張騫兩度」，「老不封侯慚李廣，歸猶屬國讓蘇卿」，三印皆朱文方印，為侯官陳季同敬如 [10] 物。案，季同少年遊學法國，習海軍，歷保參將總兵等官，又歷任文職，終於江南編譯局總纂。聞更有一印曰「參將參贊，總兵總纂」，敘其武職而任文事，且首一字皆巧合其官，是頁失拓此印，為可惜耳。

「一枝石乾」，朱文長方印。無邊款。案，此為石濤印也。

「羅浮半月黃冠客」，朱文方印，款「才自神仙窟袒裏來，煙霞滿面絕塵埃。仙官天上今嫌冗，把持黃冠掛一回。琴隱主人」。案，此為湯雨生貽汾 [11] 自刻之印也。

「謝家中婦」，白文天然印。「夫子愛詩儂愛畫」，朱文方印。案，此二印皆長白女畫家謝蘭因 [12] 遺物。

「張女」，白文長方印，款「蘭垞」，萬靈蕤 [13] 夫人寄贈內子者，因內子姓張氏，而小名曰女。案潘岳 [14]《笙賦》「輟張女之哀彈」。注，□ [15] 彈曲名，又《江總襖曲》[16]「曲中唯聞張女調，定有同姓可憐人」，又《漢書‧陳平傳》「張氏女」。

「蝦女」，朱文小篆橢圓牙印。案「蝦女」二字見《清異錄》[17]。粵俗多呼小兒曰「蝦仔」，小女曰「蝦女」。此印用《清異錄》，固非俗也。

《香港中興報》1936 年 6 月 13 日

【注釋】

[1] 器翁，即梁槤，詳見《附錄　蔡守與古人交流考》。

[2] 清湘上人，意為石濤道號，但只見清湘道人、清湘陳人、清湘遺人諸號。

[3] 《廣陵竹枝詞》，即《廣陵竹枝詞一百首》，明末南通人錢良胤著，以竹枝詞的形
式，記錄了晚明揚州的名宦政績、武備鬆弛、治安狀況、宗教文化、農桑經濟、
奢侈風氣、市廛百業、節令風俗等，內容非常豐富，是晚明揚州的見證與寫照。
還著有《春雪館詩》16 卷。

[4] 蔡虛，無考。

[5] 石濤，詳見《附錄 蔡守與古人交流考》。

[6] 陳獨漉，詳見《附錄 蔡守與古人交流考》。

[7] 李祈年，即李稔，詳見《附錄 蔡守與古人交流考》。

[8] 馬月姑，無考。

[9] 楊老龜，無考。

[10] 陳季同，詳見《附錄 蔡守與時人交遊考》。

[11] 湯雨生，即湯貽汾，詳見《附錄 蔡守與古人交流考》。

[12] 謝蘭因，無考。

[13] 萬靈蕤，詳見《附錄 蔡守與時人交遊考》。

[14] 潘岳，詳見《附錄 蔡守與古人交流考》。

[15] □，原文字模糊莫辨。

[16] 《江總襍曲》，「襍」同「雜」。《韓非子·亡徵》，「好以智矯法，時以行襍公。」
陳奇猷集釋，「《藏本》襍作雜，字同。」《江總襍曲》南朝，江總著。江總，詳
見《附錄 蔡守與古人交流考》。

[17] 《清異錄》，宋陶穀撰。陶穀，詳見《附錄 蔡守與古人交流考》。

「蔡家新婦」，朱文小篆長方印，款「滋亭 [1]」。兄子賢燁 [2]，字形若，
娶尹笛叟爌 [3] 長女翩鴻，翩鴻亦工繢事。笛叟以乃祖青喬篆刻此印膀之，何
其巧合歟。案曹唐 [4] 詩「蔡家新婦莫嫌少，領取珍珠三五升」，印文出此。沙
石荒孟海 [5] 因取元稹 [6] 詩「蔡女圖書雖在口」，刻朱文方印「蔡女圖書」四
字，用貽吾女巧梳。又陳陶 [7] 詩「西鄰蔡家十歲女」，亦家叔若舟廷楫 [8] 刻
與吾次女玉燕十歲時學書所用。經頤公亭頤 [9] 南來，亦曾刻「蔡家佳兒」一
印與吾子游威。案，印文見《南史·褚裕之傳》「彼自是蔡家佳兒」。

「朝來尋紙揮毫賣，利市開光畫牡丹」，朱文小篆長方牙印，款「竹人」。
案，此李復堂 [10] 句也。

「畫非從畫得真本」，白文天然印，款「楠瓢」。案，此韓補瓢 [11] 贈彭啟

豐[12]者。

「眷屬湖山共一莊」，白文長方印，款「七薌」。案，此乃改琦[13]贈□[14]敬者。

「梅花手段」，白文方印，款「姓江」。案，此為李方膺[15]印。李茗柯[16]、陳兼善[17]皆為室人仿之。

「寫梅未必合時宜」，朱文長方印。款「姓江」。馮康侯[18]為室人篆作朱文方印。

「去古『弄[19]』字篋」，朱文橢圓牙印。案，邊頤公壽民[20]製一檀櫝，封固，面有一縫如撲滿形，每得佳作，從縫投入自留。室人除夕題云「去篋無多又一年」，即用此典，人多不曉。

「北宋心肝南宋人」，朱文小篆橢圓印，無邊款。案，此乃高鳳翰[21]句。

「怪迂荒幻性所鍾」，白文天然印。款「板橋贈牧山」。

「別闢臨池路一條」，朱文長方印。款「心餘贈板橋」。

「人來將米乞梅花」，朱文隸書長方印。款「閔廉風[22]贈巢林」汪近人也[23]。

「一年何嘗似畫帥」，白文牙印。無款。案，薛雪[24]句。

「胸中空洞無一物，筆與造化相淋漓」，朱文方印，無款。案，錢載[25]句。

「人與梅花共一樓」，朱文牙印，無款。案，此乃潘榕皋[26]題郭毓圻[27]樓名，此印當是郭氏者。

「寫我當時看過山」，朱文長方印，無款。案，吳思忠[28]句也。戊辰冬十月馮康侯同在黃埔軍校，康侯曾為何敘父遂[29]與余各仿刻一印。

「身從畫中活，不使畫外錢」，朱文長方印。案，孫子瀟[30]贈蘇孫瞻[31]句，此印雖無款，當是蘇氏物。

「一家仙人古眷屬，墨池畫篋相扶持」，朱文長方印，款「小池為兩峰作」。案，此為蔣心餘[32]贈羅兩峰[33]詞。

「賣畫買山」，朱文方印。案，陸飛[34]之印。

《香港中興報》1936 年 6 月 14 日

【注釋】

[1] 滋亭，即尹滋亭，詳見《附錄　蔡守與時人交遊考》。

［2］賢煒，即蔡賢煒，詳見《附錄　蔡守與時人交遊考》。

［3］尹笛叟，詳見《附錄　蔡守與時人交遊考》。

［4］曹唐，詳見《附錄　蔡守與古人交流考》。

［5］沙石荒，即沙孟海。詳見《附錄　蔡守與時人交遊考》。

［6］元稹，詳見《附錄　蔡守與古人交流考》。

［7］陳陶，詳見《附錄　蔡守與古人交流考》。

［8］若舟，即蔡若舟。詳見《附錄　蔡守與時人交遊考》。

［9］經頤公，即經亨頤。詳見《附錄　蔡守與時人交遊考》。

［10］李復堂，即李鱓，詳見《附錄　蔡守與古人交流考》。

［11］韓補瓢，即韓駒，詳見《附錄　蔡守與古人交流考》。

［12］彭啟豐，詳見《附錄　蔡守與古人交流考》。

［13］改琦，詳見《附錄　蔡守與古人交流考》。

［14］□，原文字模糊莫辨。

［15］李方膺，詳見《附錄　蔡守與古人交流考》。

［16］李茗柯，即李尹桑。詳見《附錄　蔡守與時人交遊考》。

［17］陳兼善，即陳達夫。詳見《附錄　蔡守與時人交遊考》。

［18］馮康侯，詳見《附錄　蔡守與時人交遊考》。

［19］弆 jǔ，收藏；密藏。《左傳・昭公十九年》「紡焉以度而去之」。唐孔穎達疏，
　　「去，即藏也。字書去作『弆』，羌莒反。」

［20］邊頤公，即邊壽民。詳見《附錄　蔡守與古人交流考》。

［21］高鳳翰，詳見《附錄　蔡守與古人交流考》。

［22］閔廉風，即閔華，詳見《附錄　蔡守與古人交流考》。

［23］巢林，即汪士慎。詳見《附錄　蔡守與古人交流考》。

［24］薛雪，詳見《附錄　蔡守與古人交流考》。

［25］錢載，詳見《附錄　蔡守與古人交流考》。

［26］潘榕皋，即潘奕雋。詳見《附錄　蔡守與古人交流考》。

［27］郭毓圻，詳見《附錄　蔡守與古人交流考》。

［28］吳思忠，詳見《附錄　蔡守與時人交遊考》。

［29］何敘父，即何遂，詳見《附錄　蔡守與時人交遊考》。

［30］孫子瀟，即孫原湘，詳見《附錄　蔡守與古人交流考》。

［31］蘇孫瞻，詳見《附錄　蔡守與古人交流考》。

[32] 蔣心餘，即蔣士銓。詳見《附錄　蔡守與古人交流考》。

[33] 兩峰，即羅聘。詳見《附錄　蔡守與古人交流考》。

[34] 陸飛，詳見《附錄　蔡守與古人交流考》。

「畫梅乞米」，白文方印。案，陳肖生 [1] 印。吳讓之 [2] 曾為汪硯山 [3] 作朱文方印。比來李天馬 [4] 更為室人仿之。

「僵到詩人一屋寒」，白文天然印。案，可韻上人 [5] 題畫梅詩句。

「鐵派」，白文長方印。案，陸鼎 [6] 物。

「修持淨業伴寒梅」，朱文方印。案，李子仙 [7] 句。

「作於秋思」，朱文長方印。案，吳室書 [8] 印也。

「乞脯麒麟為潤筆，親煩玉爪理行廚」，朱文長方印，無款。案，邱以墫 [9] 贈徐大藥 [10] 句。

「拋得繡工夫一刻」，朱文小篆圓印，無款。案，周七橋 [11] 題潘淑 [12] 畫句。

「寫遍人間兩漢碑」，白文方印，款「松厚 [13] 兄正，未谷 [14]」。案，此吾家物。

「似能不能得花意」，朱文天然印，無款。案，吳梅村 [15] 句。用以鈐畫梅最佳。

「鐵瓢衣盔」，白文方印，無款。案，王齯 [16] 畫梅印也。

「梅花畫隱」，白文方印，無款。案，馮承輝 [17] 外號也。

「知君別得新皴法，五指山高在眼中」，朱文方印。案，鄭雲麓 [18] 贈王鶴舟 [19] 句。余昔年領海疆軍人瓊崖時，徐新周 [20] 書刻此印寄贈。

「五十戒色」，白文天然印。案，秦敏樹 [21] 作畫五十後專用墨，故作此印鈐之。

「納山樓」，白文長方印，無款。案，馮登府 [22] 句「樓納山山作主」，想是印為馮氏物。

「寒山蘭閨畫史」，朱文牙印，案，此乃文端容 [23] 之印也。

「一家能為暗香疏影傳神」，朱文天然印，案，孫夫人句，見《無聲詩史》[24]。昔年康侯為余刻白文巨印。

「父棱亦有清白行」，白文長方巨印，《蔡邕傳》語，昔年康侯刻贈，款「勵庵世伯諱棱。目刻《蔡邕傳》語奉貽寒瓊道兄。十八年十二月。馮康侯記」[25]。李金髮 [26] 為鄧仲元 [27] 鑄銅像時，曾用此印範鑄一銅印，可為鎮紙也。

「木連理室」，朱文方印。「閒居玩古」，朱文長方印，皆《蔡邕傳》語，昔年倩馮康侯篆刻者。

《香港中興報》1936 年 6 月 29 日

【注釋】

　[1] 陳肖生，無考。

　[2] 吳讓之，即吳熙載。詳見《附錄　蔡守與古人交流考》。

　[3] 汪硯山，即汪鋆。詳見《附錄　蔡守與古人交流考》。

　[4] 李天馬，詳見《附錄　蔡守與時人交遊考》。

　[5] 可韻上人，詳見《附錄　蔡守與古人交流考》。

　[6] 陸鼎，詳見《附錄　蔡守與古人交流考》。

　[7] 李子仙，無考。

　[8] 吳室書，無考。

　[9] 邱以燈，無考。

[10] 徐大藥，無考。

[11] 周七橋，即周農。詳見《附錄　蔡守與古人交流考》。

[12] 潘淑，詳見《附錄　蔡守與古人交流考》。

[13] 松厚，無考。

[14] 未谷，即桂馥，見前。

[15] 吳梅村，即吳偉業。詳見《附錄　蔡守與古人交流考》。

[16] 王巘，無考。

[17] 馮承輝，詳見《附錄　蔡守與古人交流考》。

[18] 鄭雲麓，即鄭開禧。詳見《附錄　蔡守與古人交流考》。

[19] 王鶴舟，即王玉璋。詳見《附錄　蔡守與古人交流考》。

[20] 徐新周，詳見《附錄　蔡守與時人交遊考》。

[21] 秦敏樹，詳見《附錄　蔡守與古人交流考》。

[22] 馮登府，詳見《附錄　蔡守與古人交流考》。

[23] 文端容，無考。

[24]《無聲詩史》7 卷，明姜紹書著。畫史著作。散列明代畫家 470 餘人傳記，大體
　　依時代為序。很多材料是作者自己採擇，對研究明代繪畫有重要的史料價值。
　　如「西域畫」一則寫中國人初見西洋油畫時的感受，驚歎「中國畫師無由措
　　手」。姜紹書，詳見《附錄　蔡守與古人交流考》。

[25] 勵庵世伯諱棱。目刻《蔡邕傳》語奉貽寒瓊道兄。十八年十二月。馮康侯記，
記文有誤，據現存實物「目刻」應為「因刻」，「寒瓊」應為「寒璚」。

[26] 李金髮，詳見《附錄　蔡守與時人交遊考》。

[27] 鄧仲元，詳見《附錄　蔡守與時人交遊考》。

　　老友石荒 [1] 亦云有趙悲庵 [2] 之志、之邵 [3]，而才力克稱，開近世未有
之奇者，晚得安吉吳俊卿 [4]。吳氏身兼眾長，要以印為第一，昔自道亦云如
是。今所流傳《缶廬印存四集》，三四乃由它人編次，未加遴別，容有不能盡
如人意處，至如初二集所錄，清剛高渾，純乎漢法，可以泣鬼神矣。清代印學，
遠邁前朝，捉刀玩石，實繁有徒，其以此名家者，亦不一而足。若求魄力大，
氣味厚，丁敬身 [5] 而後，唯缶廬一人而已，身享盛名，播休域外，非偶然也。
顧世之稱吳氏者，動曰「類古鐘鼎瓴甓，不僅僅師法漢印」，不知吳氏不可及
處，端在擬漢印，如「安吉吳俊章」「破荷亭」等印，丁敬身不能為，諸家應
退舍，豈過論哉。

　　寒案，右錄王氏、沙氏二人所述，皆推許過甚。己酉宣統元年冬，南社第
一雅集於虎丘，余與黃賓虹質 [6] 同如姑蘇，時瑞澂 [7] 為江蘇巡撫，老友諸
貞壯宗元 [8] 在其幕中，過訪衙齋，與吳昌碩連日晤言一室時吳氏亦在端氏幕府，
亦自謂印全得力於漢印，教門人治印亦必先摹漢印為主，瀕行贈己所集《缶廬
印存》四冊與後來西泠印社所輯略異。西泠所輯者，初尚是借印原鈐。後再版，則昌碩不肯
借印，乃用鋅版製印鈐之，故遠未逮初印也。

　　吳氏手鈐《缶廬印存》都五十印，其仿漢者極佳，今各舉如左：
　　「吳俊卿信印日利長壽」，白文九字巨印，仿印而似撝叔 [2]。「吳俊」，朱
文長方印。「俊卿之印」，仿漢朱文姓名印，甚佳。「吳俊卿」，白文方印，仿漢
鑄私印，極工，印款云「此刻有心得處，惜不能起儀徵讓老吳熙載 [9] 觀之」，
可見是印昌碩亦自以為得意之作也。「俊卿之印」，白文方印。「安吉吳俊章」，
白文方印，仿漢鑿將軍印，能得漢人鑿印之妙。「吳俊卿印」，白文小印，此印
極小極精，置漢印譜中幾不能辨。「蒼一石」，白文小印，此印仿晚周小璽，亦
佳。「俊」，朱文小印，是印仿周秦一字小璽，極古拙。「倉石」，朱文方印，此
印得鄧頑伯 [10] 意趣，亦不遜讓之也。「吳育之印」，白文方印。「安吉吳俊
[4] 章」，白文方印，此印仿東漢三國之間官印，頗能樸拙，印四側刻詩如下，
「三百里程爭一日，望亭亭野接丹陽。雲沈水國天何遠，秋人蘆花氣乍涼。失
路幾驚窮鳥歎，踏車休笑老牛僵。河魚香稻紛紛飽，輸爾南歸雁數行丹陽道中。

竹里西風搜破屋，無眠定坐燈前卜。誰家馬磨聲隆隆。大兒小兒俱睡熟寄內。京口月明船不嘩，大江東去天無涯。便須掛席剪滄海，擊楫和以銅琵琶京口。庚辰光緒六年十月十五日還吳下又刻。倉碩 [4]。」此乃明坑燈光凍，石極精，昌碩酷喜之，時佩戴在身，曾出示，把玩不忍釋手。昌碩詩亦好，故以得意近作刻於印側，亦可見他以此印為稱心之作也。「安吉吳俊卿之章」，白文七字小印，擬漢鑿印。「俊卿印信」，朱文方印，仿漢人朱文印信，以丁敬身為最，但昌碩此印不亞龍泓也。「吳俊唯印」，朱文方印，亦仿漢朱文印信，印款「唯，□ [11] 也。□ [11] 諾，應對也」。「吳俊之印」，白文朱印，仿漢私印。「吳俊卿」，白文長方印，仿漢人姓名白文長印，略參以磚文，故極古拙。「倉石道人珍秘」，朱文有格長方印，印款陽文「吳俊卿擬漢碑額篆」，此印得力於頑伯、撝叔。「俊卿」，朱文長方印，此印得漢瓦當古趣。「俊卿大利」白文方印。

《香港中興報》1936 年 6 月 30 日

【注釋】

[1] 石荒，即沙孟海。詳見《附錄　蔡守與時人交遊考》。

[2] 趙悲庵，撝叔，即趙之謙。詳見《附錄　蔡守與古人交遊考》。

[3] 邵（sháo），通「劭」，美好。《孔叢子·居衛》，「伋徒患德之不邵，不病毛鬢之不茂也。」

[4] 吳俊卿，即吳昌碩，詳見《附錄　蔡守與時人交遊考》。

[5] 丁敬身，即丁敬，詳見《附錄　蔡守與古人交遊考》。

[6] 黃賓虹，詳見《附錄　蔡守與時人交遊考》。

[7] 瑞徵，詳見《附錄　蔡守與時人交遊考》。

[8] 諸貞壯，即諸宗元。詳見《附錄　蔡守與時人交遊考》。

[9] 讓老，即吳熙載。詳見《附錄　蔡守與古人交流考》。

[10] 頑伯，即鄧石如。詳見《附錄　蔡守與古人交流考》。

[11] □，原文字模糊莫辨。

張夫人羽天 [1] 藏名人扇冊有白陽翁 [2] 畫石一葉，署款正字，更鈐有「松枝仙館」白文天然印與「白陽翁」朱文長方印，畫與印俱佳，但不似明代人手筆，余固疑之。日昨與廣東通志館總纂大埔溫丹銘廷敬 [3]，編纂如皋冒鶴亭廣生 [4]，饒平陳梅湖光烈 [5]，大埔張遜之掞 [6]，李桐庵放 [7]、冒寄梅景瑄 [8] 渡江訪漢議郎楊孝元孚 [9] 故宅，在萬松山道光六年後，李明徹 [10] 方改名曰漱珠岡，

建純陽觀，阮元 [11] 題榜正書。「朝斗臺」隸書，亦雲臺所題。昔伍氏萬松園，命名亦取宅近南雪堂也見南雪堂畔有「松枝仙館」額，方知吾邑蘇枕琴六朋 [12] 之父號「白陽翁」，張氏藏扇，固非陳白陽道復 [13] 筆也。

昔得陳仲卿疊 [14] 題《海騷閣藏印拓》二頁，中有牙印一方，長方長約二寸許，寬可八分強，印文「家山四百三十二」朱文繆篆一行在正中，而兩邊空白二分弱，左方下有「小何生」小篆文朱，似明代物，但未識為誰人之印耳。今日與室人約冒丈鶴亭、黃子慈博 [15] 訪顧龔樓，觀謝荷鄉 [16] 夫人所藏書畫，見何龍友吾騶 [17] 題邵二泉寶 [18] 字卷，即鈐是印，方知是象岡物也。

比來與古教授層冰直 [19]，李公子桐庵放謀重修百花冢，復刻《蓮香集》[20]，遍徵海內知交題詠。老友周養庵肇祥 [21] 從宣南 [22] 遙寄象齒印一方「茗戰澹成醉」，白文有邊，印款「喬仙 [23] 佳句，屬蔡姆 [24] 作」隸書八字二行。知係二喬遺物，特用把似，欣幸奚啾 [25]。所惜歲久，牙色已變深黃而黑，且多裂紋。幸印文未磨滅可鈐。案是句見《蓮香集》中，題為「夏日黎美周遂球 [26] 招同何石閭 [27]、馬景沖 [28]、彭孟陽 [29]、黃虞六 [30]、羅子開 [31] 山園宴集，雨後品茶」五言古詩，末二句「茗戰淡成醉，幽玄古與期」。茗而成醉，如馬編纂小進 [32] 過余茗飲，呼余之儷茶為五加皮也，亦可想見二喬是日茗飲之濃。余夫婦皆耆茗，而雅重二喬之為人，嘗私諡曰「淑都夫人」見本報日前所刊私諡張二喬議。今得其佳句之印，且為吾家女兒篆刻，惜蔡姆未可考耳。與喬倩玳瑁扇柄，元友貽 [33] 畫眉硯，同為珍弄。亦淑都有靈，以其俊物償余婦為表揚之勞歟，竊以為厚幸。

《香港中興報》1936 年 7 月 6 日

【注釋】

[1] 張夫人羽天，張姓妻，名羽天，無考。

[2] 白暘翁，詳見《附錄　蔡守與古人交流考》。

[3] 溫丹銘，詳見《附錄　蔡守與時人交遊考》。

[4] 冒鶴亭，詳見《附錄　蔡守與時人交遊考》。

[5] 陳梅湖，詳見《附錄　蔡守與時人交遊考》。

[6] 張遜之，詳見《附錄　蔡守與時人交遊考》。

[7] 李桐庵，即李開榮。詳見《附錄　蔡守與時人交遊考》。

[8] 冒寄梅，詳見《附錄　蔡守與時人交遊考》。

[9] 楊孝元，即楊孚。詳見《附錄　蔡守與古人交流考》。

[10] 李明徹，詳見《附錄　蔡守與古人交流考》。

[11] 阮元，詳見《附錄　蔡守與古人交流考》。

[12] 蘇枕琴，即蘇六朋。詳見《附錄　蔡守與古人交流考》。

[13] 陳白陽，即陳道復。詳見《附錄　蔡守與古人交流考》。

[14] 陳仲卿，即陳曇。詳見《附錄　蔡守與古人交流考》。

[15] 黃慈博，即黃佛頤。詳見《附錄　蔡守與時人交遊考》。

[16] 謝荷鄉，詳見《附錄　蔡守與時人交遊考》。

[17] 何龍友，即何吾騶。詳見《附錄　蔡守與古人交流考》。

[18] 邵二泉，詳見《附錄　蔡守與古人交流考》。

[19] 古層冰，即古直。詳見《附錄　蔡守與時人交遊考》。

[20]《蓮香集》4 卷，《續編》1 卷，署東吳張喬喬婧著，南越彭日貞孟陽輯。是唯一流傳下來的明代廣東女性詩集。原刻本已佚。現存清乾隆三十年（1765）刻本。蔡守補錄並題跋。半葉八行十八字。白口，四周單邊，無魚尾。框高 17.1 釐米，寬 12.6 釐米。前有乾隆三十年梁釪澧《重刻蓮香集序》。書中有蔡守據他書或碑記補錄並題跋。如若干詩作上方標注「據汪氏本更正」，還間有標注「據黃慈博佛頤藏本補」「南海潘智琮和藏原刻本」等。書末有蔡守題識「甲戌秋九月二十有四日與月色同校畢，蔡守識。」此書內封面鐫：「蓮香集。乾隆乙酉重鐫。西城草堂藏版。」此書《中國古籍善本書目》未收錄。《中國古籍總目》著錄清釋古溶抄本、清乾隆三十年西城草堂刻本。南開大學圖書館、國家圖書館、廣東省立中山圖書館有藏。鈐印有「牟軒」「蔡守」「甲戌」「順德蔡守」「牟軒夫婦同觀」「蔡寒瓊談月色」。此《廣州大典》據廣東省立中山圖書館藏本影印，收錄於《廣州大典》第 433 冊。漢鏡堂按：「《中國古籍總目》著錄清釋古溶抄本，『清釋古溶』『清』字有誤。應為『近人』，『釋古溶』即近人談月色。當時談月色還俗嫁給蔡守前所抄錄，但不知該抄本今存何處耳。《廣州大典》趙曉濤博士發來深圳大學教授徐晉如博士論文《明歌者張麗人〈蓮香集〉版本考論》考證：『1921 年，談月色以汪兆鏞、黃佛頤、潘和各藏殘本，鈔成一帙，是為談鈔本，今藏南開大學圖書館……程大璋題端，署『比丘尼古溶抄本，寒瓊居士藏』，古溶者，談月色還俗前之法名。』徐文又記，談月色抄本『談鈔本於辛酉天貺節即 1921 年舊曆六月初六日鈔訖，但據前引蔡守跋語，知『壬申（1932）八月廿八夕』，蔡、談復假得黃慈博本，為鈔本更作校補。』」1921 年或 1932 年

已入民國，不應署為「清」。

[21] 周養庵，即周肇祥。詳見《附錄　蔡守與時人交遊考》。

[22] 宣南，在清代，北京城宣武門以南地區是大多數進京趕考的學子以及四方進京人士落腳的地方，經過幾百年的積澱，這裡形成了北京三大文化風貌，琉璃廠士人文化、天橋民俗文化、大柵欄商業文化，並逐漸演變為一個具有獨特意蘊的地域文化概念，那就是「宣南文化」。

[23] 喬仙，即張喬。詳見《附錄　蔡守與古人交流考》。

[24] 蔡姍，無考。

[25] 奚翄，翄，「翅」的古字。《漢書‧禮樂志》，「幡比翄回集，貳雙飛常羊。」「翅」，通「啻」，但；僅；止。《孟子‧告子下》，「取色之重者與禮之輕者而比之，奚翅色重？」龔自珍《說衛公虎大敦》，「臥而思之，急起著錄之，奚翄其有之？」

[26] 黎美周，即黎遂球。詳見《附錄　蔡守與古人交流考》。

[27] 何石閭，與張二喬交往之名士，餘不詳。

[28] 馬景沖，與張二喬交往之名士，餘不詳。

[29] 彭孟陽，與張二喬相戀之名士，為張二喬贖身，張二喬歿後為建百花冢之名士，餘不詳。

[30] 黃虞六，詳見《附錄　蔡守與古人交流考》。

[31] 羅子開，詳見《附錄　蔡守與古人交流考》。

[32] 馬小進，即馬駿聲。詳見《附錄　蔡守與時人交遊考》。

[33] 元友貽，無考。

「如是觀」元印，朱文大篆，田黃石極舊，紐仿漢竟，印款「妙慧 [1]」二字隸書。案葉氏《廣印人傳》[2] 卷十五，妙慧本姓張，家金陵南市樓，從假母之姓，姓馬，名汝玉，字楚嶠，熟精文選唐詩，善小楷八分及繪事，兼工篆刻。後受戒於棲霞寺。印人女子已少，女尼則僅妙慧一人耳。

當世苾蒭夷 [3] 能篆刻者唯古溶 [4] 乎？陳教授柱尊 [5] 之女公子松英 [6] 撰「世界學者介紹」是年五月上海學術世界編譯社出版《學術世界》第一卷第十期云，「溶工篆刻，摹秦璽漢印莫不佳，能詩詞，善寫瘦金書，尤喜畫梅，師事黃賓虹 [7]，用三如筆法，七色墨法，均臻其妙。故能老辣而生華滋，剛健而含婀娜。為黃花考古學院研究員，與胡肇椿 [8] 治考古學。於發掘之學，尤有經驗。廣東博物院聘為發掘專員。曾助胡氏發掘大刀山晉冢。見胡氏著《發掘西村大刀

山晉冢報告書》。又發掘木塘岡、貓兒岡、南越兩冢。有《發掘東山貓兒岡報告》並列於民廿一年一月，黃花考古學院出版之《考古學》雜誌，於發掘方法及整理古物，均有心得。因治考古學，故善繪古物全圖與摹拓古物全形。又能將冢中破碎陶片湊合成為完器。又富發掘經驗。於吉金古陶，一望而能定為真贋。所撰《說鬵》[9]、《說牟》[10]、《說釦》[11]諸作，亦多前人所未道。復能移拓古物文字花紋於折疊扇面上。其移拓之法，用墨蓺於古物上，急以蠟紙覆上，用棕刷在蠟紙背力刷之。使墨色盡上蠟紙上，成為反文，急將此蠟紙鋪在扇上，復用棕刷在蠟紙背力刷之，使蠟紙上之墨，盡落扇面上，則仍成為正文也。此法雖頗簡明，但手術則殊不易工。因施墨於古物時，如過濃則沁，淺則不明晢。刷之手術不嫻，則蠟紙易破爛也。蔡元培 [12] 委為中央研究院古物學系研究員。以居者行者不易籌措，未能就職首善。張繼 [13] 又委為中央古物保存會兩廣分會主任，因當局未能力補助，弗克成立，學者咸為惜之。

又以移拓術將印款移拓上摺疊扇面，而上鈐印文，洵從來印人留印脫之創作。日昨溫總纂丹丈 [14] 過談藝，謂其刻印款古拙似金冬心 [15] 小楷，與所書之瘦金書迥若兩人。若以移拓扇上，尤足令人把玩不忍釋手也。」

《香港中興報》1936 年 7 月 7 日

【注釋】

[1] 妙慧，詳見《附錄 蔡守與古人交流考》。

[2]《廣印人傳》，清周亮工著。詳見《附錄 蔡守與古人交流考》。

[3] 苾芻夷，苾芻，亦作「苾蒭」。即比丘。本西域草名，梵語以喻出家的佛弟子，為受具足戒者之通稱。唐玄奘《大唐西域記·僧訶補羅國》，「大者謂苾芻，小者稱沙彌。」苾芻夷，通作「苾芻尼」，即比丘尼。俗稱尼姑。梵語男僧叫苾芻，女僧叫苾芻尼。唐玄奘《大唐西域記·劫比他國》，「時蓮花色苾芻尼欲初見佛，化為轉輪王，七寶導從，四兵警衛，至世尊所，復苾芻尼。」

[4] 溶，即談月色。詳見《附錄 蔡守與時人交遊考》。

[5] 陳柱尊，即陳柱。詳見《附錄 蔡守與時人交遊考》。

[6] 松英，即陳松英。詳見《附錄 蔡守與時人交遊考》。

[7] 黃賓虹，詳見《附錄 蔡守與時人交遊考》。

[8] 胡肇椿，詳見《附錄 蔡守與時人交遊考》。

[9]《說鬵》，談月色著，載《國學論衡》1934 年 6 月第 3 期。

[10]《說牟》，談月色著，無考。

[11]《說釦》，談月色著，無考。

[12] 蔡元培，詳見《附錄　蔡守與時人交遊考》。

[13] 張繼，詳見《附錄　蔡守與時人交遊考》。

[14] 溫總纂丹，即溫廷敬。詳見《附錄　蔡守與時人交遊考》。

[15] 金冬心，即金農。詳見《附錄　蔡守與古人交流考》。

又將張二喬 [1] 象齒印、玟瑁扇柄、畫眉硯三事同移拓扇上寄贈周文養庵 [2]，用報其遙贈此印之雅貺，宣南 [3] 名流見之，爭走幣求拓，一扇十金，猶不以為貴也。

印材昌化、壽山兩縣所產之石質，只可供把玩而不堪佩戴，因石質嫩，易破碎及不堪磨刷也。唯吾粵乳源所產蠟石則質堅如玉俗呼水蠟石，其色黃者如田黃凍，白者如田白凍，紅者如昌化雞血凍，墨色者又似墨晶，用琢小印佩之，洵石材之珍品也。余曩歲領曲江軍入滇陽江，拾得各色蠟石甚夥，嘗得一石黃而有紅，絕似福州之都成坑，琢成小長方印，鑿「心瓊 [4]」二字，用寄桂林張女郎光蕙 [4]。光蕙喜之，常佩於裙帶。不翅黃捐 [5] 他生願作樂中箏之意也。

印紐之工，世人唯知玉璇楊 [6]、鈿閣韓 [7] 與尚均 [8] 耳，不知吾粵東莞有黃仲亨 [9]，其刻印之獅紐，與杭州、福州之工迥殊，其形亦可一望而非他人所作者，因其獅子首必圓，其獅子脊毛必卷如螺紋，其精湛雅妙，亦是鈿閣、玉璇所弗逮。余嘗得明坑昌化雞血凍石一印，紐作太獅少獅，工固精雅絕倫，且如巧色玉器。就其紅色而為兩獅之目，及脊毛爪皆選紅色為之，亦非玉璇就田黃留皮為紐花可及也。

吾粵之能以鑄銅印稱者，昔人唯知有黎二樵簡 [10]。顧二樵之銅印，皆吾鄉郭樂郊適 [11] 為之。樂郊以鑄銅印法傳外甥尹青喬右 [12]，故滋亭為張叔未 [13]、趙晉齋 [14]、伊墨卿 [15] 各人鑄銅印，皆承郭之遺教也。青喬之後，更有李斗山魁 [16]、梁杭雪于渭 [17]，亦皆能鑄銅印。黃鐵儂釗 [18] 則更為鉛、錫作印，亦印材之前□ [19] 歟。

「邪軒屟屪」，正書朱文犀印 [20]。案，宋刻《通玄真經》[21] 卷第七，引老子曰「今夫輓車者，呼邪軒今作耶許，後亦應之」，此輓車勸力之歌也《通玄真經》，崇文總目有目無書，北宋時已罕覯。又案，明刊本《風月須知》[22]，屟，從尸從徐，訓為女子陰，屪，從尸從孝，訓為淫液。二字音皆不詳。此語不知何解。

而此印更不知作何用也。

　　印文之奇與不知其何用者，尚有「粽裏覓楊梅」朱文長方印。案，此為徐君篪 [23] 與內人守歲夜坐句也。

　　「清微茶讔」，白文正書小印，必為梁溪福惠雙修尼淨蓮 [24] 用於定造荊溪茶具上之印，惜只得其印，而不見其茶具耳。好事者假去定宜興名手造壺鈐之，當今有壺癖者如何賞玩也。清微事略見《墨林今話》[25] 卷十一，「嘗見周素夫 [26]『錫山啜茗』云，曾偕清微道人同遊寄暢園。練裙縞帨，晚筍餘花。追憶前塵，都如夢境。當年親見李騰鳶 [27]，小住名山拍手招。今日玉容如玉否，筆床茶灶總無聊。」又宋于庭 [28]「翔鳳」詩云，「清尼聞亦能清談，年年思訪雙修庵。空山聽雨卷飛去，道人渺爾歸雲龕。往時記得曾傳語，索我題詞意悽楚。一生不做法嘉 [29] 妻，何緣認是登伽女 [30]。思君前度木蘭艫 [31]，無自重尋玉女窗。第二泉烹尚清冽，更無妙手圖蘭茳淨蓮工墨蘭。」觀周宋二詩，可想淨蓮耆茗飲，其茶具必精雅絕倫也。

　　室人因荷鄉夫人 [32] 藏顧橫波 [33] 墨蘭卷子，有龔孝升鼎孳 [34] 題跋，刻「顧龔樓」印貽之。有怪將其夫婦之姓倒置者，豈知正仿管趙合璧之意乎，如所言則宜稱趙管方合也，一笑。

　　「妙湛 [35]」，朱文小篆橢圓牙印，似宋元間物。案《劍南詩稿》有「可人不但詩超絕，玉子紋枰又一奇。贈僧妙湛詩。注，妙湛並工棋也」。又案《珊瑚網》「管夫人 [36] 為比丘尼妙湛寫長明庵圖，妙湛有小行書題其上」，此印莫知是詩僧抑妙尼傳物，皆可玩也。

《香港中興報》1936 年 7 月 8 日

【注釋】

[1] 張二喬，詳見《附錄　蔡守與古人交流考》。

[2] 周文養庵，即周肇祥。詳見《附錄　蔡守與時人交遊考》。

[3] 宣南，見前。

[4] 心瓊、光蕙，即張光蕙。詳見《附錄　蔡守與時人交遊考》。

[5] 不翅黃捐，翅通「啻」，但；僅；止。《孟子·告子下》，「取色之重者與禮之輕者而比之，奚翅色重？」朱熹集注，「翅，與『啻』同。」黃捐，宋代傳奇小說《裴玉娥》中的男主人公。該傳奇描寫黃捐與裴玉娥之間的悲歡離合等，情節離奇，語言明麗，頗為動人。

[6] 玉璇,即楊玉璇。詳見《附錄　蔡守與古人交流考》。

[7] 鈿閣,即韓鈿閣。詳見《附錄　蔡守與古人交流考》。

[8] 尚均,詳見《附錄　蔡守與古人交流考》。

[9] 黃仲亨,即黃貞。詳見《附錄　蔡守與古人交流考》。

[10] 黎二樵,即黎簡。詳見《附錄　蔡守與古人交流考》。

[11] 郭樂郊,即郭適。詳見《附錄　蔡守與古人交流考》。

[12] 尹青喬,即尹滋亭。詳見《附錄　蔡守與古人交流考》。

[13] 張叔未,即張廷濟。詳見《附錄　蔡守與古人交流考》。

[14] 趙晉齋,即趙魏。詳見《附錄　蔡守與古人交流考》。

[15] 伊墨卿,即伊秉綬。詳見《附錄　蔡守與古人交流考》。

[16] 李斗山,即李魁。詳見《附錄　蔡守與古人交流考》。

[17] 梁杭雪,即梁于渭。詳見《附錄　蔡守與古人交流考》。

[18] 黃鐵儂,即黃釗。詳見《附錄　蔡守與時人交遊考》。

[19] □,原文字模糊莫辨。

[20] 犀印,犀牛角印。

[21] 《通玄真經》,12 卷,周代辛銒撰,唐徐靈府注。是書即先秦古書《文子》,唐玄宗崇道,於天寶元年（742）封文子為通玄真人,尊稱其書為《通玄真經》。內容為解說《老子》思想,繼承並發展了「道」的學說。

[22] 《風月須知》,無考。

[23] 徐君箐,無考。

[24] 淨蓮,詳見《附錄　蔡守與古人交流考》。

[25] 《墨林今話》18 卷,續集一卷,清蔣寶齡撰。該書記載乾隆至咸豐間（1736～1861）畫家 1286 人,多為江浙人氏,各立小傳。涉及書法、金石、詩詞、收藏等事,為清中期畫壇紀實,極具美術文獻價值。蔣寶齡,詳見《附錄　蔡守與古人交流考》。

[26] 周素夫,即周世錦,詳見《附錄　蔡守與古人交流考》。

[27] 李騰霄,霄,原文從氣從肖,同「霄」。《集韻·宵韻》,「霄,《說文》,『雨霓為霄。』或從氣。」李騰霄,詳見《附錄　蔡守與古人交流考》。

[28] 宋于庭,即宋翔鳳,詳見《附錄　蔡守與古人交流考》。

[29] 法嘉,無考。

[30] 登伽女,佛經中的魔女之一。釋迦牟尼佛在 62 歲時,因為阿難尊者注重多聞,

忽略修持，不幸被魔登伽女梵天咒所困，險破戒體。佛用《楞嚴咒》救阿難尊
者脫離女難。

[31] 艭 shuāng，小船。明何景明《送毛汝厲按湖南》詩，「臘送燕門節，春迎整水
艭。」清余鏗《姑蘇竹枝詞》，「雙橋春水匯長江，漁艇晨炊黃篾窗。十里煙波
思舊夢，檀槽樺燭木蘭艭。」

[32] 荷鄉夫人，詳見《附錄　蔡守與時人交遊考》。

[33] 顧橫波，詳見《附錄　蔡守與古人交流考》。

[34] 龔孝升，即龔鼎孳，詳見《附錄　蔡守與古人交流考》。

[35] 妙湛，詳見《附錄　蔡守與古人交流考》。

[36] 管夫人，即管道升，詳見《附錄　蔡守與古人交流考》。

「仙人子」，朱文小篆圓牙印，亦似宋元物。案，白香山 [1]「龍華寺主家
小尼」詩云，「額青眉眼細，十四女沙彌。夜靜雙林怕，春深一食饑。步慵行
道困，起晚誦經遲。應似仙人子，花宮未嫁時自注，郭代公 [2] 愛姬薛氏，幼嘗為尼，
小名仙人子。綽約小天仙，生來十六年。姑山半峰雪，瑤水一枝蓮。晚院花留立，
春宵月伴眠。回眸雖欲語，阿母在旁邊。」又蘇東坡 [3] 詩云，「雙頰凝酥髮抹
漆，眼光入簾珠的礫。故將白練作仙衣案《冷齋夜話》[4]，『東坡作尼童詩，應將白練
作仙衣』。則天長壽三年，詔書曰，一應天下尼，當用細白練為衣，不許紅膏污天質。吳音
嬌軟帶兒癡，無限閒愁總未知。自古佳人多命薄，閉門春盡楊花落。」讀香山、
東坡詩，妙尼之清豔令人夢想。居梅生巢 [5] 贈檀度庵尼古淨 [6] 研。研背刻
「仙人子室」印，亦用此典，則古淨之美亦可知矣。溶 [7] 歸余，海內知交多
贈詩詞，亦以用薛姬之典為最當，因其早為尼而後歸郭代公也。用武曌 [8]、
玉環 [9] 之典，則覺比擬不倫耳。

「蔡琬」「季玉 [10]」，田黃屐齒印，無印款，上白文有邊，下朱文小篆。
案，蔡季玉為漢軍旗人，綏遠將軍毓榮 [11] 之女，尚書高其倬諡文良 [12] 室，
有《芸真軒詩草》[13]。沈歸愚 [14] 曰，「季玉夫人無書不讀，諳於政治，而詩
筆雄健為閨閫所稀有，相傳文良奏疏文檄，皆與商定。非虛語也。」又案，吳
三貴 [15] 之妾八面觀音歸蔡將軍毓榮，未知季玉是否其所出耳。余曩歲與趙尚
書石禪 [16] 逭暑南華，六月廿四日余生日也於蘇程庵後樓，得北宋造四面觀音
像，室人為拓全形，題詩曰，「觀音變相等差，四面八面隨意加，面面莊嚴瓔
與珈。通體妙絕妙蓮花，蓮花生日會無遮。陰陽叨利 [17] 思無邪，髡寒 [18]
尊者禮南華。木佛幸未似丹霞丹霞有燒木佛之事，曠劫依然歸蔡家。」末句即用

毓榮事也。

　　「半格詩」，朱文小篆方印，瑪瑙印，白質紅紋如草，印邊又有「朱草」
二隸書案「朱草詩林 [19]」，亦羅兩峰 [19] 齋名。案，羅遽夫室方白蓮婉儀 [20] 詩曰，
「半格詩」當為方氏傳物，惜「半格詩」未得見，只見杭董浦 [21] 題辭五章，
亦可想其詩之佳也。杭詩曰，「每疑詠絮無全什，又怪簪花少畫名。親見夫人
擅三絕，居然不櫛一書生。」

　　　　　　　　　　　　　　　　　　《香港中興報》1936 年 7 月 9 日

【注釋】

　　[1]　白香山，即白居易，詳見《附錄　蔡守與古人交流考》。

　　[2]　郭代公，即郭震，詳見《附錄　蔡守與古人交流考》。

　　[3]　蘇東坡，即蘇軾。詳見《附錄　蔡守與古人交流考》。

　　[4]　《冷齋夜話》10 卷，宋釋惠洪撰。是書為宋代著名詩話。雜記禪林遺聞佚事，
　　　　多涉禪詩，反映佛、禪與詩歌的密切聯繫，介於筆記、詩話之間。卷一至卷五
　　　　主記詩壇逸事，所引以蘇軾、黃庭堅語為多。卷六至卷十多述佛門奇聞。保存
　　　　了大量文學批評史上的資料，多為胡仔《苕溪漁隱叢話》所引用。

　　[5]　居梅生，即居巢，詳見《附錄　蔡守與古人交流考》。

　　[6]　古淨，詳見《附錄　蔡守與古人交流考》。

　　[7]　溶，即談月色。詳見《附錄　蔡守與時人交遊考》。

　　[8]　武曌，即武則天，詳見《附錄　蔡守與古人交流考》。

　　[9]　玉環，即楊玉環，詳見《附錄　蔡守與古人交流考》。

　　[10]　季玉，即蔡琬。詳見《附錄　蔡守與古人交流考》。

　　[11]　毓榮，即蔡毓榮。詳見《附錄　蔡守與古人交流考》。

　　[12]　高其倬，詳見《附錄　蔡守與古人交流考》。

　　[13]　《芸真軒詩草》，無考。

　　[14]　沈歸愚，即沈德潛。詳見《附錄　蔡守與古人交流考》。

　　[15]　吳三貴，即吳三桂。詳見《附錄　蔡守與古人交流考》。

　　[16]　趙石禪，即趙藩。詳見《附錄　蔡守與時人交遊考》。

　　[17]　叨利，又作「忉利天」，Trayastrimsa，意譯「三十三天」，以有三十三個天國而
　　　　得名。居須彌山頂巔，中央為主國帝釋天，為三十三天之主釋提桓因（帝釋）
　　　　所居，四方各有八個天國，四角四峰，有帝釋天保護神金剛手居止。帝釋所居

善現城，周長一萬由旬，中有殊勝宮殿，周千由旬，外有眾車、雜林、粗惡、喜林四苑，城外東北有圓生樹，花香薰百由旬，西南有善現堂。為帝釋之禮堂、會議廳。三十三天人身高一由旬，衣重六銖（約合 2.4 錢），壽一千歲，一日當人間百年，其天壽命合人間 3650 年。此天天主帝釋，為三十三天、四天王天之主。

[18] 髡 kūn 寒，蔡守號。髡，剃去毛髮。《左傳‧哀公十七年》，「公自城上見己氏之妻髮美，使髡之以為呂姜髢。」又指僧尼。唐孫樵《復佛寺奏》，「臣以為殘蠹於民者，群髡最大。」

[19] 朱草詩林、羅兩峰、羅遯夫，即羅聘。詳見《附錄 蔡守與古人交流考》。

[20] 方白蓮，即羅聘夫人方婉儀。詳見《附錄 蔡守與古人交流考》。

[21] 杭菫浦，即杭世駿。詳見《附錄 蔡守與古人交流考》。

「欲賦梅花大欠詩，何圖林下有風期。不知雪碗親濡筆，瘦影疏香寫幾枝。淨業修從九品臺，八功德水養根荄 [1]。與參妙法蓮花義，合有清涼世界開。瘦格烏絲小筆森，更欽新製唱仙音。若教唐韻開軒寫，一字應輸一併金。詩參三昧畫通神，玉雪羅郎迥絕塵。不是月泉吟社客，如何修到比肩人。」案，今見羅兩峰 [2] 小景 [3] 瘦而老醜。當此詩則遯夫 [2] 當年丰姿亦可想見也。

「端靜閒人」，朱文小篆，琥珀圓印。案，法式善 [4] 母韓氏自署「端靜閒人」，有《帶綠草堂遺詩》[5]，好些子景，詠盆中松樹云，「偃蹇依然水石清，貞心獨結後凋盟。生來不受人攀折，雪共荒寒月共明。」此印當是法家傳器，且韓氏與室人同有盆景之癖，益為珍之。

「南樓老人」，車渠 [6] 方印，白文有邊，當是陳書 [7] 遺物。南樓亦耆盆景，亦有詠盆中小松詩云，「數尺來何所，風霜鬱斷枝。雖非老丘壑，且喜旁書帷。偃蹇逃斤斧，青蔥耐歲時。天公如有意，留雪伴寒姿。」比年廣州市樓南榮多有小松盆景，往往風日不足，時見蕉萃 [8]，否亦衰弱如柳。獨余之陽臺上，雖小於飴盌 [9] 之盆，亦可栽犕 [10] 於甘蔗之松，且松針 [11] 蒼翠欲滴，置諸吟窗研北，友人每賞玩問培植秘術，詎知絕無秘術也。松之性宜風日最足之處栽之，其根宜兼沙之泥而堅實，根下生山草與同榮，不可拔去。松之根固不宜水多，但盆僅如碗，所得沙土有限，一日之曬已盡乾。余每晚日落後，必以深而巨之盆，滿貯水，將盆松浸入至頂，約五分鐘之時間。陰雨之日不須浸，如是風日與水最足。其根又堅牢，莫有不茂盛者。雨後稍用清溺肥之，因碗盎太小，非得肥料不足養之，但清溺必儲之數月，必以水和之方可。

「守白」，朱文無邊橢圓髮晶 [12] 印，款「兆華」二隸書，友人許守白之衡 [13] 得於宣南 [14] 小市，以與己之別字合，購而用之。余索之以為鈐書札即蔡守白事之意。案，蔡兆華 [15]，字守白，東莞人。有《綴玉集》[16]。用「玉壺新詠」詩題，集「玉臺新詠」句，為五律二百餘首，工妙不減黃石牧 [17] 之《香屑集》[18]，但未知其工篆刻耳。

「壽宋」，朱文小篆銀晶 [19] 圓印，鴛鴦紐甚工。諒必是藏書家製以鈐宋版書者，余以重值登來 [20]，因友人壽石工璽 [21] 夫人宋君方 [22] 亦善篆刻，且嫻晉唐小楷，遂以把似。

「沈虹屏鑲縫 [23] 之記」，朱文小篆窄長方印，長約一寸強，寬僅一分弱。鑲縫者將連續之紙，在兩紙之邊，合而鈐一印以為識也。

《香港中興報》1936 年 7 月 10 日

【注釋】

[1] 荄 gāi，一指根源，起始。清龔自珍《武顯將軍丁公神道碑銘》，「閩事之荄也，公詗知林爽文有謀，必屯兵東港，以與鳳山為犄角勢。」

[2] 羅兩峰，遯夫，即羅聘。詳見《附錄 蔡守與古人交流考》。

[3] 小景，即小像。《七修類稿·辯證五·聖賢鬚目》引明何侍郎孟春《餘冬序錄》，「黃伯固曰，『偶考聖像無髯，惟宗廟小影為真。』」

[4] 法式善，詳見《附錄 蔡守與古人交流考》。

[5] 《帶綠草堂遺詩》，法式善母親韓氏著。詳見《附錄 蔡守與古人交流考》。

[6] 車渠，硨磲，軟體動物門雙殼綱的海洋動物。是海洋中最大的雙殼貝類，被稱為「貝王」，最大體長可達 1 米以上，重量達到 300 千克以上。殼質厚重，殼緣如齒，兩殼大小相當，內殼潔白光潤，白皙如玉，可做工藝品。也是佛教七寶之一，梵名 MUSARAGALVA。

[7] 陳書，詳見《附錄 蔡守與古人交流考》。

[8] 蕉萃，同「憔悴」。枯槁貌。清史夑《陶靖節故里》詩，「門柳故蕭疏，籬菊亦蕉萃。」

[9] 餘盌，餘，同「飯」。盌（wǎn），通作「椀」，也作「碗」。《方言》第五，「盂，宋、楚、魏之間或謂之盌。」

[10] 觕，同「粗」，見前。

[11] 松針，松樹葉。

[12] 髮晶，水晶的一個品種。

[13] 許守白，即許之衡。詳見《附錄 蔡守與時人交遊考》。

[14] 宣南，見前。

[15] 蔡兆華，詳見《附錄 蔡守與古人交流考》。

[16] 《綴玉集》4卷，清蔡兆華著。用「玉壺新詠」詩題，集「玉臺新詠」句，為五律200餘首。

[17] 黃石牧，即黃之雋。詳見《附錄 蔡守與時人交遊考》。

[18] 《香屑集》，黃之雋著。集唐人之句為香奩詩，凡古今體930餘首。前人云，「就詩論詩，其記誦之博，運用之巧，亦不可無一之才矣。」

[19] 銀晶，水晶的一種，今無此稱謂。

[20] 登來，猶得來，得之。《公羊傳·隱公五年》，「公曷為遠而觀魚？登來之也。」何休注，「登，讀言得。得來之者，齊人語也。齊人名求得為得來。作登來者，其言大而急，由口授也。」

[21] 壽石工，詳見《附錄 蔡守與時人交遊考》。

[22] 宋君方，詳見《附錄 蔡守與時人交遊考》。

[23] 鐬kuǎn縫，鐬，署記。《廣韻·緩韻》，「鐬，鐬鐽。」周祖謨校勘記，「鐽，段改作縫，與《切三》及五代刻本韻書合，」唐顏師古《匡謬正俗》卷六，「問曰，今官曹文案於紙縫上署記謂之款縫者，何也？答曰，此語訛出魏晉律令《字林》本作『鐬，刻也』。古未有紙之時，所有簿領皆用簡牘，其編苴之處恐有改動，故於縫上刻記之。承前已來呼為鐬縫，今於紙縫上署名猶取舊語，呼為鐬縫耳。」時下謂之「騎縫」。

「胥山[1]蠶姜」，白文有邊方印，白果青石凍石，款「虹屏[2]宜用，玉嵌[3]篆興」，小隸書八字分兩行。案，右兩印皆沈彩傳物，彩為平湖陸梅谷烜[4]姜，有《春雨樓集》，分賦一卷，詩七卷，詞二卷，文二卷，跋三卷。「跋智永春雨帖」云「乾隆丙戌始笄拜夫人，夫人以此帖還贄，遂亦樓名曰『春雨』。」又詩云，「十三嬌小不知名，學弄烏絲寫未成。卻拜良師是大婦，橫經曾作女書生。」人豔稱之。梅谷室彭玉嵌鄧之誠[5]以為查瓦，誤亦工文翰也，玉嵌題《紅屏集後》有「美來色色宜人，只有新詩妒汝」，繡閣樂事，令人豔羨。

梅谷藏書甚富，刊《奇晉齋叢書》[6]。虹屏跋《晏公類要》[7]云，「晁氏《郡齋讀書記》[8]謂六十五卷，焦氏《經籍志》[9]謂八十卷，而此僅三十七卷。然其中有公四世孫袤補窺[10]，至『歷代雜錄』止，蓋以為足本矣。《曾南

豐集》[11] 有此書序，爰錄冠首。時乾隆辛丑四月十二立夏日，是歲閏五月，春事未闌。海棠、繡球、木筆、紫荊、薔薇花尚繁盛。新妝初畢，御研綾衣，晏坐花南水北亭，啜建溪 [12] 新茗書鄧氏僅錄『時乾隆』以下數行，安得云跋乎。」又題燕文貴 [13]《溪山蕭寺圖後》云「乾隆丁酉九月廿三日，時花南水北亭新加圖璽，木葉淒然欲落，海上青山微著霜色，如眉新婦。亭外一帶芙蓉如畫，亭邊老瓦盆，列佳種菊英二十餘品。亭中對設長几，一置周旋章父敦，秘色紫窯供佛手柑、花木瓜各數個，靈璧峭峰一座。一陳法書名畫共主君及夫人展觀及此卷，適丫鬟送新橙、蕪梨至，乃相與徘徊歡賞，幾疑身不在人間世。」下鈐「梅谷掌書畫史沈彩虹屏印記」。梅谷得右軍二謝帖及感懷帖，撰奇晉齋門聯云「門栽彭澤五株柳，案有山陰二謝書」，亦虹屏所寫。虹屏「春日閒適」詩云，「閒鋪翠毯拂雲箋，血玉蛟螭鎮一圈。春日花多裁句易，雨窗硯潤作書便。將臨大令鵝群帖，擬賦莊生蝶夢篇。不覺鐘鳴時向午，隔溪修竹上廚煙。」又「秋夜書興」云，「繡床書軸鬥精嚴，安坐紅閨夜已淹。山子數聲如咒月，風姨一笑正搴簾。椒蘭無氣香將燼，巾舃生潮頭暗沾。擬把簪花三寸管，盡收清景入毫尖。」其一門風雅亦可想矣。「胥山蠶妾」一印曾見《柳河東集》[14] 鈔本十五卷附錄一卷後鈐之。

「大韶吉士」，朱文犀角方印。案，朱吉士 [15] 為明嘉靖間人，曾以美姿易宋刻袁弘《後漢記》[16]，係陸放翁 [17]、劉須溪 [18]、謝疊山 [19] 三人手評者見《遜志堂雜鈔》[20]，其傳器固可珍也。

《香港中興報》1936 年 7 月 11 日

【注釋】

[1] 胥山，一名張山。胥山因相傳春秋時，吳國大將伍子胥在此練兵，死後葬於此而得名。原是嘉興城郊境內唯一的山丘，坐落在城東 30 里外的大橋鄉胥山村。嘉禾無山，故這座 20 米高、面積近百畝的小丘，歷來都被嘉興人看重。元吳仲圭繪《嘉禾八景圖》，其七「胥山松濤」，寫的即是此地風光。

[2] 虹屏，即沈彩。詳見《附錄 蔡守與古人交流考》。

[3] 彭玉嵌，陸烜妻。

[4] 陸梅谷，即陸烜。詳見《附錄 蔡守與古人交流考》。

[5] 鄧之誠，詳見《附錄 蔡守與時人交遊考》。

[6]《奇晉齋叢書》16 種 19 卷，清陸烜彙編。所收自唐至明各家短篇雜著，包括筆

記、詩話、題跋、遊記等。內收《松窗雜錄》《大理行記》《雲南山川志》等，較為稀見。

[7] 《晏公類要》，即晏殊《晏元獻公類要》。晏殊，詳見《附錄　蔡守與古人交流考》。

[8] 《郡齋讀書記》，宋晁公武著。晁公武，詳見《附錄　蔡守與古人交流考》。

[9] 《經籍志》，焦氏著。清查慎行得樹樓藏宋版《毛詩舉要》20 卷，查慎行題跋：「右《毛詩舉要》20 卷，焦氏《經籍志》不載。」焦氏《經籍志》引用者眾，然不得其詳。

[10] 補窺，窺，從夾縫、小孔或隱蔽處偷看。《易·豐》，「窺其戶，闃其人。」陸德明釋文引李登曰，「窺，小視。」

[11] 《曾南豐集》，宋曾鞏著。曾鞏，詳見《附錄　蔡守與古人交流考》。

[12] 建溪，福建省閩江的北源，長 206 公里，由南浦溪、崇陽溪、松溪合流而成，流經武夷山茶區，多險灘。在南平與富屯溪、沙溪匯合後稱閩江。

[13] 燕文貴，詳見《附錄　蔡守與古人交流考》。

[14] 《柳河東集》，柳宗元著。柳宗元，詳見《附錄　蔡守與古人交流考》。

[15] 朱吉士，即朱大韶。詳見《附錄　蔡守與古人交流考》。

[16] 《後漢記》，即《後漢紀》，袁宏著。有明刻本傳世。

[17] 陸放翁，即陸游。詳見《附錄　蔡守與古人交流考》。

[18] 劉須溪，即劉辰翁，詳見《附錄　蔡守與古人交流考》。

[19] 謝疊山，詳見《附錄　蔡守與古人交流考》。

[20] 《遜志堂雜鈔》十集，吳翌鳳撰。吳翌鳳，詳見《附錄　蔡守與古人交流考》。

「漱六樓藏書印」，朱文長方犀角印。案，《金山縣志》屬松江府錢熙經，字漱六，與熙咸即山、熙恩湛□、熙輔鼎卿 [1]、熙哲葆堂、熙泰鑪香、熙祚錫之 [1] 為昆仲也。錫之於道光廿一年辛丑刊《守山閣叢書》[2] 目百又□ [3]，都六百五十有二，裝靪一百八十冊。熙載 [4] 字嘯□，溥義孫，候選監提舉，好藏書，喜義舉，嘗捐貲，與□純等修金山衛文廟，又捐建大觀書院。熙載從弟熙經，字漱六，諸生，試用訓導，敦孝友，性純謹和□，嘗欲□刊叢書，以病不果，其子培名成之。培名字夢花，候選縣丞，同治九年潘張涇，培名管理北局工程，稱善。光緒十三年，熙經請入孝悌祠，培名入清芬祠，學使王給熙經「錫類垂型」額，給培名「家風好古」額。余藏冬青瓷秋葉筆覘，釉色極溫潤，頂燒，絕精湛，長五寸九分，寬二寸二分，厚八分，為筆覘之巨者，底款青字

小楷二行「道光庚子即道光二十年，為錢氏刻《守山閣叢書》前一年，乃錢氏全盛時也夏六月漱六樓主人造」，款字亦古茂可喜。曩歲社友金山姚石子 [5] 為作緣，欲以五百金易之，余未得割愛也。

「兔床藏書」，白文天然印，葫蘆器成。案，葫蘆器康熙間始為之，瓶盤杯碗無不具，陽文山水花鳥，題字均極清朗，不假人手。其造法於葫蘆結後，造模範之，隨之而長，遂成器物，然千百中完好者僅□□□。曩見一方硯匣，工致平整，承蓋處四面吻合，良工所製不能也，見《西清筆記》[6]。吳兔床 [7] 藏「咸淳」「乾道」「淳祐」《臨安》三志。刻「臨安志百卷人家」一印，惜未見印本，未知朱白文與式樣耳。

「千園」朱文葫蘆樣郎窯印。世所謂郎窯者，郎紫垣 [8] 中丞開府江西時所造，其仿古成化、宣德諸器，釉色、橘皮、棕眼、款式，□不酷肖，極不易分辨，已見《榆巢雜識》[9]。案，朗廷極，字紫衡又作垣，廣寧人，鑲黃旗漢軍，著有《勝飲編》《文廟從祀先賢先儒考》，官至漕運總督《四庫書目》謂其官至江西總督，誤，康熙五十四年卒，諡「溫勤」。許謹齋 [10]《戲呈紫垣中丞》云，「宣成陶器誇前朝，收藏價比璆琳真。元精融冶三百載，邇來傑出推郎窯。郎窯本以中丞名，中丞嗜古衡鑒精。網羅法物供品藻，二千年內紛縱橫。範金合土陶最古，虞夏周秦誰復數。約略官、均、定、汝、柴，零落人間搜出土。中丞嗜古得遺意，政治餘閒呈藝事。地水火風凝□□，敏手居然稱國器。媲視成宣欲亂真，乾坤萬象歸陶甄。雨過天青紅琢玉，貢之廊廟光鴻鈞。」又云「俗工摹效爭埏埴 [11]，百金□器何由得」，則當時已極矜貴矣，況在今日乎？無怪此一印而值抵千金也。

《香港中興報》1936 年 7 月 12 日

【注釋】

[1] 錢熙經、熙咸、熙恩、熙輔、熙哲、熙泰、熙祚，兄弟 7 人。詳見《附錄 蔡守與古人交流考》。

[2] 《守山閣叢書》，錢熙祚等輯，張文虎、顧觀光參與校勘。叢書分經、史、子、集四部，112 種，656 卷，主要為宋元明三朝名著。清嘉慶中，常熟張海鵬曾輯有《墨海金壺》117 種，版毀於火。清道光中，錢熙祚得其殘版 58 種，遂約請張文虎、顧觀光去杭州文瀾閣藏書樓分頭校勘，校正錯訛、脫漏，並收集補充了許多新內容。至道光二十四年（1844），歷時 10 年，完成了這部巨著。

[3]　□，原文字模糊莫辨。

[4]　熙載，即錢熙載。詳見《附錄　蔡守與古人交流考》。

[5]　姚石子，詳見《附錄　蔡守與時人交遊考》。

[6]　《西清筆記》，清沈初著，筆記小說。沈初，詳見《附錄　蔡守與古人交流考》。

[7]　吳兔床，即吳騫。詳見《附錄　蔡守與古人交流考》。

[8]　郎紫垣，即郎廷極。詳見《附錄　蔡守與古人交流考》。

[9]　《榆巢雜識》，清趙慎畛著。趙慎畛，詳見《附錄　蔡守與古人交流考》。

[10]　許謹齋，詳見《附錄　蔡守與古人交流考》。

[11]　埏（shān）埴（zhí），和泥製作陶器。《老子》，「埏埴以為器，當其無，有器之
　　　用。」河上公注，「埏，和也；埴，土也。謂和土以為器也。」

「趙陸」，朱文長方紫檀印，為寒山 [1] 伉儷傳器。余藏紫檀秘匣，面刻
「蝴蝶寢」草書三字，下正用此印也。

「竹襪齋」，白文竹根天然印，款「芝岩」二字。案，吳德旋 [2]《初月樓
聞見錄》[3] 云，「周顥 [4]，字芝岩，嘉定人。不喜科舉，工畫。嘉定自朱松隣
[5] 父子以畫法刻竹，其後有沈兼 [6]、吳之璠 [7]、閔乃始 [8] 咸精其藝。芝
岩更出新意，作山水樹石松竹，用刀如用筆，其皴法濃淡，坳突生動渾成，當
時以為絕品，芝岩多髯，善飲而性介忤，卒年八十又九。族子笠 [9]，字牧山，
傳其畫法。」又案，「竹襪齋」為文去盈謙光 [10] 齋名，徵仲 [11] 之玄孫也。
余曾得其紫檀印奩，底刻「竹襪齋」三字，正書長方印，邊有雙螭蟠紋。

明張大復 [12]《梅花草堂筆談》[13] 云，「陸小掘 [14] 好製小刀，鏤文蠅字，
輕若羽毛。余得治印小刀，刀口雖小，但甚重，且為方形，有『小掘』正書二
字，目力僅可見，貯以象齒匣，匣面刻『鍥舍』隸書二字。款曰，『舍者室也，
室吾鍥也』，正書二行。」

「宣德元年蔡子銘 [15] 督造羊腦箋」，正書朱文長方烏梅木印。案《西清
筆記》[16] 云，「羊腦箋以宣德瓷青紙為之，以羊腦和頂煙墨窖藏久之，取以塗
紙，砑光成箋，黑如漆，明如鏡。始自明宣德間，製以寫經，歷久不壞，蠹不
能蛀，今內城唯一家傳其法。」據此則是印用以鈐造紙者。但《西清筆記》雖
云唯一家傳其法，而不書其人姓氏，據此乃知為吾家法製，可與「談箋」並稱
曰「蔡箋」也。

「管道杲」，朱文小篆象齒方印。案《履園叢話》[17] 云，「管道升 [18]，
仲姬有姊名道杲 [19]，適姚氏，居於南海。鮑淥飲 [20] 家藏仲姬畫竹，姚姊題

詩云，『綠窗無長物，樹蕙與滋蘭。光風布淑氣，揚揚隴畝間。窗外何所有，修竹千萬竿。密葉敷下陰，勁氣掌歲闌。方期同臭味，且以報平安。吾妹忽來過，綠紗生薄寒。漫結貽珮讓，重之青琅玕。寫真一揮灑，翰墨猶未乾。古意鎮長在，高風渺難攀。況有斐媲德，懿名垂不刊。」跋云，「至元二年四月二日，吾妹魏國夫人仲姬見訪南潯里第，兼坐君子軒，夫人笑曰，君子名軒，何以無竹。爰使女奴磨墨，寫此幅於軒中。夫婦人之事，箕帚中饋刺繡之外，無餘事矣。而吾妹則無所不能，得非所謂女夫乎。為吾子孫者，可不寶諸。俟他日妹丈松雪 [21] 來，又乞題詠也。」此印洵足寶貴。

《香港中興報》1936 年 7 月 13 日

【注釋】

[1] 寒山，詳見《附錄　蔡守與古人交流考》。

[2] 吳德旋，詳見《附錄　蔡守與古人交流考》。

[3]《初月樓聞見錄》10 卷，《續聞見錄》10 卷，清吳德旋著。錄吳越江淮間事，意在闡揚幽隱。尚有《初月樓論書隨筆》《初月樓文鈔》10 卷，《初月樓續鈔》8 卷，《初月樓詩抄》4 卷。

[4] 周顥，詳見《附錄　蔡守與古人交流考》。

[5] 朱松隣，即朱鶴。詳見《附錄　蔡守與古人交流考》。

[6] 沈兼，詳見《附錄　蔡守與古人交流考》。

[7] 吳之璠，詳見《附錄　蔡守與古人交流考》。

[8] 閔乃始，詳見《附錄　蔡守與古人交流考》。

[9] 笠，即周笠。詳見《附錄　蔡守與古人交流考》。

[10] 文去盈，即文謙光。詳見《附錄　蔡守與古人交流考》。

[11] 徵仲，即文徵明。詳見《附錄　蔡守與古人交流考》。

[12] 張大復，詳見《附錄　蔡守與古人交流考》。

[13]《梅花草堂筆談》14 卷，明張大復撰，隨筆集。

[14] 陸小掘，詳見《附錄　蔡守與古人交流考》。

[15] 蔡子銘，詳見《附錄　蔡守與古人交流考》。

[16]《西清筆記》，清沈初著。

[17]《履園叢話》，清錢泳著。錢泳，詳見《附錄　蔡守與古人交流考》。

[18] 管道升，趙孟頫妻。詳見《附錄　蔡守與古人交流考》。

[19] 道杲 gǎo，即管道杲。詳見《附錄　蔡守與古人交流考》。

[20] 鮑淥飲，即鮑廷博。詳見《附錄　蔡守與古人交流考》。

[21] 松雪，即趙孟頫。詳見《附錄　蔡守與古人交流考》。

「蘭莊社商酒務記」朱文方印，鎏金銅印，柱紐，紐旁鑿「大定五年□ [1] 月□部造」，正書九字一行。案《金史·百官志》只有都麴使司 [2] 掌監知人戶，釀造麴蘗 [3] 辦課，以佐國用，餘酒使監釀辦課。又及一萬貫者為院務，設都監副監各一員。不及千貫之院務，止設都監一員，其地榷場 [4] 與酒稅相兼者，視課多寡設官吏。諸酒稅使，三萬貫以上者正八品，諸酒榷場使從七品，五萬貫以上副使正八品，並無「商酒務」之名。然自來藏印之家，如頤素齋 [5] 有「曲阜酒務記」「西戴陽村酒務之記」，海棠吳氏有「亳城村酒務記」，嘉興張氏有「姜村商酒務記」。又嘗見「東鎮商酒務之記」「芝川鎮商酒務之記」。「姜村」一記，係泰和七年造，後於此四十三年。殆國家承平，戶口日繁，需酒日多，商人造酒而設官徵其課，以別於官釀也。

蘭莊不知屬於何縣，與姜村、東鎮略同，篆文遒茂，印且鎏金，足見治世，工作不苟。又見「澄城縣交道社商酒務之記」，同時為周養庵 [6] 所得。元光二年造，製作簡率。器用之微可以觀世運之升降焉。近見金大定五年模刻《華嚴世界海圖》末有「靜封鎖商酒都監趙子都施俸」字，亦足為此印之證也。

「查姓名禮者印」白文有格無邊銅印，獅紐嵌銀絲，周養庵得於宣南 [7] 小市。案，查禮 [8] 字恂叔，號榕巢，宛平人。官至湖南巡撫，善畫，尤精墨畫梅。

「榕巢寫梅」，朱文銅印，瓦紐鎏金。亦查禮遺物。醴陵劉氏鞭景樓藏。

「鐵枝冷趣」，柱紐鑿「榕巢」二字，亦是查氏物也。宣南女畫家朱月娥 [9] 藏，時用以鈐墨梅。

「楊白眉」，白文瓷印。案，楊良宇，白眉，善畫驢，愛食牛肉，有求其畫者，以牛肉換之輒得，人稱楊驢子，此銅印印文亦古茂。

「黃小宋畫」，朱文銅印，鼻紐。黃案，黃璟 [10] 字小宋，南海人，官至直隸候補道，善山水，嘗見晚年一幅，甚蒼潤，款「溪山圖，巨然筆也，峰巒渾厚草木蔽虧，曲折透迤之致。今援筆為之，愧不能得其氣象磅礴，與自然之圓厚也」。

「心中」，朱文小篆橢圓雲母印 [11]，葫蘆紐甚精湛。案徐氏《晚晴簃詩匯》[12] 卷一百九十九，「『心中』為浚縣苾芻夷 [13]，有詩，余因昔年避地無

錫，得耶須尼[14]救護，遂遇丘丘尼文物，不購藏之，以報耶須能救亡人也」。

「蘋香倚聲」，小篆朱文方印。案，吳蘋香[15]名藻，工填詞，有《念奴嬌 題空山聽雨圖》云，「珠眉月面，記前身，是否散花天女。寂寞琳宮清梵歇，人在最深深處。一縷涼煙，四圍冷翠，幾陣瀟瀟雨。剪燈人倦，鶴房仙夢如煮。 恰好寫到《黃庭》，畫成金粟，總合天真趣。疏竹芳蘭傳色相，不似謝家風絮。香火因緣，語言文字，唱絕雲山侶。拈來一笑，玉梅春又何許。」

「紫氤[16]」白文有邊方長白玉印，為趙寒山[17]舊藏，紫檀匣。匣面篆「宋女道士紫氤玉印」。案，陸放翁[18]有《送紫氤女道士詩二首》云「一別南充十四年；時時清夢到金泉自注，果州金泉山，謝自然飛昇之地。山陰道上秋風早，卻見神仙小自然。」「道骨仙風凜不群，清秋採藥到江村。自言家住雲南北綺，知是遺塵幾世孫」。

「白樸[19]太素」，白文有邊有格玉印，案，太白素，元真定人，有《天籟集》。《垂楊詞》序云，「壬子冬，薄遊順天，張侯毛氏之兄正卿，邀余往拜夫人。既而留飲撰詞，一，詠梅，以玉耳墜，金環歌之。一，送春，以垂楊歌之。詞成，惠以繡綺四端。夫人大名，洛人能道。雅好友，自言幼時有老尼年幾八十，嘗教以舊曲，垂楊音調，至今了然。事與東坡補洞仙歌頗相類。中統建元，壽春榷場中，得《南方詞編》，有垂楊三首，其一乃向所傳者，然後知夫人真承平家世之舊也。」

《香港中興報》1936 年 7 月 14 日

【注釋】

[1] □，原文字空缺。

[2] 都麴使司，金置於中京，設有使從六品，副使正七品，掌監知人戶釀造麴糵以及課辦之事以供國用。都監正八品，掌僉署文簿檢視釀造。見《金史·百官志三》。

[3] 麴qu糵，酒麴。《尚書·說命下》，「若作酒醴，爾惟麴糵。」孔傳，「酒醴須麴糵以成。」又解作「酒」。《宋書·顏延之傳》，「交遊闒茸，沉迷麴糵。」再解作「酒稅」。《資治通鑒·唐昭宗天復二年》，「掌書記李襲吉獻議，略曰，『國富不在倉儲，兵強不由眾寡，人歸有德……至於率間閻，定間架，增麴糵，檢田疇，開國建邦，恐未為切。」

[4] 榷quē場，宋、遼，金、元時在邊境所設的同鄰國互市的市場。場內貿易由官

吏主持，除官營外，商人需納稅、交牙錢，領得證明檔方能交易。宋蘇軾《論高麗買書利害劄子》，「臣聞河北榷場，禁出文書，其法甚嚴，徒以契丹故也。」《金史・食貨志五》，「榷場，與敵國互市之所也。」

[5] 頤素齋，即何維樸。詳見《附錄　蔡守與古人交流考》。

[6] 周養庵，即周肇祥，詳見《附錄　蔡守與時人交遊考》。

[7] 宣南，見前。

[8] 查禮，詳見《附錄　蔡守與古人交流考》。

[9] 朱月娥，無考。

[10] 黃璟，詳見《附錄　蔡守與古人交流考》。

[11] 雲母印，見前。

[12]《晚晴簃詩匯》，徐世昌輯。

[13] 苾芻尼，即比丘尼。見前。

[14] 耶須尼，《梵書・蓮經注》，佛有妻，名耶須。

[15] 吳蘋香，即吳藻。詳見《附錄　蔡守與古人交流考》。

[16] 霄，同「霄」，見前。

[17] 趙寒山，即趙宧光。詳見《附錄　蔡守與古人交流考》。

[18] 陸放翁，即陸游。詳見《附錄　蔡守與古人交流考》。

[19] 白樸，詳見《附錄　蔡守與古人交流考》。

「次香」，朱文小篆白瓷方印。案，蜀人安崇庚，字次香，工繪事，喜吟哦，遊幕閩中，有《西湖柳枝詩》云，「春水準時闊綠波，一生消受好風多。長條萬縷都輸汝，不繫羈思只聽歌。」為一時稱頌。爰在都時，與楊掌孫 [1] 交好，見楊所為《京塵雜錄》。楊，阮文達弟子也。

「淨妙尼」，朱文黃楊長方印，紐仿古玉花紋甚精。案，余藏彌勒木造像有記云，「蔡居士端卿供養，時弘光乙酉佛生日。白衣庵尼淨妙敬造」。又《蓮香集》有《春日與女伴遊白衣庵詩》云，「結伴尋芳破碧煙，款關何必為參禪。空門亦有春來意，種得桃花照玉泉。」知淨妙為喬倩 [2] 方外交。當與喬仙象齒印同珍弄。

「傳法寺尼彥楷」，朱文正書犀角長方印，少時與林子超森 [3] 於上海結人鏡學社，社友潘明訓 [4] 喜藏宋板書，嘗見其宋刻《翻譯名義》[5]，高營造尺六寸二分，寬三寸又九分，為紹興丁丑間刊本，卷尾捐資刊書題名有「傳法寺比丘尼彥楷，施五貫足。莊嚴淨土」，知此印乃宋紹興物，益可寶貴也。

「白玉娘」，朱文小篆橢圓牙印。宋程萬里妻白玉娘 [6]，乞為尼，尼曇花庵，亦妙尼文物，固宜珍弄也。

「式叉摩那 [7] 謝安然」，白文正書玟瑂印，印側刻賈島 [8]《元日女道士受懺》詩云「元日更新夜，齋身稱淨衣。霜下磬聲在，月高壇影微」，隸書六行。案《釋氏要覽》，式叉摩那，即學法女，亦有髮尼也，尼則曰鄔婆斯迦 [9]。

「夏雲英倚聲朱記」，朱文小篆方印。案，明夏云，莒州女子，年十三，被選為周憲王宮人，姿色絕倫，琴棋音律翯詞，一經耳目，便皆雋妙。元妃卒，遂專內政，居寵能畏，不樂華靡，有賢聲，年二十二，以疾求為尼，法名悟蓮，逾明年卒。有《淵清閣詩》《法華經贊》。

「尉遲熾繁」，白文銅方印。案，北周尉遲熾繁有美色，初適杞國公亮子溫，以宗婦例入朝，宣帝逼而幸之。及亮謀逆，帝誅溫，熾繁入宮，大象中立為天左太皇后。帝崩，出為尼，名華首，則此銅印亦是妙尼文物也。

「守一處和」，白文竹頭方印，款「乙酉六月廿五日，四十生朝，作於梅苦庵。月上尼識」，隸書九行，甚精。

「隔花人遠天涯近」，白文竹頭方印，款「甲申歲闌，有所思作。梅苦庵尼月上靜照」，大篆六行頗古茂，二印皆檀度庵尼文信 [10] 舊藏。案，況周儀 [11]《香東漫筆》云，「尼靜照，字月上，宛平人，曹氏良家女。泰昌時選入宮。在掖庭二十五年，作宮詞百首，崇禎甲申祝髮為尼。」此兩竹印皆國亡出家後作。前以朱月上者，誤也。朱月上為樊樹姬人，《閨秀正始集》[12] 載靜照宮詞二首，《香東漫筆》載西江月一闋。

「妙意尼書」，朱文銅印。案，唐比丘尼妙意寫心經，開元二十五年九月十八日刻。在直隸唐山城北十五里堯山。與唐明覺寺尼書心印記，大曆十三年正月廿七日刻，在陝西貢院，乃尼遺書石刻兩種。

「石蓮悟情」，白文方印。案，石蓮俗翁姓，丹徒人，駱佩香侍女。趙甌北 [13] 有贈詩，見《正始集》。

「刺梅園主」，白文方印。案，《堅瓠集引》[14] 見毛大可 [15] 詩話云，「刺梅園尼，明季宮人，崇禎甲申后為尼。」與月上梅苦庵同一意耶？

「賀玄瑛」，白文髮晶方印，友人以蘇曼殊 [16] 名玄瑛亦作元瑛，因以戲贈。案，明尼舒霞，俗姓賀，名元瑛，字赤浦。黃公之女孫，出家為尼。《哭先和尚伏獅影堂》云，「嘹唳鴻嗥夜未闌，動人吟緒繞燈殘。疏櫺不斷金風翯，清怨難消玉露寒。手捧遺編心欲折，身回丈室影偏單。獅音何日重款聽，細把巾

瓶次第看。」其二,「天高落木滿空山,片片秋聲冷竹關。終日傳心慚立雪,未能斷臂愧衛環。籬邊疏影寧堪對,庭際寒香不忍刪。杖履得知何所託,遙遙蔥嶺獨西還。」

《香港中興報》1936 年 7 月 15 日

【注釋】

[1] 楊掌孫,即楊懋建。詳見《附錄　蔡守與古人交流考》。

[2] 喬倩,即張喬。詳見《附錄　蔡守與古人交流考》。

[3] 林子超,即林森。詳見《附錄　蔡守與時人交遊考》。

[4] 潘明訓,即潘宗周。詳見《附錄　蔡守與時人交遊考》。

[5]《翻譯名義》,宋姑蘇景德寺普潤大師法雲編,此書係將散見於各經論中的梵文名字分類解釋、編集而成。對音譯梵文,一一舉出異譯、出處並進行解釋。

[6] 程萬里妻白玉娘,事見馮夢龍《醒世恒言》十九卷,不足為據,蔡守此記,不知何據。

[7] 式叉摩那,梵語,梵語式叉,此云學;摩那,此云法女。義譯為學法女,是在二年內,受持六法戒的一類。這實在還是沙彌尼(女眾出家的預修),不過仰修比丘尼戒的一分而已。

[8] 賈島,詳見《附錄　蔡守與古人交流考》。

[9] 鄔婆斯迦,梵語音譯,在家修「五戒律」的男眾佛教徒,稱為「鄔婆斯迦」。五戒按律稱為「學處」,是信佛教徒所應學之處,又稱為「學跡」。若有善男子、善女人由此便升大智慧殿。五戒又稱為「路」,就是一切律儀、妙行善法皆由此運轉而成。又稱為「學本」。就是諸所應學、此為本故。又名為「五大施」,就是以攝取無量眾生故,成就無量功德故,以能增長種種功德故,這就是三皈五戒的名德行相的道理。

[10] 文信,詳見《附錄　蔡守與時人交遊考》。

[11] 況周儀,即況周頤。詳見《附錄　蔡守與時人交遊考》。

[12]《閨秀正始集》20 卷,附錄 1 卷,清惲珠編。惲珠,詳見《附錄　蔡守與古人交流考》。

[13] 趙甌北,即趙翼。詳見《附錄　蔡守與古人交流考》。

[14]《堅瓠集引》,《堅瓠集》正集 10 集,另有續集、廣集、補集、秘集、餘集,共15 集 66 卷,明末清初褚人獲著。書內古今典章制度、人物事蹟、詩詞藝術、

社會瑣聞、詼諧、戲謔無所不記，尤以明清軼事為多。褚人獲，詳見《附錄　蔡守與古人交流考》。

[15] 毛大可，即毛奇齡。詳見《附錄　蔡守與古人交流考》。

[16] 蘇曼殊，詳見《附錄　蔡守與時人交遊考》。

又《秋深返里六叔父園亭對菊》云，「此身自笑類寒蟬，哀痛歸來亦偶然。一路詩篇殘夜月，到門樹色淡秋煙。漫將離別從頭數，且喜名山入座妍。茗碗爐香等閒事，追隨恰值淺涼天。」又《留別士雪、小范二弟》云，「我已生涯一笑空，家駒還仗振遺風。幾年別夢三秋破，千里煙波一棹通。盛世金門多早歲，潙西老衲本江東。歸來未便乘潮去，騷骨輕雲逐斷鴻。」讀其詩亦可哀其志矣。余今藏有舒霞龍尾硯 [1]，匣亦明硃漆者，庚申與溶相識，即以持贈。桂平程大璋 [2] 子良為題而刻之。

「一葉扁舟泛渺茫，呈橈舞棹別宮商。山雲海月都拋卻，贏得莊周蝶夢長」，朱文繆篆長方印，高約一寸，寬六分，分四行，行七字，工整而不嬈 [3]，邊款「妙總禪師詩，石崖 [4] 學篆」，隸書兩行。案《全唐詩鈔》[5] 無著，宋丞相蘇頌女，年三十出家，參大慧得悟，號妙總禪師。又案《徐氏詩匯》[6]，石崖，仁和尼。此印苾蒭尼 [7] 刻苾蒭尼詩，尤可珍貴者。

「妙濟法淳居白同觀」，朱文小篆長方牙章，案，陸游 [8]《入蜀記》記云，「寶華尼寺，陸宣公建，灞、澧、濨兄弟又新之，後有賢妹字意者。」陸氏書有女子為尼，寺中今有妙濟、法淳、居白三尼。

「比丘尼義沖寫」，白文長方銅印，瓦紐甚古，似宋元間物。案《東坡集》云，「王朝雲始不識字，晚忽學書，牷 [9] 知楷法，從泗上比丘尼義沖學佛，亦略聞大義。」此銅印即其傳物歟？

「廣慈昭覺」，白文銅印。案《清波雜志》[10] 云，「賜蔡州尼惠普號『廣慈昭覺大師』。」即虞仙姑 [11]，年八十餘，有少女色，能行大洞法。

「妙音」，朱文小篆連珠印，雲母質，已變黑。案《本事詩·卷十二》[12] 有「白頭宮女行」，妙音為長安文殊庵尼，崇禎宮人也。

「靜諾」，白文長方印，印材殊別，其質似石，甚輕，細審之，乃為揚州紙硯，以漆膠紙與沙結成，磨製滑澤，故能堅如石而輕於木，洵特殊之印材，為從來所未睹也。案《正始集》[13]，靜諾仁和尼，俗姓林，卓錫河渚，結茅有梅花萬樹。徐氏《晚晴簃詩匯》[6] 亦有靜諾詩，其人亦可想見，宜有此俊物也。

「比丘尼靜慈」，朱文銅印。案，靜慈，宋舊宮人也。羅志仁 [14] 為賦《虞美人》云，「君王曾識如花面，往事多恩怨。霓裳和淚換袈裟，又送鑾輿北去，聽琵琶。　當年未削青螺髻，知是歸期未？天花交室萬緣空。結綺臨春何處，淚痕中。」

《香港中興報》1936 年 7 月 16 日

【注釋】

[1] 龍尾硯，歙硯，江西省婺源縣歙溪所產之硯，又稱婺源硯。為中國四大名硯之一。北宋唐積《歙州硯譜》云「婺源硯在唐開元中，因獵人葉氏逐獸至長城裏，見疊石如城壘狀，瑩潔可愛，因攜之歸，刊粗成硯，溫潤大過端溪。後數世，葉氏孫持以與令，令愛之，訪得匠手琢為硯，由是天下始傳。」宋趙希鵠《洞天清祿集》云，「歙溪龍尾舊坑，亦有卵石………細潤如玉，發墨如泛油，並無聲，久用不退鋒，或有隱隱白紋，成山水、星斗、雲月等象。」石質堅韌，溫潤瑩潔，紋理縝密，發墨如油，色如碧雲，聲若金石。其品類有龍尾硯、羅紋、金星、眉子等。

[2] 程大璋，詳見《附錄　蔡守與時人交遊考》。

[3] 嬪 pín，通「繽」，一解作「紛亂貌」，晉陶潛《桃花源記》，「芳華鮮美，落英繽紛。」

[4] 石崖，無考。

[5]《全唐詩鈔》80 卷，補遺 16 卷，清吳成儀編。收錄全唐佳作千餘篇匯而成編，並收詩人爵里小傳。

[6]《徐氏詩匯》，即《晚晴簃詩匯》，徐世昌著。

[7] 苾芻夷，見前。

[8] 陸游，詳見《附錄　蔡守與古人交流考》。

[9] 粗，粗的意思，見前。

[10]《清波雜志》，上中下卷，宋周輝著。周輝詳見《附錄　蔡守與古人交流考》。

[11] 虞仙姑，《續資治通鑒·宋徽宗大觀元年》：「有虞仙姑者，年八十餘，狀貌如少艾。」餘無考。

[12]《本事詩》，無考。

[13]《正始集》，即《閨秀正始集》，清惲珠編。惲珠，詳見《附錄　蔡守與古人交流考》。

[14] 羅志仁，詳見《附錄 蔡守與古人交流考》。

　　「常淨之記」，朱文正書銅印。案《延平府志》，「常淨氏徐姓，河縣人，為尼，忽爾靈悟，人有休咎，莫不先知，有盜數人慾犯人，常淨戒侍者曰『今夜有客，可具齋供，若於席侍之。』有頃，盜至。出迓曰『山門僻左，無可相款。薄具齋供，瀆公一飯。』諸盜見齋供適與人數合，相顧失色，遂不敢犯而去。人服其神。年九十，終於鐵壁堂。」此印是否其遺物，則未敢斷定耳。

　　「陳妙常印」，白文長方銅印。案，陳妙常，美而彗，善詞翰，張于湖 [1] 慕之，陳作小詞以拒云，「清靜堂前不捲簾，景悠然。閒花野草漫連天，莫胡言。獨坐洞房誰是伴，一爐煙。閒來窗下理琴弦，小神仙。」其事並見《玉簪記》[2]，但是印乃同姓名者耶？抑好事者為之耶？未可斷也。

　　印奩拓本，「文華德方寶信期藏」，八字二行，八分書似《曹全碑》，未識何義。鄧氏《骨董瑣記》[3] 亦載此奩云，「是銅製，甚精工，上蟠一龍，四周行龍各一，正方高三寸許，頗似前明製作。」

　　「湛盧山閣」，朱文方印。款，「松溪邑南案山曰『湛盧 [4]』，三峰聳翠如嶽，昔湛王鑄劍其上。劍以人名，山以劍名乎？晦翁 [5] 寓僧僚注《中庸》，夜有異獸伏足下，注成乃去。今立書院，先君司教茲土，司祀事。侗每從登，思倚山作閣，聽萬壑松風，俯長流碧水。忽忽五十年餘，因鐫此石以志永懷。銘曰，『三峰聳兮湧青蓮，寶劍成兮精義傳。回松風兮帶流泉，高閣起兮倚層巔。』丁亥冬，侗。」案，松溪舊屬建寧，當係閩人所作。據所知者尤侗 [6]、林侗 [7]、錢侗 [8]，皆字同人。唯林侯官人，號來青，歲貢生，善隸書，著有《來青齋金石錄》[9]，或林氏遺物歟。

　　陳教授達夫 [10] 兼善嘗語余「印材青田石出青田縣東門外二百步季井嶺，嶺以神童申皋得名，洞口高六七尺，洞內圍徑三四丈，曲直無定程，十餘人共掘一洞，業此者常千餘人，洞內冬溫夏寒，故石工冬則裸體，夏則衣綿，所得皆平常石，凡五色凍石尤不易致。夾板凍，產夾板嶼，色黑，有青有黃，似燈光不透；周青凍，產周村，色青，有黃斑紅紋，性堅；紫檀凍，色紫黑；松皮凍，色青黑有紋，性堅；武池石，紅如硃，白如臘，性軟膩；官紅石，色絳，間有花斑；河幽石，色如豬肝；渡船頭石，色嫩黃，亦有青色，性堅而瑩，唯經水暴日即裂；牛壑洞石，色硬黃；老鼠石，色白不瑩，無釘，皆小材；臘石，如臘肉骨者佳，乾腐次之，條青又次之，皆可奏刀。一種凍石，色如熟白果，質堅□ [11] 毛，損刀者，非白果青田，乃產於遼東者，凡此種似白果青田凍，

而性似硬者，宜試刀方能斷定，如損刀、拒刀者，皆非青田產也。」

《香港中興報》1936 年 7 月 17 日

【注釋】

[1] 張于湖，即張孝祥，詳見《附錄　蔡守與古人交流考》。

[2] 《玉簪記》，明人雜劇。寫道姑陳妙常與書生潘必正的愛情婚姻故事。事見《古今女史》和明人雜劇《張于湖誤宿女貞觀記》。

[3] 《骨董瑣記》8 卷，鄧之誠輯。書中所及金石、書畫、陶瓷、雕漆、織繡、紙墨筆硯等，並泛及國故、軼聞，共計有一千餘條目，時稱「天下第一閒書」，實為文人雅客案頭消遣把玩之物。鄧之誠，詳見《附錄　蔡守與時人交遊考》。

[4] 湛盧，古劍名，是春秋時期鑄劍名匠歐冶子所鑄名劍之一。據《越絕書》記載，公元前 496 年，越王允常懇求天下第一鑄劍大師歐冶子為己鑄劍。歐冶子奉命之後，帶著妻子朱氏和女兒莫邪，從閩侯出發，沿閩江溯流而上，來到了山高林密海拔 1230 米的湛盧山，發現了鑄劍所需的神鐵（鐵母）和聖水（冰冷的泉水）。歐冶子在這裡住下後，闢地設爐，用了三年的時間，終於煉成。女兒莫邪、女婿干將後來也煉成了雌雄寶劍「莫邪」「干將」，名聞於世。

[5] 晦翁，即朱熹，詳見《附錄　蔡守與古人交流考》。

[6] 尤侗，詳見《附錄　蔡守與古人交流考》。

[7] 林侗，詳見《附錄　蔡守與古人交流考》。

[8] 錢侗，詳見《附錄　蔡守與古人交流考》。

[9] 《來青齋金石錄》，應為《來齋金石考》。《來齋金石考》上中下三卷，清錢侗著。是編綜錄古代碑刻，凡夏、商、周 6 種，秦漢 19 種，魏晉南北朝 14 種，隋唐 181 種，皆據目見者書之。中間辯證，大抵取之顧炎武《金石文字記》，而頗以己意為折衷，多所考據。又於諸碑後載入後人賦詠歌篇。

[10] 陳達夫，詳見《附錄　蔡守與時人交遊考》。

[11] □，原文字模糊莫辨。

廣東產印材石數種，無一佳者，群列如左：

陽石，色白，透者如礬，不透者如臘，質皆腐，不受刀；亦有質細嫩瑩澤似白芙蓉，但以指甲在石邊剔之即起粉，亦不受刀；又一種質甚堅，全是細砂，雖磨治亦不發光，此種雖受刀，但韌而硬似廣寧，治一印後，指腕皆痛。

廣寧石，色甚繁，有如綠玉者，北人呼為翡翠石；有黃如田黃者，有白如

芙蓉者，有紅如壽山者，有如蒸熟之芋而類昌化者，又有舊青田者，種類不一，其質皆觕 [1] 而不潤澤，且必有細砂如金星，且正面側面必不同色，皆受刀，但韌而硬，奏刀殊苦，切刀尚可，沖刀甚難，白文尚可，朱文甚難，唯市匠刷刀則免崩缺。

桃花石，或謂出湖南。色淡紅，頗可愛。但質亦腐不受刀耳。

端溪石，乃硯材也。但取其佳者碎料為印亦頗別，磨製滑澤，亦可玩，但奏刀殊苦，因其質甚堅也。

臘石，實如水晶瑪瑙質，取為印材，亦可喜，但不能入刀，只可鏨鑿如治玉印。

星岩石，色白如玉，舊坑者質尤細而堅，用為印材，亦不惡劣，但奏刀亦苦耳。

英德石，色灰質觕，強作印材亦不佳。

雲石，色不淨，質亦觕而硬，嘗見有為巨印材，亦只可鏨字，弗能奏刀也。

「玄同閣」，朱文長方舒窯 [2] 印。案，施愚山 [3] 閏章《矩齋雜記》[4] 云，「宋時江西窯器，出廬陵之永和市。有舒翁工為玩具，翁之女尤善，號曰『舒嬌』，其爐瓶諸色，幾與哥窯等價。」余嘗得一盤一盅，質蒼白而光黝，然以注水，經月不變，望之如古物。相傳陶工作器入窯變成玉，工懼事聞於上，封穴逃之饒為業。今景德鎮陶工，故多永和人。見吉安太守吳炳 [5]《遊記》云，「今市上舒窯器甚多，而價未可與哥窯並論。」但舒窯印則難得也。

「東園」，朱文小篆葫蘆白瓷印，印紐亦作葫蘆，藤與葉皆釉裏紅，款「寧良王府造」。案，寧良郡王弘晈，怡賢親王次子，承襲郡王。乾隆四年得罪停俸，好與士大夫遊，藝菊數千本，自號「東園」，以擬「東籬」，又精製扇，□ [6] 裁雅潔，名「東園扇」，一時競重之，其雅尚可想，宜有此矜貴之印也。

《香港中興報》1936 年 7 月 18 日

【注釋】

[1] 觕，粗的意思，見前。

[2] 舒窯，無考。

[3] 施愚山，即施閏章，詳見《附錄　蔡守與古人交流考》。

[4]《矩齋雜記》2 卷，清施閏章撰。《矩齋雜記》是一部雜考之作，多記自己的見聞雜事及讀經研史之文，並加以考證，書中還涉及神怪之事。

　　[5] 吳炳，詳見《附錄　蔡守與古人交流考》。

　　[6] □，原文字模糊莫辨。

　　張謜齋 [1] 大將軍景遜曾□ [2] 示吳缶廬一巨印拓，印文「疑庵詩本」朱文方印，極雄妍之極。日昨得曹靖陶 [3] 熙宇從杭州寄來詩拓，正用此印。方知昌碩為許公刻者。詩刻甚佳，信筆錄之，「六十生平奇，遊蹤到山腹。金華古洞天，自昔耀圖籙。我來窺雙龍，肖物歎天酷。初地堂哉皇，仙衣掛羅縠 [4]。公然具首尾，隱見水雲族。左側聲淙淙，一竇湧寒淤。塞竇置小舟，入者貼身伏。挽牽進丈許，巧避石膚觸。駭此靈秘區，萬古日不暴。揚炬亦無輝，搖搖斂微綠。傾危片石堅，歷落懸乳簌。又睹鱗之而 [5]，張爪奮馳逐。暗瀑仍喧呶，細點時滲漉。尋源仗扶掖，試步屢蹉跗。鑽穿又一景，萬象□森肅。孤目閃怒獅，雙翅展雄蝠。化人四五軀，離立各昭穆。鼓鐘可考擊，簨簾 [6] 誰雕劚。一楬題『臥雲』，潤墨尚餘馥。諦觀署萬曆，名姓喜捫讀。深壁字模糊，光短難遍燭。凜然覓隙還，幸免直蛇腹。人言朝真幽，或託玉壺曲。我如嘗異味，得此已云足。松風吹歸興，謖謖蓉峰麓。癸酉夏遊金華雙龍洞詩，寫上質園吟正。洞中『臥雲』字，乃萬曆辛亥年四月初五日，隴上郭有本 [7] 題，墨色如新。丙子初春，疑翁許承堯 [8] 並書於檀干眠琴別圃。」「疑庵詩本」，朱文方印，此即缶廬所刻之印也。「疑翁太史，詩名滿天下，翰墨靜穆高古。分情隸意，流露行間。丙子夏初，藉歙縣曹靖陶之兄之介，蒙書《雙龍洞詩》見貽，不敢自秘，爰壽貞瑉，與世共賞。民國二十有五年丙子夏五月。王質園，[9] 記於佳爽樓。」「佳爽樓」，朱文方印，武林王宗濂 [10] 刻石。

　　「奉聖夫人」，朱文方印，白瑪瑙印，雙環紐。案《東華錄》明宮中奶子多封夫人，有「奉聖」「贊聖」「翼聖」諸號，不止客氏也。順治時有奉聖夫人王氏、樸氏，頂帽服飾，照公夫人。

　　陳紹儒 [11]《妮古錄》[12] 云，「曾見所作昭君像，琵琶乘騎，眉髮、衣領、花繡、鬈鬚，種種精細。馬腹上豆許一穴，其中嵌空。琵琶上刻『碧山』二字。」案，呂碧山，名華玉。吳門武塘人，以治銀槎名。銀槎杯見著錄。但未聞有印也。馬夫人天妍藏一銀印方僅半寸，刻朱文《陋室銘》全篇，紐作古梅，枝幹花萼，精細絕倫。

《香港中興報》1936 年 7 月 19 日

【注釋】

[1] 張諟齋，即張景遜，詳見《附錄　蔡守與時人交遊考》。

[2] □，原文字模糊莫辨。

[3] 曹靖陶，即曹熙宇。詳見《附錄　蔡守與時人交遊考》。

[4] 羅縠，一種疏細的絲織品。漢趙曄《吳越春秋·句踐陰謀外傳》，「飾以羅縠，教以容步。」

[5] 而，可解作「如同」，《詩·小雅·都人士》，「彼都人士，垂帶而厲；彼君子女，卷髮如蠆。」鄭玄箋，「而，亦如也。」

[6] 簨 sǔn 簴 jù，即簨虡。古代懸掛鐘磬鼓的木架。橫杆叫簨，直柱叫虡。《禮記·明堂位》，「夏后氏之龍簨虡。」鄭玄注，「簨虡，所以懸鐘鼓也。橫曰簨，飾之以鱗屬；植曰虡，飾之以贏屬、羽屬。」

[7] 郭有本，詳見《附錄　蔡守與古人交流考》。

[8] 許承堯，詳見《附錄　蔡守與時人交遊考》。

[9] 王質園，無考。

[10] 王宗濂，無考。

[11] 陳紹儒，詳見《附錄　蔡守與古人交流考》。

[12]《妮古錄》4卷，明陳繼儒撰。雜記書畫、碑帖、古玩及遺聞軼事。其自序謂「妮」有軟纏之意，乃以「妮古」名錄。

「汲修齋」，朱文紫檀橢圓印、案，禮親王昭連 [1]，字汲修，號檀樽主人，著《嘯亭雜錄》[2]，於有清一代掌故，可資考據者甚多，旗族記述尤詳。今北平有油鹽店招牌福聚隆之大字，字徑約尺許，下署禮親王，鈐有「汲修齋」印即此印，筆勢高古。同時豫親王裕興 [3]、輔國公裕瑞 [4] 兄弟皆能詩文，與南士結交，同以微罪廢。嘉慶帝自怙，有過不悛而好詼，尤惡文士，故防閑昭連等如此。

「墨奴」，白文竹頭印，竹節千眼，顆如珠，手澤比玉。案，周祚新，號墨奴，貴州人，善墨竹，弘光時官兵部司官，遂家於南京。今其遺墨已貴如拱璧，見《廣陽雜記》[5]。又案，馬士英 [6]、楊士聰 [7] 皆貴州人，祚新與同鄉里，必其故舊。乃亂後，不為百姓涒醢 [8]，猶能安居。其品詣當有高過人者。龍友士聰殉難後，葬桐城北楓香嶺。

「關尹子」，朱文方印，款「呆叔」。案，汪呆叔，安徽人，名關，字尹子，一字東陽。以篆刻遊婁東，得錢隨手散盡，不事家人生產，終於玉峰，其學原

本秦漢，雜以宋元章法，何雪漁 [9] 後，亦近代之傑出者，見《廣陽雜記》。

「世美堂琅琊王氏印」，案，此為歸震川 [10] 夫人王氏印也。瞿氏鐵琴銅劍樓 [11] 藏《鄧析子》[12]，有白文藏書印，文曰「魏國文正公二十二代女」，亦王氏印也。

「蹇爾泰藏」，朱文方印。案，蹇爾泰，雲南諸生，或云姓簡，乃同聲之誤耳。永曆帝時為內侍，後入三桂宮中，以能鑒古得幸，雲南平，入京給事宮中。

「穆公」，朱文髹漆橢圓印，款「楊匯」，隸書二字。案，陶宗儀 [13]《輟耕錄》[14] 嘉禾斜塘楊匯髹工，鎗金鎗銀，法以黑漆為地，針刻山水、樹石、花竹、翎毛、亭臺、屋宇、人物，調雄黃、鉛粉以金銀箔傅之。

《香港中興報》1936 年 7 月 20 日

【注釋】

[1] 禮親王昭連，「昭連」應為「昭槤」，愛新覺羅·昭槤，詳見《附錄　蔡守與古人交流考》。

[2]《嘯亭雜錄》8 卷，續錄 2 卷，清愛新覺羅·昭槤著。記清道光初年以前的政治、軍事、經濟、民族、文化、典章制度、文武官員的遺聞軼事和社會習俗等。

[3] 豫親王裕興，愛新覺羅·裕興，詳見《附錄　蔡守與古人交流考》。

[4] 輔國公裕瑞，詳見《附錄　蔡守與古人交流考》。

[5]《廣陽雜記》5 卷，清劉獻廷撰。筆記，隨手記錄，涉及禮樂、象緯、法律、農桑、器制等，內容翔實可信。劉獻廷，詳見《附錄　蔡守與古人交流考》。

[6] 馬士英，詳見《附錄　蔡守與古人交流考》。

[7] 楊士聰，有誤。楊文聰，詳見《附錄　蔡守與古人交流考》。

[8] 菹 zū 醢 hǎi，肉醬。《儀禮·士昏禮》，「饌於房中，醢醬二豆，菹醢四豆。」又解，古代把人剁成肉醬的酷刑，後亦用以泛指處死。《楚辭·離騷》，「後辛之菹醢兮，殷宗用而不長。」

[9] 何雪漁，即何震。詳見《附錄　蔡守與古人交流考》。

[10] 歸震川，即歸有光。詳見《附錄　蔡守與古人交流考》。

[11] 瞿氏鐵琴銅劍樓，清代四大私家藏書樓之一，位於常熟市區以東古里鎮。藏書樓建於清乾隆年間。原名「恬裕齋」，創始人瞿紹基，瞿氏五代藏書樓主都淡泊名利，以藏書、讀書為樂。瞿氏第二代、紹基之子瞿鏞，對鼎彝古印兼收並蓄，

在金石古物中，瞿氏尤為珍愛一臺鐵琴和一把銅劍，鐵琴銅劍樓由此得名。

[12]《鄧析子》2 卷，春秋鄧析子著。春秋百家之一，參雜他家說法。《四庫全書》將其歸入子部法家類。《鄧析子》分為無厚篇與轉辭篇兩篇，無厚篇所強調的是君主與臣民的共生關係，勸勉君王治國時應該以平等的心對待臣民，歸結到最後就是無厚，是民本的反映。

[13] 陶宗儀，詳見《附錄 蔡守與古人交流考》。

[14]《輟耕錄》，明陶宗儀著。元末作者避亂松江，耕讀之餘，手錄劄記，後經其門生整理成書。共 30 卷，585 條，20 餘萬字。記載了元代社會的掌故、典章、文物及天文曆算、地理氣象、社會風俗、小說詩詞等，為較原始的元代史料。

附：《嶺南書藝》1988 年第 2、3 期刊載印林閒話（部分） 王楚才標點

印林閒話　順德蔡守撰

　　編者按：《印林閒話》一書，是蔡守（一八七九～一九四一年）的言印專錄。蔡守字哲夫，號寒瓊，別署成城子、寒道人等，廣東順德人。清末時，與鄧實、黃賓虹、黃節等人在上海主編《國粹學報》《神州國光集》等報刊，又曾參加南社，以博識多能見聞，尤以金石學著稱，著有詩文集傳世。專著則有《宋錦》《溪人傳》《瓷人傳》《畫璽錄》《印林閒話》以及與談月色合著未定稿《古今名人生日表三稿》等書。

　　《印林閒話》內容，以記近代印壇掌故有參考價值，考辨古璽印諸論，時有新見，自然亦不免有失考之說，但仍不失為一家之言。故將標點本發表出來，以供參考。此書未見有刊本，這次標點所用底本為近人溫丹銘先生家藏傳抄本。以苦無別本可供校勘，凡遇有明顯衍文錯字改之，語及穢詞則去之，為保存原本面目，其餘均仍其舊。由於我們見聞不廣，錯誤知所不免，不當之處，請不吝賜教。

　　治印一道，伊古以來為專門之學，非讀書識字者不能辦也。《周官》八歲入小學，保氏教國子以六書，可知六書非國子不易通曉。古有印工楊利、宗養，只可奏刀，未能摹印，故世稱秦受命璽為李斯所書。而後世璽寶，間有作者可稽。如唐莊宗製寶二坐，詔馮道書寶文；宋英宗時製受命寶，歐陽修篆其文。如漢建武中，馬援上書謂伏波將軍印，書伏字犬文向外，恐天下不正者多符印，

所以為信也，所宜齊同薦曉文字者，下大司空正郡國印多符印章，奏可。皆是製印非匠人之證。由三代以迄六朝，類如此也。自唐以降，鑄印改用九疊文，於是製造任之匠人，流品斯下。宋元以來印學漸興，元之吾丘衍、趙孟頫提倡尤力。於是刻印一藝，躋而上之文史之林，以與書學、畫學並轡齊驅。涉明至清，斯風彌侈，或窮年兀兀，研朱弄石；或殫精竭力，搜聚玩賞，作家朋興，超軼前代，益非淺嘗輒止，或自作聰明，毫無學識者所能濫竽充數也。故篆刻與論畫相若，最要有士氣。學術不深，瀏覽不廣，謬託時尚，率爾操觚，非庸俗即獷悍。此之玄奧，師不能受之徒，父不能傳之子，惟知者會意耳。余評印以士氣為主，功力次之。飛鴻堂一派，功力何嘗不深，其不足登大雅之堂者，無士氣耳。

古璽文字與鐘鼎、刀布、甲骨有異同，秦列摹印為八體之一，可知古時璽印文字須自具一體，不與他種相同。今之治印者，以古璽文字太少，於擬刻璽印往往參用鐘鼎、刀布、甲骨之字以濟其窮，其實體制自為一派，非參知其意將鐘鼎諸器之字變其形體，未能與古璽悉合也。不過古璽既與鐘鼎各種文字時代相近，雖別為一體，其中亦不無偶然從同之處，即此頗足以考證古璽製造之時代。其與鐘鼎文字相同者，如星字與《邾公華鐘》同；□與《曾伯□簠》及《晉拜盦》同；鄭字、朱字與《鄭叔同敦》及《鄭同媿鼎》同；攸字與《師西敦》同；樂字與《子璋鐘》同；賓字與《貿鼎》及《畏鹵》同；齊字與《齊癸姜敦》同；眾字與《師袁敦》同；身字與《虎伯敦》及《夆叔盤》同；殷字與《殷轂簠》同；奔字與《周公敦》同；濼字與《盧鐘》同；侃字與《叔氏鐘》同；聖字與《井人鐘》及《師望鼎》同；氏字與《散氏盤》及《姑氏敦》同；匜字與《子璋鐘》同；陳字與《陳猷釜》同；薛字與《宗婦盤》及《克鼎》同；封字與《散氏盤》同。至如《天牢》與《吉宗》，則與甲骨文同。如明、安、皮、西、長、平、昌、陽、關、馬，皆大致與刀布文相似。以此諸字本應注篆文下，但為省鑄字計略去，學者可按所舉器名與璽較之，此文字相同之確證。顧古璽必出於先秦以上，在周與列國時代可無疑義。蓋自宋人集古印譜，至於清乾隆以前，僅上溯於漢而止，不知所謂秦，更不知所謂周與列國。自陳簠齋始定古璽之名，自吳清卿始研究古璽之字而列入古籀，殆今學者宗之，臨摹古璽蔚成時尚，然往往即以鐘鼎、甲骨、刀布文字因時代相同，認為與古璽文字無別，而不知辨之於幾微之間，斯亦未肯深考耳。

世人摹印，遇有重文，每用二小畫以代之，且遇同樣偏旁亦代以二小畫。

重文代以二小畫尚是書家通例，若同樣偏旁亦代以二小畫，則下一字獨立不能成字，總覺不甚相宜。吾人試一求其例於古璽印中。漢官印中繡花執法大夫印及下軍大夫大字，下用二小畫代夫字，琅邪臺石刻亦於夫字下用二小畫代大字，其於重文及其偏旁用一小畫以代之者則屬罕見。但古璽中用二小畫者甚夥，其用意何在，初難明瞭。多以為是字畫中者，但余細為審釋，能確定其例約有數種：一用之表示官名，如司工、司馬，司寇、司徒等；一用之表示複姓，如公孫、鮮于、空同、司馬、相里、上官、東陽、尾生、其母、西門，北門等。由此例推之，凡有二小畫者均為複姓，一用之表示二名者，如敔之、右軍、亡忌等；一用之表示地名者。綜其要義，以章法上之便利有合文者，恐混為一字，或認為單姓，遂用二小畫以分別之，昭示之。至表示偏旁相同，則有邯鄲，複姓表示借用邑旁一例，其他則正不多見。於此可見宋元以來遇有偏旁相同，即用二小畫以代之，為破裂庸俗不可為訓矣。古璽與秦印不同。在昔秦印多混於漢印，自古璽發明後，今人又往往將秦印附入白文古璽之列。其實白文秦印自為作風，苟一細認，自古璽、漢印皆迥然特異也。秦印率用秦篆，換言之，即是李斯小篆。其較先者，稍近於古口，然其印文易辨，絕不似晚周小璽之難識，因晚周列國各自為字，今小璽之不可釋者，皆晚周物也。秦白文小印，多有邊與中間，凡此種皆為秦印確定無疑。以秦文字統一，故未有不識者，且字畫圓而瘦硬有華滋，一望即知。其中有字畫較粗而近方者，則為秦末漢初物也。

　　表字印亦得用印字。昔人每謂姓名印可用印字，表字印不可用印字，用時須改用章字以代之。其實非也，不可信以為據。宋元後起，不得為例，當於古印字求之。若漢人之子母印即套印，母印為名，子印即為字，此有定例。大者為母印，套入之小印為子印。又如漢人穿帶印、即兩印，亦一面為名，一面為字。今試考此子母印及穿帶印，其於字印不但用印字，且冠以姓、與後世僅用二字印者不同。於此推知，則古時字印用印字與否，正自任便，不必拘拘矣。後世必謂須不用印字，及改用章字以別之者，實非定論矣。如「江子聖印」「馬長羊印」等，是其例也。且古璽與秦印亦有印字者，或謂璽中無印字亦非定倫，試參考古印譜錄中便知之。

　　古印迴文無定例。作四字姓名印及成語印（即閒章），就其章法之便利，每有用迴文者，例由右至左，再由左轉右，例如「康有為印」可變為「康印有為」，使雙名之二字不分開，漢人已多如此。閒印如「金石陶情」四字，亦可變為「金情石陶」也，實非後人創格，亦由古有先例。且古璽印中，對於文字

之排列更不一定，上述之例不過多數如此耳。曩歲鄧季雨為仿瓦當文作「順德
蔡守」四字印，作「蔡德順守」，款云，「順德二字出『道德順序』瓦當，交互
文字《封泥考略》有如此。」再細玩古印譜及余收藏之璽印中確多變動不居者，
如吉語之「宜有萬金」作「宜有金萬」，是則在右由上至下，在左則由下至上
矣。又如「日有千萬」者，乃作「有千日萬」，則由左至右，再由右至左也。
其兩字姓名而作私印者，有「郭印復私」一紐，本為「郭復私印」也。《鐵雲
藏印》集中亦有「軻都私印」，而作「軻印都私」者，是私印亦可作迴文。推
之「王印勝之」或「吳印善之」者，未必確為二名，而或一名後加之印也。姓
名印信，本謂印以取信也，乃有作姓名印信者，亦是姓名則在右由上而下，印
信二字則在左，由下而上便是印信也。且此種變動不居之同，文官印中尤多。
如《封泥彙編》中所載「中騎司馬」，則「中司騎馬」；「右校丞印」則作「右
丞校印」，「琅邪左鹽」則作「琅左邪鹽」，「南郡發弩」則作「南發郡弩」，「襄
陽長印」則作「襄長陽印」，「密丞之印」則作「密之丞印」，「葉丞之印」則作
「葉之丞印」，「定陶丞印」則作「定丞陶印」，「南宮丞印」則作「南丞宮印」，
「成都丞印」則作「成丞都印」，「高密丞印」則作「高丞密印」，「臨甾左尉」
則作「臨左甾尉」，是其排列可由右至左，再由左至右也。至「信宮東府」則
作「信府東宮」，「都船丞印」則作「都印丞船」，則更任意顛倒錯綜，毫無一
定矣。由此觀之，則前人迴文排列之說，一概為之打破，大可不必拘泥矣。惟
以吾人於讀時便利起見，大可不必採用迴文，即用時亦止限於姓名印。若成語
齋館收藏等印更須力戒，不必假口古人先例，至顛倒錯亂，至難猝讀也。古官
璽向多巨制，且字數較多，至小璽三四字或一二字者，頗為罕見。近日羅福頤
藏有數官璽，其制較小。而左庚發弩、司馬，司工等字，其為小官璽也無疑。
至古一字璽，類多吉語，世遂盡吉語目之，不知其中有用於禮官者。如吉、軍、
賓等字及唯字璽，皆是一字官璽。更有半邊璽，為一冀字者。想是古時冀除之
官所用者歟？可知一字璽中確有係官璽也。

　　古人以神道設教，故動必以誓，《尚書》之《秦誓》《泰誓》，皆人而知之
矣。不徒官府於行軍重典用誓，人民契約書翰間亦須用誓，取其使用利便，遂
特製璽以資鈐用。今一字璽中，其上從折，下從心者，舊釋為「哲，實誓」字，
古哲、誓二字蓋通用也。雖其安插變化不定，而皆是誓字。此外，如誓璽、誓
上、誓之、誓事，亦皆為簽押及信約中所用者，古人動必設誓以堅其信，以表
其誠，於此可見。

　　古印中，如某率善，某佰長、仟長、歸義侯等，雖別以氏羌胡、匈奴各種族，皆為官印而非私印。私印中之冠以地名者，如北海、河間、東萊、河內、蜀郡、健為、雲中等既不多□，而冠以民族者尤為罕見。至僅以民族製印則更罕之又罕矣。如老友黃賓虹得匈奴「相邦」一印，亦似官印。黃賓虹又藏有漢匈奴「惡適姑夕且渠」一印，漢匈奴「惡適尸逐土」，則似民族而兼官名、人名印也。昔人謂閒章始於宋賈秋壑之「賢者而後樂此」，與明文待詔之「惟庚寅吾以降」為閒章之最著者。其實閒章之來源甚遠，秦以前已有之。古所謂吉語印者，即為閒章濫觴。單字古璽若「敬」，若「公」，若「戒」，若「誓」，若「信」，若「富」，若「昌」，雙字印若「明上」，若「敬上」，若「忠信」，若「宜行」，若「誓之」，若「守敬」，若「敬行」，若「敬事」，若「長生」，若「得志」，若「千秋」；四字印若「正行無私」「可以正下」「大吉昌宜」「宜有千萬」，皆閒章也。周秦時也，單字者若「慶」，若「安」，若「敬」，若「昌」；雙字印若「思言」，若「正行」，若「和眾」，若「安眾」，若「中央」，若「高志」，若「相敬」，若「百嘗」，若「安身」；四字印若「上賢事能」，若「思言敬事」，若「得志相思」，若「日敬母詒」，若「宜民和眾」，若「壹心慎事」，若「交仁必可」，亦皆閒章也。至漢則閒章更多。雙字若「宜昌」，若「長年」，若「母傷」，若「來富」，若「宜財」，若「千秋」，若「萬歲」，若「長樂」，若「日光」，若「日利」等，多不勝舉；三字印若「宜子孫」「利出入」「入千萬」；四字若「千西（即千秋）萬歲」「宜官內財」「長宜子孫」「長年日利」「辟兵莫當」「龍蛇辟兵」「日入千萬」「出入大吉」「萬歲無極」，亦甚夥。至四字以上者，若《漢書・王莽傳》云，「皇孫功崇公宗刻印三，一曰維祉冠存巳夏處南山臧薄冰，二曰肅聖寶繼，三曰德封昌國。」至印譜中習見者，若「肥美香炙牛羊」，若「災疾除，永康體，萬壽富」，若「延年益壽，與天無極」，若「王君都，樂未央，富貴昌，宜侯王」，若「申祐慶，永福昌，宜子孫」，若「永祐慶，長壽康」。又桂馥《札樸》云，「孔岸堂藏一銅印，文十六字『□子魚印，承天德，獲休禔，永安寧，傳無極』，若『宜官秩，長樂吉，貴有日』，若『建明德，子千億，保萬年，治無極』，若『大富貴昌，宜為侯王，千秋萬歲，常樂未央』，若『綏統承祖，子孫慈仁，永保二親，福祿未央，萬歲無疆』，至二十字之多，其詞皆堂皇古雅，可謂閒章之精美者。後世之用成語、詩詞，蓋原於是。其後每況愈下，至有以傳奇之《西廂》《長生殿》句入印者，益流俚俗。鄭板橋閒章最多，雅者固多，然如『麻丫頭□線』『徐青藤門下走狗』，終覺欠雅。袁子才之

『錢塘蘇小是鄉親』一印，意涉輕浮，更不足為法矣。」

用俗語入印。如周櫟園（亮工）有一巨印，印文曰「我在青州做一領布衫，重七斤」，用趙州和尚語，或曾任青州道刻此耶？又曾見《金堡尺牘》鈐一印曰「軍漢出家，蓋已易代」，後在丹霞與人書耶？又曾見武虛谷（億）跋古帖，鈐一印文曰「打番兒漢」，打作釘，為偃師令時曾笞杖京營步軍統領番役，上官懼觸和致齋相國怒，遂嚴劾之。武雖以此罷官，而其聲遍朝野矣。以上所述皆用俗語，但各有可傳之事蹟也。

古人之外號印亦皆各有事實者。如桂未谷之「爭門復民」與「讀井復民」二印，因未谷曾為杏壇掃壇夫，籍拔萃後，衍聖公以執照還之，蠲去所役，故有此二印印文也。又姜如農采崇禎進士，壬午擢禮科，以言事觸益輔怒，謫戍宣城，有「宣州龍兵」牙印。如程易疇（瑤田）著《通藝錄》，詳考百穀，有「辨谷老民」小印。

古人又有姓名隱語印。如姜白石（夔）有一印文曰「鷹揚周室，鳳儀虞廷」，以隱其姓名；如徐文長有「秦田水月」四字印隱其姓名。

賞鑒印後起，蓋託於唐代，入宋而盛行。朱必信（象賢）《印典》謂，「圖書記始於宋內府，圖書之印諸家復相傳述無異詞，抑亦太不思量矣。案唐太宗自書貞觀二字，作連珠印，唐玄宗亦有開元連珠印，皆用於御藏書畫，此為圖書賞鑒印之濫觴。宋宣和雙龍印有方圓二樣，大小徑寸，法書用圓，名畫用方。高宗御府手卷前用希世藏方印。又王維《捕魚圖》，徽宗題後有雙龍圓印，此圓印不盡用於法書也。徽宗御府書後，有『宣和』玉瓢御寶。高宗劉貴妃掌御前文字書畫，用『奉華堂』印。開皇《蘭亭真本》入德壽御府，紙前後角有『神龍』半印，號神龍蘭亭，唐中宗印也。金明昌有七印，一『內府』葫蘆印，二『群玉秘珍』，三『明昌寶玩』，四『明昌御覽』，五『御府寶貴』，六『明昌中秘』，七『明昌御府』。又趙飲谷曾得明『長樂公主』小玉印，篆刻極精，屬大鴻為作歌紀之。」

（標點　王楚才）

《嶺南書藝》1988 年第 2 期，第 32～36 頁

印林閒話（續）　蔡守

齋館印相傳以唐李泌之「端居堂」一印為鼻祖，是也。宋代幾於人人有齋館別號，有其名號亦必鐫之印章。蘇軾有「東坡居士老泉山人」八字印、「雪

堂」印；王銑有「寶繪堂」印；米芾有「寶晉齋」印；姜夔有「白石生」印；陳與義有「無住道人」印。案，東坡家有老人泉，梅聖俞為作詩。葉少蘊《燕語》云，「子瞻謫黃州，號東坡，晚又號老泉山人，故有東坡居士老泉山人八字印。又見其畫竹鈐有老泉居士朱文印，是則老泉為子瞻之號的矣。」世徒見歐陽文忠所作墓誌，有人皆稱老蘇，乃以老之一字牽老泉。以明之李竹嬾《紫桃軒雜綴》中紀之。仁和倪印元，言其友詹二，有東坡畫竹，下用老泉居士朱文印，是也。

元明以來，齋館印益多，長洲文氏為之不厭，甚至本無齋館寄興牙、石。徵明自謂我之書屋多於印上起造，其風致可想也。老友梁節庵（鼎芬）齋館名最夥，日新月異，且每見朋儕亦有以新齋館名否為問。節庵每得一新齋館名必篆刻一印，洵如文氏所謂印上起樓臺也。

秦篆用圓，漢篆用方，秦印如筆寫，漢印則近刀契。秦印為皖鄧先河，漢印則為浙派宗祖，其源流可得而考也。獨是秦漢印風，止於六朝，至唐而中斷。夫印味六朝雖薄而猶近漢人，唐後則九疊圓文，一望即知絕不能與秦漢相混也。宋元以來好古之士能自刻印，不盡委之於匠人，知上宗秦漢，惟本於《說文》小篆頗尚圓朱，一種流末之弊，板重無生氣。或有誤於夢英之十八體者，龜文蟲篆，附會牽強，而懸針、柳葉、鐵線、滿白、滿朱、爛銅、急就、鸞鳳、科斗等不經之談據為典要，印學之弊至此極矣。元明之際，會稽王冕以花乳石作印，治印家與用者皆稱便，於是不但銅印廢，即前此所用之晶玉犀象亦漸少，由銅變石，而治印之風大熾。彼時趙子昂、文三橋、何雪漁諸人皆精習六書，參以玉筋，於秦漢印外自具一種體態。有清乾隆、嘉慶以前，此風獨盛，雖不能盡造秦漢，然自有士氣，不比唐時之跡近匠人也。自丁龍泓（敬）變文、何之秀雅，以雄健高古力追秦漢之盛，遂成為浙派。漸後歙縣巴晉堂（慰祖）專擬秦漢，世稱之為歙派。更有鄧完白（石如）以漢碑額法作印，創為鄧派。咸同以後，如趙悲庵（之謙）不拘宗派，吳缶廬（昌碩）胎息石鼓足為後勁。吳缶廬歿後，印人多趨重於秦漢古璽，而印風又一變矣。總之，印風隨時代為之轉移，然愈變而愈有進步，則為其定例，不可移易也。

宋遷臨安，江南人文號稱極盛。有明以來五百年中，篆刻之學所可言者，皖南之宣歙、明季何震，最負盛名。胡曰從務趨醇正。程邃自號垢道人，朱文仿秦小璽最為奇古。迨於康、雍黃呂（鳳六）、黃宗緯（桐谷），力師漢京，得其正傳。乾嘉之時，汪肇龍（稚川）、巴慰祖（予籍）、胡長庚（西甫）、程芝

華（蘿裳）成《古蝸篆居印譜》，鄧石如（頑伯）稍變其法，大暢厥宗。至黃士陵（穆甫）又為一變。江浙之間，文彭、蘇宣、歸昌世、顧苓四家最稱大雅。西泠嗣起，丁敬（龍泓）、蔣仁（山堂）、奚岡（鋏生）、黃易（小松）亦稱四家。陳鴻壽（曼生）、胡寰（鼻山）、趙之琛（次閒）繼之。趙之謙（撝叔）極推崇巴予籍而師兩漢，皆可取法。閩派自練元素、薛穆生、藍采飲三家為之倡始，世稱「蒲田派」，謂之狐禪。齊魯之地，尹彭辭、王鎔叡皆能平方正直。治印近於莽印。南方學者，間法晉魏蠻夷官印，近年咸摹秦小璽，然朱文奇字印既不易摹，亦不易識，惟周秦之間印多小篆，書法優美，字體明曉，白文自然深有古趣。朱竹垞贈繆篆顧生詩有云，「其文雖參差，離合各有倫。後人味遺制，但取字畫勻。」觀其「參差明於離合」一印，雖微可與尋丈摩厓、千鈞重器同其精妙，近古以來摹刻名家無有能為之者。誠以醇而後肆，非可偽造，神似之難等於周印刀法之妙，宜求筆法貌合，成章失之遠矣！雖曰雕蟲小技，道有可觀，其在斯乎未可忽也。友人沙石荒工印學，其分論如次，亦有所見。六朝官印因時改易漸作朱文，甘暘以為白文印章之變始機於此。誠然，唐以後更作曲屈褶疊之狀，愈晚愈纖，亦愈自整，印亦愈大，所謂九疊文也，又名上方大篆。九疊文不皆九疊如鉤，當公事印僅七疊，承受差委吏印僅六疊，都統之印、萬戶之印乃有十疊。又如單州團練使印、新浦縣印每字疊數皆不等。名曰九疊者，以九為數之終，言其多也。約之九以見其極多，此義詳見汪中釋「二九疊數」。多寡之故，大抵因文多寡而為，增損或因時代不同而所鑄各殊，或如三代尚數，各有定儀。明九疊印取乾元用九之義，八疊印取唐臺儀八印之義是也。九疊文板重乏味，印章至此江河日下，純乎匠氣，無復有藝術意致，幸民間私印不與之同化耳。

世言趙孟頫始以秦篆入印，謂之圓朱文。前代印文除周秦古璽外咸用繆篆，方整妥帖，介乎篆隸之間，與尋常書寫之篆書體勢迥殊，後人改作圓篆，始合兩者而一之。圓筆細圍，別開生面，然此自孟頫始也。吾丘衍《閒居錄》云，「宋賈師憲所藏書畫皆有古玉一字印，其篆法用李陽冰新意。今所見蘇軾、蘇轍兄弟表字印及岳飛二字玉印，皆用小篆，皆為圓朱，惟趙氏專為此格，不作別體，故後人稱之耳。遊藝時期以作家為序次，猶論書者之談鍾、索，二王也。當宋元之世應用繁頤，時倡新格，而流變所趨已含有遊藝之意味。故宣和、明昌二帝及米芾、王說、趙孟頫輩，自用印多比盤珠，瀏覽所及輒朱，其端風雅好事由來久矣。」

　　元明易代之頃，會稽王冕始發明用花乳石作印，以代晶玉犀象，琢畫截切，稱其意氣，如以紙帛代竹簡，無人不稱便。由是治印之風大熾，前代莫是過也。長洲文彭摹宋印，繼別之宗也。金石刻畫流佈海內，靡靡緩緩暢開風氣，其高弟子何震廣交蒯緱，遍立邊塞，自大將軍而下皆以得一印為榮。篆刻一道見重於當時，殆無逾斯，學震印者至眾，要以蘇宣、梁□最著。蘇宣名不亞於震，人稱何蘇矣。

　　何震籍新安，此為印學入皖之漸，程邃繼起，獨張一軍。蓋自文、何風習充塞兩間，末流所歸同於賤匠，有識之士恥用其法。若梁年、江皜臣、朱簡、黃樞、劉展丁之倫，皆嘗有意矯文、何之失，程邃其最有力者也。諸家譜錄傳輯程氏手刻，依然躡武文、何，不能自外定贗鼎耳。

　　程邃而後，鄉人繼起者有三家，曰巴慰祖、胡唐、江肇龍，所謂歙四子也。與巴同時者又有董洵、王振聲，此皆專學瀛劉自成一隊。前時鈢家用平刀、側刀、鏇刀、切刀，皖派諸子始澀刀，以之擬漢無不迫肖，然非爛熟印文胸有古趣者，亦不辦也。汪中之《巴慰祖別傳》言慰祖之治印云，「埏埴以為器，方圓具矣，而天機不存焉。巧工引手冥合自然，覽之者終日不能窮其趣，然而不可施之以繩墨。」皖派諸子之功苦數語盡之矣。

　　黃、奚以下皆師事丁禮，或為私淑弟子。黃、奚、蔣、陳豫鍾、錢松氣味厚，均不愧作家。陳鴻壽氣味稍薄矣。丁敬不肯墨守漢家文，而後之學丁敬者乃墨守丁敬遺法，鋸牙燕尾千篇一律，是以下耳。趙之琛年輩最晚，印格亦最低，丁黃遺意至此蕩然無餘，巧為鉤畫，無復有鉤畫以外之物，其去徐三庚惟間耳。富陽胡震善學丁敬，與錢松不相上下，竊謂八家中以胡易趙乃稱耳。

　　懷寧鄧琰書法剛渾，時無其儔，篆刻以圓勁勝，如其書戞戞獨造，無幾微踐人履跡，光氣剡剡不可逼視，蓋亦得陽剛之美者也。高第弟子推涇縣包世臣、儀徵吳熙載。世臣不多作印，熙載印本其師法，稍出新意，其峻拔奡蕩不逮鄧民，至於穩練自然，不著氣力，神遊太虛，若無所事，鄧氏或轉遜之。要之二子皆印林之豪傑也。

　　老友王昔則（光烈）文論印云，「自古印肇興，文人學士以治印為遊藝，為之者實夥，作者各有獨到之處，於是派別出焉，要其大別可得四派，即宋元派、皖派、浙派、鄧派是也。宋元派以文三橋（彭）、何雪漁（震）為代表，蘇嘯民（宣）、梁千秋（肇）在此派中亦甚著名。此派雖力矯趙子昂（孟頫）圓朱文之勻，然亦略變漢人面目。末流之弊板滯近俗，千章一律，跡近匠人。

吾人試一觀汪訒庵（啟俶）之《飛鴻堂印譜》，真覺索然無味矣。繼之而起者，則有皖派以程穆倩（邃），又號垢道人為其大宗。程以大篆入印，雖有新意，顧未克盡脫文、何之面目耳。其後巴晉堂（慰祖）、胡子西（唐與）、山陰董小池（洵）、新安王子大（振聲）別張一軍，專擬秦漢古璽，頗有逼似古人者。因巴、胡皆歙縣人，亦謂之歙派，而知者尚少。其在印派極盛一時者厥為浙派。是派開山之祖為丁鈍丁（敬），字敬身，又號龍泓。蓋敬身以雄健高古一變文、何之秀雅，卓然自成一家，學者宗之。踵敬身而起者為蔣山堂（仁）、奚鐵生（岡）、黃小松（易），稱為西泠四大家，後人益之以陳秋堂（豫鍾）、陳曼生（鴻壽）、趙次閒（之琛）、錢叔蓋（松），並稱為西泠八家。吾人綜觀八家之作品，大致以方易圓，自然別具面目；取之秦漢之一體盡力創造。丁敬身蓽路藍縷，厥功雖偉，然猶有宋元遺跡，未克盡除者；山堂、鐵生亦未能造成浙派之獨有面目；小松功力頗厚，足為三家後勁；秋堂以工致勝；叔蓋以蒼渾勝，不愧西泠四家之繼起者。然求能造成浙派之惟一面目，而弗可與宋派混，其為陳曼生、趙次閒二人乎？蓋浙派至此始造成其獨具面目，完全與他派不同，絕不與宋元等派相混，雖與皖派、歙派同宗漢人而自成印風，其用刀之法澀中帶銳，深能發揮浙派之特長。厥後浙派之四家，如屠琴塢（倬）、趙懿子（懿）、徐問渠（楙）、江西谷（尊），皆能為浙派之正傳者也。至與浙派堪稱聯鑣並轡者，則為鄧頑伯（石如）創以書法入印，以圓勁與浙派之方正相競逐，獨創鄧派，至今與浙派並峙焉。其高第為包安吳（世臣）、吳讓之（熙載），而尤以讓之為能發揮鄧派之特長。以浙派各家相比，鄧則為丁敬身，吳則為陳曼生也。

（待續）（王楚才標點）

《嶺南書藝》1988 年第 3 期，第 34～36 頁